做更好的教师

教育怎样发挥作用

[美] 伊丽莎白·格林 著

李晨 译

华东师范大学出版社

图书在版编目(CIP)数据

做更好的教师:教育怎样发挥作用/(美)伊丽莎白·格林著;李晨译. —上海:华东师范大学出版社,2017

ISBN 978-7-5675-7006-1

Ⅰ.①做… Ⅱ.①伊…②李… Ⅲ.①教育研究-美国 Ⅳ.①G571.2

中国版本图书馆 CIP 数据核字(2017)第 255740 号

Building a Better Teacher: How Teaching Works (and How to Teach It to Everyone)
By Elizabeth Green
Copyright © 2014 by Elizabeth Green
This edition arranged with McCormick Literary through Andrew Nurnberg Associates International Limited
Simplified Chinese translation copyright © 2018 by East China Normal University Press Ltd
All rights reserved.

上海市版权局著作权合同登记 图字:09-2015-1052 号

做更好的教师:教育怎样发挥作用

著 者	(美)伊丽莎白·格林(Elizabeth Green)
译 者	李 晨
策划编辑	顾晓清
项目编辑	曹婷婷
封面设计	刘怡霖
出版发行	华东师范大学出版社
社 址	上海市中山北路3663号 邮编 200062
网 址	www.ecnupress.com.cn
电 话	021-60821666
客服电话	021-62865537
网 店	http://hdsdcbs.tmall.com
印 刷 者	杭州日报报业集团盛元印务有限公司
开 本	787×1092 16开
印 张	20.75
字 数	262千字
版 次	2019年1月第1版
印 次	2019年9月第3次
书 号	ISBN 978-7-5675-7006-1/G·10678
定 价	69.90元

出版人 王 焰

(如发现本版图书有印订质量问题,请寄回本社客服中心调换或电话021-62865537联系)

致家人：我的父母、兄弟和戴夫

目录

001　前　言　怎样做一名教师（一）

021　第一章　开山鼻祖

041　第二章　天赋良师

074　第三章　斯巴达式悲剧

103　第四章　揉捏和提高

136　第五章　教育创业

157　第六章　莱莫夫的分类法

176　第七章　遵守纪律的学问

207　第八章　内部玩笑的力量

228　第九章　圣杯

252　第十章　怀抱希望的职业

282　结　语　怎样做一名教师（二）

291　后　记　良师是如何教学的

298　致　谢

301　注　释

前言

怎样做一名教师（一）

推开门，走进教室。你会一直站着，还是坐下？

现在这个拥挤的长方形教室归你了。目光所及，教室里有 26 套桌椅和一块黑板，午后的阳光透过窗户洒在桌面上。很快，教室里还会有 26 个五年级的学生，他们的名字都印在考勤簿上：理查德、凯瑟琳、安东尼、艾迪、弗罗娜、谊夫、阿瓦德、唐娜鲁思、蒂龙、埃莉、依诺亚特、利蒂西娅、夏洛特、卡里姆、珊诺塔、梅西玛、桑德拉、多洛塔、伊凡、康妮、依莲娜、安子、丽芭、伊玛那、坎迪丝、沙鲁克。[1]

根据你所任教的州和学区的规定，你的职责是确保一小时后，学生们能掌握"速度"的概念。具体点说，让学生学会解答以下题目：如果一辆汽车以每小时 55 英里的速度匀速行驶，15 分钟后它会行驶多远？两个小时后呢？到学年末，你应该教完了分数、负数、线性函数、长除法、比率和比例，以及指数。此外，你还要教会他们如何成为一个好公民，将民主的观念潜移默化地融入你的课程中（没错，还是在这节数学课中）。在剩余的时间里，还要记得帮助孩子们越过生活给他们设置的种种障碍——种族歧视、贫富差距、父母问题、智力差异。你必须尽力拉近美国梦与现实之间的距离。

怎么样，你准备好了吗？

突然，教室门猛地开了！课间休息并没有耗尽孩子们的体力，他们一窝蜂地涌进了更衣室,整了整衣服,推推搡搡地在饮水器上啜一口。现在走近你的是弗罗娜,她来自肯尼亚,体态轻盈优美,皮肤黝黑。谊夫来自日本,身高约一米三,话很少。凯瑟琳勤奋好学,梳着辫子。艾迪一脸雀斑,多动,坐后排。蒂龙刚从南卡罗莱纳州搬来,喜欢"神游",他坐在前排,离你更近些。

你别光傻愣愣地站在那儿。讲点什么啊!

理查德坐在靠近前排的位置,挨着蒂龙。他俩都是今年新来的。开学第一天,理查德自我介绍时主动承认数学是他"最差的科目"。

半小时后,学生们都坐得歪歪扭扭的,低声地互相交谈着。他们在做课间休息时你写在黑板上的数学题。

条件:一辆汽车以每小时55千米的速度匀速行驶。请画图指出该车在以下四个选项所示时间后会分别行驶到什么地方:

A. 1小时

B. 2小时

C. $\frac{1}{2}$小时

D. 15分钟

一段时间后,你得想想怎么才能让学生都安静下来。你身旁的桌子上有一个小铃铛,要不要摇一下铃?或许你应该举起一只手,然后把另一只手放在嘴上?或者试试那句老话"我的手举起时,请闭上你们的嘴巴"?最终你选择了摇铃。谢天谢地,摇铃起作用了,学生们安静了下来,于是你组织学生展开讨论。

15分钟很快就过去了,马上要下课了。学生们一直在由4—6人组成的小组内讨论如何解这道题。而你在全班巡视,根据学生的情况,要么给予指导,要么点头赞许,要么因为学生的滑稽或可爱而强忍住笑意。最终,经过集体总结,所有人都清楚了黑板上的交点 A、B、C 是怎么得来的。

在黑板上,你画了一条水平线,直线上方代表距离,下方代表时间。紧靠右边是 110 千米和 2 小时的交点 B;正中间是 55 千米和 1 小时的交点 A;然后在 0 到 55 千米这一段的正中间还有一个小一点儿的交点 C 代表 27.5 千米和 $\frac{1}{2}$ 小时。

这个图是这样的:

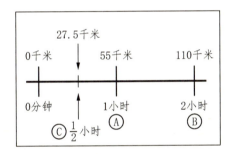

你指着黑板,问:谁能指出 D 应该在图中的什么位置?

很多只手举了起来。这时,就在你面前,理查德也举起了手。以你对学生的了解,你很清楚其他人是怎么理解"速度"的,或者说你至少知道他们会怎么解这道题。但是理查德会怎么做,你却一无所知。由于开学时他说数学是他最差的科目,这之后,你每个周末都把他的数学笔记本和其他学生的一起收上来,但是他的本子里记得很少,平时课堂上他也很少举手。可现在他却主动要回答这个问题最难的部分——你对他会说什么完全没头绪。

你该怎么做?

你看了一眼表,只剩下 10 分钟了,万一学生回答错了,你还有时间讲解清楚吗?如果让理查德回答呢?要是他的答案与正确答案差了十万八千里呢?如果他答错了,在一个多种族的班级里,这个黑人男孩会不会就此自我封闭,再也不愿意参与课堂活动了呢?反过来说,如果不叫他回答的话,又会给班里其他同学传递什么样的信息?

"理查德。"你叫道。他站了起来,把笔记本转过来,朝向黑板的方向,以便你站在讲台上能看到本子上记的内容,然后他缓步走到教室前面。每个人都静静地等着他。

D:指出 15 分钟后这辆时速 55 千米的汽车将会到达什么位置。

他伸手够到直线上方表示距离的部分,把粉笔停在了 0 千米和 27.5 千米之间,写下了"15 分钟"。在下方,0 分钟和 $\frac{1}{2}$ 小时之间,写下了"18"。黑板上是这样的:

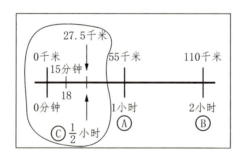

"嗯……"他说,"18。"

什么?他不仅把时间(15 分钟)放到了距离的位置上,还提出了另一个数字 18,这个 18 完全说不通啊。一辆时速 55 千米的汽车 15 分钟根本不可能行驶 18 千米。哪种计算方法能让他得出 18 来呢?不是 27.5 除以 2，不是 110 除以 4，也不是任何一个和黑板上的数字有关的东西。

这时你该怎么办？

你本可以很快更正他颠倒了时间和距离的位置，就当这是他粗心犯的错吧，你告诉自己别太在意这个错误了。但你又想，万一不是这样的呢？最后你决定不自己瞎猜了，"是 18 千米？"你试探着问他，"还是 18 分钟？"

你决定说得更明白些："你把 18 写在了分钟旁边。你的意思是 18 千米 15 分钟吗？"理查德点点头，擦掉了原先的答案，重新写。现在那两个数字已经写在正确的位置上了：18 千米，15 分钟，但还是不知道那个 18 是怎么得出的。

你该怎么办？直截了当地说"那个算错了"？理查德究竟想表达什么呢？

你看着全班，问道："有没有同学能解释一下理查德是怎么想的？"

又有一批同学举起了手。你环顾整个教室，努力记住谁在积极发言，谁正用铅笔摆成扇形玩。要知道，你不单单是在教理查德，其他 25 个学生也要教。他们在想什么呢？他们学会了吗？

看看时间，就剩几分钟了，想把这个问题讲清楚，这点时间显然是不够的。还是算了吧，不是还有明天嘛。可是看看理查德，他还十分坚信 18 这个答案是正确的，他还不知道自己没有弄懂。

叫用功好学的凯瑟琳来回答吧。"嗯……"她说道，"我不同意那个答案。"她顿了顿，又接着说："嗯……"

你这会儿也在思考着。凯瑟琳想直接给出正确的答案，但是你刚才问的是有没有人能解释一下理查德是怎么想的，不是有没有人能说说他自己的想法。凯瑟琳好像知道她没按要求回答，"嗯"了一声，声音拖得很长，眼巴巴地望着你，希望你能同意让她说出自己的想法。

你要同意吗？或许你应该同意。以你对凯瑟琳的了解，只要你点点头，正确答案立马就来了——简洁明了，而且刚好赶在下课前结束。但你看了看理查德。如果聪明的凯瑟琳，一个白人姑娘，跳出来挽回局面，这会对他造成什么样的影响？但反过来说，如果你不让凯瑟琳继续的话，这又会对班上的其他同学造成什么影响？无论哪种情况，在这堂课上，关于种族、性别——当然，还有数学，学生们到底会学到什么呢？

当天，1989年11月20号，星期一，性格坚韧、做事谨慎、利落地盘起金发且有着十多年的教学经验的玛格德琳·兰伯特，快速地做了个决定。她指着"18"，问："有没有同学同意这个答案？"²

人们普遍认为好老师靠的是天赋。就像米歇尔·菲佛在电影《非常教师》①中扮演的海军陆战队前队员，像爱德华·詹姆斯·奥莫斯在电影《为人师表》②中扮演的米·埃斯卡兰特，像罗宾·威廉姆斯在电影《死亡诗社》③当中扮演的吟咏"抓住今天，活在当下"的老师。传奇的老师能用他们超凡的魅力和感召力把混混变成学者，把文盲变成天才，把懒人变成诗人。教书育人是他们的使命，不是一种技艺，也不是通过训练获得的，而是一种神奇的点石成金般的能力。

相反地，坏老师被描述成要么是残酷的（就像《欢乐合唱团》中的苏·西尔维斯特），要么是骨子里就很无聊的（就像本·司坦在《春天不是读书天》里扮演的那个总是从鼻腔里挤出嗡嗡声、絮叨不停的经济学老

---

① 译注：别名《危险游戏》，主角后来成了一名高中老师，成功地感化了一群桀骜不驯的放牛班学生。
② 译注：根据真人真事改编，主角帮顽劣的学生高分通过了越级考试，不料竟被人怀疑为集体作弊。师生毅然决定重考，终创下合格人数之最高纪录。
③ 译注：主角在传统守旧的学校环境中鼓励学生解放思想，把握当下。

师),要么就是出奇地蠢(就像《南方公园》里的格里森老师那样)。这些荧屏形象反映了一个人们普遍认为的观念,我把它叫做"天赋良师的神话"。

就算是在屈指可数的几个虚构的故事里,那些华丽丽地实现了蜕变的老师们,也只是丑小鸭般地展露了自己原本隐藏的特性,而不是获得了新技能。就像在从小说改编的电影《万世师表》里,那个平庸乏味的奇普先生渐渐开始光芒四射那样。别人都认为他蜕变成了一个全新的老师,但事实上,影片展现的只是他剥去了"教学法里蔓延的干腐",展露了"他与生俱来的幽默感"。³

几十年来,成千上万的研究都围绕着"良师是天生的"这个观念展开。⁴研究人员一遍又一遍地试图通过个性特征来解释这一观念与优秀的教学之间的关系。他们推测,最高效的老师一定性格外向、和蔼可亲、尽职尽责、乐于接受新鲜事物、对别人的情感和经历感同身受、善于社交、情感细腻、锲而不舍、幽默有趣,或者具备以上的全部特质。但是,几十年来,这些研究都已被证伪。良师没有定论,可外向可内向,可幽默可严肃,可灵活可刻板。⁵

就连负责教师培训的那些人都相信"良师是天生的"这种说法,他们本应相信教书是一种可以通过培训获得的技能。2009年我见到芝加哥州立大学教育学院院长西尔维娅·吉斯特时,她对我说:"我认为老师有一种天生就想要教书的内驱力或是天生就会教书的能力。"大家似乎都认为你要么就是这块料,要么就没戏。

在我遇见玛格德琳·兰伯特之前,我也对这个看法深信不疑。我当老师的朋友们似乎都是为了教育而生。我可以从他们的个性以及他们对教育的热爱中看得出来。他们热爱社交、充满魅力、引人注目,不论走到哪里都会得到人们的关注。难怪他们决定投身教育事业,而我只能当个记者——因为我这人严肃得过分、看不得愚蠢,且疑心病重。良师们都有一种神奇的"良师特质",曾做过教师、现任国家教育研究纵向数据分析中心主任的简·汉娜维如是说,她把这种特质描述为"魔法"。[6]

第一次见到玛格德琳的时候,我就觉得她的天赋是显而易见的,乍一看确实很像魔法。那是 2009 年的冬天,距她教凯瑟琳和理查德五年级数学已经过去 20 年了。她现在是密歇根大学教育学院的一位教授。我们坐在她那采光极好的办公室里,在一张长桌子的一头看到一个五年级学生布莱顿的作业。

在计算聚会所需的丝带价格的过程中,布莱顿错把 7÷12 算成了 1.5。玛格德琳问我,他是怎么算出那个答案的?

这大概是玛格德琳第一次看透我在想什么,她经常问一个问题就能看穿我的想法,仿佛她微垂眼帘、撅起嘴唇就能看到你的心底。对于布莱顿为什么会算出 1.5 我是一点头绪都没有,而玛格德琳心里却一清二楚。

她并没有直接告诉我答案,而是让我自己想想原因(就像 1989 年那次,她让理查德想一想他那个答案 18 是怎么得出来的)。她画了一个长除号,就是那个我五年级的时候学过的长得像房子一样的符号。她把两个数字故意放错位置:12 放在长除号里,而 7 则放在符号外的左边,就好像问题问的是 12 除以 7 而不是 7 除以 12。用 12 除以 7 之后,学生就会发现只能整除一次,余 5(12－7)。"1 余 5",五年级的学生会这么写。

我们再看布莱顿的作业的时候,发现玛格德琳的判断完全正确:12 上方画了长除号,7 在除号外面,然后在旁边用绿色笔迹标着"1 余 5"。玛格德琳解释说,布莱顿一定是错将他的"1 余 5"当成了 1.5 写在卷子上了。("1 余 5"其实应当是 $1\frac{5}{7}$。)

这看起来简直就像魔术一般——玛格德琳这么快就能发现一个问题的根源。她没有光盯着最终的错误答案，而是将布莱顿毫无道理的答案解释出了一个挺有逻辑的思维路径（尽管他算错了），快速反推出了他是怎么想的，并且找到了错误的根源。而这一切她仅仅用了不到一分钟的时间。

布莱顿计算丝带价格的时候还可能犯别的错误，他的同学们也可能犯别的错误，这些错误只是没有出现在这次作业里罢了。我刚刚看到的仅仅是某年级某班的某学生某天上的某一门课上的一次作业。在玛格德琳批阅其他卷子、反向分析学生们各个错误的缘由时，我在一旁观察着，为之着迷。

然而我对于玛格德琳以及她的教学生涯了解得越多，就越发现她那看起来像是读心术一样的魔法实际上是后天培养的而不是什么天赋。她的成功并不是源于她的性格，因为她内向、严肃、谨慎，和好莱坞电影里那些传奇教师大相径庭。相反，玛格德琳的成功仰仗于她经过多年学习获得的大量知识和技能。就像她所践行的那样，教书是一门复杂的技艺。

玛格德琳让我看到"良师是天生的"这种说法只不过是乔治·萧伯纳的那句名言"能动手的做事，不能动手的教人"[7]的一个委婉的版本。我们把教书想象成教师魅力和激情两者魔法般的结合体，这无异于在说"有智慧的做事，有魅力的教人"。我已经开始意识到这个观点的偏颇——如果误解了教学的本质，就会连带误解让教学更有效的做法，从而导致对教学有效性的根本性质疑。

现在视线回到玛格德琳20年前的那一堂课，她决定不去直接纠正理查德的错误，这个决定起到了一定的效果，至少在那堂课上是这样的。

他刚才写的那个毫无道理的答案还留在黑板上,他认为一辆时速 55 千米的汽车 15 分钟能行驶 18 千米。玛格德琳问有没有人同意他的答案之后,全班一片沉寂。突然,理查德打破了沉寂。

"我改变主意了,可以吗?"他问老师。他不要之前那个答案了,"改成 $13\frac{1}{2}$,或者 13.5"。

玛格德琳心想:这个答案好多了!正确的计算过程应该是:既然 55 千米对应 60 分钟,55 的一半,即 27.5,就对应 30 分钟;那么 15 分钟就应该对应 27.5 的一半,即 13.75。他的答案已经很接近了。

但是玛格德琳还是不明白他一开始为什么认为是 18。她必须要搞清楚他究竟哪儿想错了。她指着黑板上原本写着 18 的地方,问他为什么要改变主意。他已经回到自己的座位了,说道:"因为 18 加 18 不等于 27 啊。""啊哈!"她明白了,心里高兴了那么一小下。

理查德知道这道题应该怎么解了——至少他明白了大部分。玛格德琳转身面向理查德和其他同学,手还是放在黑板上,盖住原先错误的答案"18"。她想让班上的每个人都能听清楚她接下来要说的话。理查德从一开始算错答案到后来想出了用数学方法来论证 18 不可能是正确答案,她想让其他同学都注意他的运算。

黑板上是这样的:

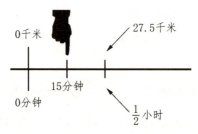

她解释说，不管这个空里填什么，它的二倍都必须接近 27。

教室后面，学生们开始小声议论。"根本不接近！"一个学生大声喊了出来，其他学生举起了手。

玛格德琳注意到了，但是她什么都没做。她在考虑 27 的问题。没错，黑板上写着正确的千米数应该是 55 的一半——27.5，而不是 27。如果追求精确的话，理查德应该试着找到 27.5 的一半，而不是 27 的一半。但如果讨论的是一辆现实生活中的汽车，在实际的行驶中，把距离算成 13.5 千米，而不是 13.75 千米，这重要吗？可能重要，但也可能不重要。不管怎么说，学会取近似值是一项重要的技能，玛格德琳对理查德的表现很满意，他进行了估算、证明，甚至用了数学的思维来思考。

她不想让理查德觉得他算错了，但是又想帮助他和其他同学得出一个精确的答案。毕竟，如果不是想让学生算比较难的 27.5 除以 2 的话，她一开始就会选一个可以被整除的数作为速度，比如说每小时 60 千米。那样的话得出的答案就会是整数了。但是她本学年的教学目标之一就是让学生学会小数和分数之间的转换，学会心算这些数字。这也正是她选了 55 这个数值的原因——她想用这个办法让学生踏踏实实地练习计算小数和分数。

要怎么做才能既认可理查德目前的进步，同时又能纠正他的小错误呢？她看着全班越来越多举手的同学。安东尼使劲挥着手，玛格德琳知道他是个很喜欢说话的小男孩。阿瓦德也举手了，他是个安静的男孩子，写一手工整的花体字。到底哪个学生的回答能够帮助她实现之前的想法：接受理查德目前的答案，在此基础上又能有所发展呢？她选择了阿瓦德。

矛盾的是，最易受"良师是天生的"这一谬见影响的机构恰恰是公立学校系统,更不要说美国的教学质量一直警钟长鸣,近期更是达到了白热化的程度。

2007年,贝拉克·奥巴马说:"从我们的孩子踏进教室的那一刻起,决定他们成就的最重要的因素不是肤色、原籍、出身或金钱,而是老师。"8奥巴马那时候还只是总统候选人;而当他上任后,他的态度更加坚定。今天,由于奥巴马政府推动的政策,美国各地的学区都雄心勃勃地在实施着重振教师队伍的行动。关于这些改革的争论非常激烈,包括许多老师在内的很多人都提出反对意见,但反对的对象并不是奥巴马关于重视教师的大前提。人们赞同教师很重要,也都认为应该提高他们的教学质量。他们争论的焦点是如何实施这场变革。

一个论点——也是奥巴马的论点——认为"教学效果考核制"①是提高教育质量的良方。这种观点认为美国教育的问题在于我们一直以来都同等对待所有老师,不管他们是像罗宾·威廉姆斯一样鼓舞学生,还是像本·司坦那样打击学生,他们在薪酬调涨、考核指标和工作保障方面都一模一样。然而事实上教师队伍良莠不齐。优秀的老师帮学生进步,而不合格的老师则误人子弟。

在2009年的一次演讲中,奥巴马说道:"加州有30万名老师,前10%是最优秀的3万人,倒数10%是最差劲的3万人。问题是我们没办法分辨。"他继续说道:"这就需要数据。"通过数据衡量教学成功与否,我们可以奖励杰出人才,裁掉无能之辈,以此提高教师队伍的整体素质。9改革后的教师考核体系正按照奥巴马的计划在全国范围内展开,同时进行的还有能影响教师职业生涯的奖惩措施。

另一个论点——姑且把它叫做"教师自主权",给出了恰恰相反的

---

① 译注:根据学生学业成绩而决定学校拨款和教师工资的考核制度。

建议。"教学效果考核制"的支持者们提倡大量的学生测评和高频次的在职评估,而"教师自主权"的支持者们则认为教师是专业人士,理应受到像律师和医生等专业人士一样的对待。教师只有在工作中被信任、被尊重、被赋予自由,教学质量才能得以提升。最近,"教师自主权"的支持者们拿芬兰来作比较。一份芝加哥教师协会的报告显示,"教书在芬兰是一个受人尊敬的上等职业选择;教师们在课堂上拥有完全的自主权,他们集体制定学校的课程体系,并且共同参与学校的管理"。报告得出的结论是:在芬兰,教师们"不被评分,而是被充分信任"。[10]

"教学效果考核制"和"教师自主权"在对现状的描述上都有一定的道理。教师得到的教学反馈确实差强人意,他们同样缺少提高教学效果所需的自由。但如果将这两者视作教学质量提升的解决方案和实操建议的话,则都行不通,因为两者都不可能独立培养出更优秀的老师。简单的计算就能让"教学效果考核制"的问题显现出来:如果按照奥巴马所讲,裁掉最差的10%,那就意味着要替换3万名教师,这还仅仅只是加利福尼亚州。如果从全国范围看,就得有30万名教师下岗。同时,已有不少学校对"教师自主权"做了多年的尝试,老师们却还是很吃力。

"教学效果考核制"或"教师自主权"都不足以成为解决方案,换言之,是因为它们都赞同"良师是天生的"这个神话。两者都认为好老师自己知道怎么做才能帮助学生更好地学习。这些好老师要么应被给予足够的自主权去完成工作,要么就该为没有认真工作而负责,这样他们才会教得更好。最后,两个论点都得出了一个不切实际的构想:普通教师能独自弄懂怎么变成专家型教师。

考虑到涉及的教师人数之多,这个构想就显得更加不着调了。把全美国在麦当劳、沃尔玛、邮局工作的人加起来都不及教师的人数。在我所居住的纽约市,教师队伍人数达7.5万,这可是和苹果公司全球的雇员人数基本相当。[11]正如纽约市教育部前首席人才官艾米·麦金托什指出的那样,全市5个行政区①没有任何一座楼能在同一时间让这7.5万名老师聚集在一起,连洋基体育场都装不下(它能容纳50 287人)。

经常和教育相提并论的那些领域——那些需要大学文凭且被广泛认同有较高社会价值的领域——哪一行的雇员人数都不如教育行业多。如果要画一个展示全美不同职业雇员人数的柱状图[12],最短的将代表建筑师(18万),稍长一点的是心理学家(18.5万),然后是律师(95.2万),再之后是工程师(130万)和服务员(180万)。这个图上的前三位分别是:门卫、女佣、家政清洁工(330万),秘书(360万),最后就是教师(370万)。[13]随着"婴儿潮"②那一代人陆续退休,教育系统不得不在2014至2020年间招聘超过300万的新老师来填补空缺。[14]这些退休教师离岗之时,也会把他们这么多年积累的经验和技能一并带走,而新教师们不得不硬着头皮顶上。

2009年12月的一个夜晚,我见证了几百位想当教师的人挤在芝加哥文化中心里(这里有世界最大的蒂凡尼彩色玻璃圆顶),听市学校系统招聘主管的讲话。现场座无虚席,人员既多且杂。有一位女士长着斗鸡眼,白头发,衣冠不整;有一个应届大学毕业生扎着辫子,头发垂到腰带下面;有很多中西部的年轻姑娘是和妈妈一起来的,在认真地记着笔记;还有个瘦小的女人穿着圣诞毛衣,上面的装饰缝成象限状,有个魔术贴的名牌粘在她左胸,上面写着她的名字:瑞秋。

但就算这礼堂里的每个人(不管是来这里的母亲还是女儿)都报名

---

① 译注:纽约市由曼哈顿、布朗克斯、布鲁克林、昆斯和里士满5个区组成。
② 译注:美国婴儿潮指"二战"后1946年至1964年出生率大幅上升的现象。这18年间出生的7 600万人,约占美国目前总人口的三分之一。

去教书，还是不能够填补所有空缺的教职。每年，芝加哥市都要招聘2 000名新教师。2009年，经济下滑使这一平均数下降了，但该市还是需要600名新教师。¹⁵ 在全国范围，每年都有近40万新教师在公立和私立学校开始他们的教书生涯。¹⁶

不管他们在哪里教书，是在纽约昆斯区拥挤的活动房屋里，阿拉巴马州美洲土著人居住的潮湿低矮的平房里，还是在加州喜瑞都市清风徐徐的露天教室里，当这些人站在讲台上的时候，他们会怎么做？他们应该怎么做？而且我们怎么保证他们所有人都已全力以赴？

一个冷冰冰的事实就是，改善师资队伍的两大理论——"教学效果考核制"和"教师自主权"，都没有给出真正的对策。"教师自主权"理论让教师自生自灭，几乎没有提供什么指导。"教学效果考核制"只告诉老师们他们是否成功了，而不是怎么做才能改进。两个观点都保留了长久以来放任自流的文化，而不是提供帮助。"为美国而教"组织的史蒂文·法尔通过给我讲述学校派给他的导师第一次去听他讲课的经历描述了这种放任自流的文化。"那位导师只是受命于学校，但当她走进教室的时候她向我道了歉，好像是为某种窥探式的侵扰感到抱歉似的。"她跟他说，上课是"第二私密的活动"，她可不想侵犯别人的"隐私"。¹⁷

社会学家丹·洛尔蒂在他的著作《教师》（*School Teacher*）一书中用维多利亚时代描述性爱的语言来描述教书这个职业，把它称作是一场隐秘的"煎熬"。洛尔蒂将这种根深蒂固的孤独感追溯到了只有一间教室、教师们单独教书的时代，因为其他的成年人（还有一些孩子）都在忙着种地。如今，每个班级都有更多工作人员和学生了，但是每位教师仍旧要独自面对一屋子的学生。

教师们要怎样做？他们做了任何人都会做的事——即兴发挥。

11月的那天,玛格德琳·兰伯特叫了阿瓦德来回答问题,她这个决定是经过仔细思考的,也见到了成效:阿瓦德的表现如她所料,他纠正了理查德那个不够精确的13.5的答案,但是又没有全盘否定理查德之前的计算。

"嗯,"阿瓦德以他特有的口吻,从容不迫地说道,"我觉得应该是13.75。"理查德保持了镇定,在之后的几分钟里,玛格德琳解决了一系列的问题。她叫了一直在举手的安东尼,但是没有让他说太长时间,她从他激情洋溢但却混乱的话语中提炼出了清晰简洁的观点。

她接着让一个叫埃莉的女生回答问题,为的是平衡回答问题学生的性别比例,尽量不让学生觉得只有男生才会数学,这也为另一个女生安子的惊艳表现铺好了路,安子用缜密的逻辑验证了理查德对于倍数和二等分的见解。而这一切都发生在区区几分钟内。但是现在已经过了下课时间。下节课的任课老师已经站在了教室后面,一脸不满地看着玛格德琳。

"你们知道我是怎么想的吗?"她对全班说道,同时冲着教室后面的老师点了点头,"我在想我们要在余数和除数上多花点时间,因为我觉得我们把很多概念都混到一起了,但是现在没时间细讲了。"

她又停下来,想要给可能仍深感困惑的学生最后一个问问题的机会。学生们坐在她对面:前排的理查德,后排的阿瓦德,右手边的凯瑟琳,他们的数学笔记本还在面前摊开着。他们所有人明天都还会在那里,后天、大后天、大大后天,直到夏天他们都会在。

"好吗?"——玛格德琳把刚才的结语变成一个轻松的提问,在临关门前问道,但没有人吭声。

好吧。

论辩"教师素质"的双方都倾向于把这个难题定位在"转变"上——如何帮助那些学业不好的,通常都是低收入家庭的学生(就像我作为记者报道过的纽约市的那些学生)获得相对富裕的同龄人(就像当年我在华盛顿特区、马里兰州的蒙哥马利市城郊公立学校的那些同学)才能享有的学习机会。

"教学效果考核制"的观点认为城郊学校有最好的老师是因为他们有充裕的资金和更新更好的基础设施能够吸引顶尖人才。为了不同地区教师资源的均衡,奥巴马出台了多项举措鼓励、支持、吸引高素质教师去服务较贫困人群所在学区。与此同时,"教师自主权"观点的支持者认为贫困地区的教师们享有最少的自由,还在最受限的环境下工作。[18]如果他们工作的学校和有钱人家孩子上学的学校那样,他们也会成功。

如前文所述,两个观点的描述都没错,但是作为解决方案,两个都不完善。在富裕的公立学校教书的教师们一般而言确实享有更好的工作环境和更多的自由,但是他们也是"良师是天生的"这一假说的受害者。事实上,我越了解高质量教学,就越发现它有多难能可贵,哪怕是在最不缺资源的学校里。

不久前,我在马里兰州的家中翻卧室的衣橱时发现了一个童年时期的粉色纸板文件柜,里面装着我小学时的作业。在我以记者身份参观过的最好的班里,孩子们在幼儿园就开始阅读和写作了。粉色文件柜里没有幼儿园时的文件。要是有的话会是什么样呢?那时候,我还不识字。

同时,我一年级时的作业也和我见过的优秀阅读教师布置的作业差别很大,基本上都是我从作业单里抄写的词汇,没有多少原创。一月份,我的水平达到了那一年的巅峰。在一叠订在一起的彩色美术纸上

有大人手写的"日记"两个字,里面记录着我单调的一句话日记:①

> 水很有趣。
> 我讨言(厌)寒冷的天气。
> 我喜欢玩巨(具)。
> 我喜欢莎拉。
> 我喜欢剪刀。
> 演出很有意思。
> 我讨言(厌)功课。台(太)简丹(单)了。

难怪我直到一年级才开始看书。功课太简单了,我根本什么都没学到。

就算是在我从四年级开始参加的"天才班"里,我的老师们究竟又教了我什么呢?一些老师改变了我的人生,让我爱上了新闻学、微积分,甚至是量子物理学。但其他的老师呢?除了那一年侥幸混过去的物理课,我对科学课的记忆仅仅停留在令人昏昏欲睡的果蝇上。我在高中的最后一年才搞明白学习历史除了记各国首都和不相干的战争以外,还和举证与论辩有关。

我上过的公立学校都是顶级的(我所在的马里兰州蒙哥马利市学区人均家庭收入排在全国前十位[19]),但我所接受的教育和我之后参观过的新泽西州纽瓦克市、纽约市布朗克斯区,以及旧金山一样,质量参差不齐。

然而,尽管我渐渐意识到美国教育方面的问题远比我想象的还要

---

① 译注:作者的童年日记有多处拼写错误,故对译文作相应处理,以对应原文。

严重，我也看到了可能的解决路径。多年来我发现了很多"良师是天生的"这个谬论阻碍教育进步的例子，但是我也遇到了不认同此观点的人。

比如弗朗西斯·帕克上校。他于1837年出生在新罕布什尔州的一个教师世家，父辈和祖辈都是教师。帕克坚信想要教好书离不开下苦功学习。他说"教学是世界上最伟大的艺术"[20]，想要学好可能需要花上一生的时间。但是不久帕克就发现了这个观点不受欢迎。在美国内战服役之后，他原本可以得到好几份令人艳羡的工作，不用教书的。"当我说我选择当老师的时候"——在内战期间，他就已经夜夜在营火前计划着以后上课的情形，并且从未打算放弃——"我的朋友们都非常鄙视我。"[21]甚至连另一个老师都叫他傻瓜。[22]

帕克发现他的教师同行们印证了当时大众的看法。他们当中的许多人都不觉得自己的工作是一门可以习得的技艺。在那之后，帕克接管了芝加哥的一个在困境中挣扎的教师学校，大部分的市民（包括一些教师）都质疑这个学校存在的必要性。"事实是，坚信年轻教师必须要经过培训才能上岗的人真的很少，"他的一个同事说道，"大多数人都认为没必要培训。"[23]

帕克最终没能在有生之年见到他的教师学校重新振兴、美名远扬。埃米尔·赫希拉比①在帕克的悼词中说他是"另一个摩西"，注定只能远远地看着他的应许之地。[24]帕克之后，芝加哥大学的哲学家约翰·杜威也有着相同的命运。杜威进一步发展了帕克的愿景，详细地阐释了他希望发展的"教育科学"——该理念提出一种方法避免伟大的教师们的教学秘诀因他们的过世而消失，造成巨大的资源浪费。[25]"我们能够在未

---

① 译注：拉比为犹太人对师长和有学识者的尊称。

来避免这种浪费的唯一方法,"他写道,"就是想办法分析出那些天才教师们凭直觉做的事情,以便将他们工作中的经验传授给其他人。"[26]那时候发展这门科学的时机还不成熟。在杜威提出该理论之后,他的方案沉寂了半个世纪,面临着和帕克一样的阻力。

尽管帕克和杜威都没有在有生之年目睹埃米尔·赫希所说的那个"教育的应许之地"[27],但是他们的愿景却并没有就此消亡。时至今日,虽然"良师是天生的"这个谬见还在,但像玛格德琳·兰伯特以及和她一样的教育者的队伍在不断壮大,帕克和杜威的梦想仍在延续。

这个教育者队伍中包括一些像玛格德琳那样的资深老师,他们后来成了一类独特的研究人员,一边研究自己的教育技能,一边努力把这些经验传授给其他人。队伍里还有一些教育者和玛格德琳素未谋面,但教育结论与她一致——有时候是刻意模仿的(就像20世纪80年代,发生在一个距离她所教的五年级课堂9656千米的一个小岛上),有时候不是(比如在十年后出现的企业教育家运动)。虽然这个教育者队伍仍然是"少数派",但由于种种原因,他们实现弗朗西斯·帕克"教育的应许之地"理想的可能性是史无前例的。

这本书就是这些"少数派"教育者的故事,也是教学的故事,一部每天在孩子和老师间上演的或欢乐或悲伤的舞台剧。

教学这件事,如能巧妙运用娴熟的技能,将带给学生魔法般的体验:因掌握了从来没有过的全新的想法而震颤的感觉。这一切都始于一位先驱者——一个害羞、勤勉的人,他叫纳撒尼尔·盖奇。

第一章　开山鼻祖

1948年,当纳特①·盖奇在伊利诺伊大学开始第一份教职之前,他已经在"二战"期间帮助军队甄选和培训过雷达观测员,与大学理事会共同开发了一个新的测试工具——学术能力测试,还与人合著了一本权威的教科书——《评价与测量实用介绍》。作为来自波兰的犹太移民的二儿子,他成功地摆脱了父亲糊墙纸的命运,达到了他所选的教育心理学领域的顶峰。在伊利诺伊,他加入了享有声望的教育研究局。¹但是纳特最重要的突破性研究发现来自课堂。

纳特是个既严肃又热情和蔼的人。开会的时候,他能用酒吧里那种侃大山的本领吸引他的同事们听他聊到半夜。²然而,一上课,他的那种吸引力不知怎么就荡然无存了,他就是无法吸引学生们的注意力,他的课上经常会有学生睡着。³"他的课就是缺少某种吸引人的东西。"他的学生大卫·伯利纳如是说。尽管他取得了那么多的成就——在著名期刊上发表过众多论文,还有教育学教授那炫目的头衔,这些信息却都指向了一个令人困扰的结论:纳特是位糟糕的老师。

纳特在焦虑困惑之际,转向学术文献中寻求答案。他觉得教育心理学的同行中肯定有人攻克过教学之谜。然而也正是那时他有了第二

---

① 纳特是纳撒尼尔的昵称。

个发现：关于教学的研究根本就不存在。至少，研究结论并不存在。研究人员们提出了一大堆特殊的研究假设，主要都集中在教师的性格特征上，但这些假设并没有得出结论。比如：好教师是更热心，更热情，更有条理，还是对自己的领域更有兴趣呢？也许好教师都有相似的玩世不恭的态度、敏感细腻的情感，以及良好的社交能力。也许那些低水平的教师都展现出某种程度的激进主义，甚至是"令人担忧的多疑"。其他一些研究涉及的领域更广，从教师的年龄、经验到眼睛颜色、穿衣风格和掌控力都是研究的对象。[4]

但是，没有任何一个研究得出了结论。一个研究人员可能刚发表他的一个研究发现，就有另一个人做出相反的回应。几个勉强得出的研究结论也是既模糊又无用。有一类研究表明好教师应该"友善、开朗、富有同情心，并且为人师表，而不是无情、消极、不近人情，还道德败坏"[5]。另一类研究得出的结论是最好的教师通常都具有一定的"教学技巧"[6]，这等于没说。

于是，纳特总结了1953年的研究，写道：

> 简单的事实就是，在研究了教师效能40年后，虽有一大堆的研究，但能被学校的负责人直接用来招聘教师或是授予终身教职、能被机构用来颁发教师从业资格、能被从事教师教育的教师用来设计或改进教师教育项目的成果一个都没有。[7]

这真是极具讽刺意味。那时候全国有数十所专门招收、培训教师的学校，即师范学校，用于输出美国未来的教师。然而不知怎么的，这些师范学校的教授好像对教学一无所知。而他们本是最应该关注这一话题的人。可是连他们当中像纳特那样杰出的教育研究者都完全忽视了教学。

您不禁会觉得奇怪,这是怎么发生的?为什么整个研究界会无视他们工作的核心问题?

一种答案是,他们是故意这么做的。这一惯例始于第一批教育学教授,他们毫不掩饰对于教授新的教育课程的不情愿。"教育心理学?"心理学家威廉·詹姆斯曾带着嘲弄的口气说,"我想这个课程得上六周。"[8]后来詹姆斯成为该学科的鼻祖。他的学生爱德华·桑代克是另一位奠基人,而他进入该领域纯粹是因为迫不得已。[9]1898年从心理学研究生院毕业后,他能得到的最好的工作机会并不在心理学领域,而是克利夫兰市西储大学女子学院的教育学系。"我人生的烦恼之源就是他们强加给我的教师实习学校。"他在工作后不久给一个朋友的信中这样写道。之后,他调任至哥伦比亚大学教育学院,花了一年的时间参观各类学校,不过他很快就放弃了这个任务,他认为这些参观让他厌烦至极。[10]当被问及如果面对某个学校负责人所处的真实困境时他会怎么做,他嗤之以鼻,"怎么做?为什么要做?我会直接辞职!"[11]

桑代克并没有解决教育的问题,而是去研究了心理学问题,再把它们嫁接到学校里来。他将从猴、狗、猫实验中得出的一般的学习定律应用到了学生身上。("饥饿的猫是绝佳的心理学研究对象。"[12]他写道。)同时,他还促进了新的测评技术的蓬勃发展,从智力到记忆力,什么都评估。但是他没有研究教师。[13]

就连推崇"教育科学"的约翰·杜威最终也回到了他原本的学科领域——哲学。而他周围的研究人员全都追随桑代克,摒弃了对于真实学校的研究。杜威感到很气馁,也因此放弃了教育工作。[14]纳特·盖奇也从没想要研究教育。他真正想成为的是心理学家。但当他以优异的成绩从明尼苏达大学毕业之后,即使作为斯金纳①教授的得意门生,他也未能被申请的十所研究生院录取。明尼苏达大学心理学院院长理查德·艾略特解释说:"从那些大学的角度来看,录取他进入研究生院毫无意义,简直是浪费资源,因为他是犹太裔。"当时评判研究生项目成功与否和毕业生当教授的数量直接挂钩,而那时候大学是不会雇犹太人当老师的。[15]唯一一个录取他的研究生项目是他压根就没申请的一个——普渡大学新开的教育心理学项目,当时年轻的项目负责人只能从心理学系未录取名单里搜寻他的潜在学生。[16]

早期的教育学教授们忽略教学还有另外一个原因,即他们觉得教学研究索然无味。英文教授勒巴伦·拉塞尔·布里格斯坚信学习讲授作文不需要什么方法,而是要具有"清晰的头脑、持久的良心、适度的积极性,以及绝佳的常识"。[17]"根本就没有什么关于教学法的科学。"乔赛亚·罗伊斯②在1891年发行的《教育评论》创刊号中这样写道。"至于任何其他意义上的'教育哲学',"罗伊斯补充道,"上帝会从中拯救我们。"[18]

然而,这个科目必须要开,从简单的经济学角度就能看到需求。1890年,全美小学加中学的招生人数仅仅不到1 300万。到了1920年,这个数字就超过了2 000万。同期的教师队伍增长了近40万。另外还有2.1万行政人员。1948年纳特到伊利诺伊大学的时候,全美光是教师就达到近100万。[19]对一所大学来说,这笔账非常清楚:不管是否真有可教的内容,单从商业可行性上看,培训教师就是明智之举。

上述历史的严峻性本有可能让另一个人也屈服。毕竟,如果连威

---

① 译注:伯尔赫斯·弗雷德里克·斯金纳(1904—1990),美国心理学家,新行为主义学习理论的创始人,也是新行为主义的主要代表。
② 译注:乔赛亚·罗伊斯(1855—1916),新黑格尔主义在美国最大的代表。

廉·詹姆斯都不能开发出一门教育科学，那么，能指望来自新泽西的纳特·盖奇做些什么呢？反正桑代克已经证明了，在教育研究领域获得声望而根本不碰教学问题是完全可能的。然而，在其他人看来可能是死胡同，纳特却看到了希望。毕竟，在科学领域，最重要的发现都不是从答案中而是从谜题中诞生的。并且，在研究关于教学的早期著作时，他见微知著，发现了一个共同的并且他怀疑是致命的缺陷。

第一批研究人员研究过的那些特征——眼睛颜色、掌控力——没有一个是源于教室的。他们调查了数以百计的变量，却忽视了"教学过程中的一手资料"。这种研究的选择也与科学发现的模式相悖。约翰尼斯·开普勒、德米特里·门捷列夫、格雷戈尔·孟德尔都是从近距离地、仔细地观察现象开始，然后才得出了解释这些现象的理论。正如"开普勒仔细审查行星运行的轨道，门捷列夫认真研究化学元素的特性或是孟德尔精心栽培他的豌豆。"[20]那样。纳特断定教育研究人员只有涉身其中才能解决美国课堂的难题。

纳特开始构建一门真正的教学科学。他把他的方法叫做"过程—结果"范式。通过比较过程（教学）和结果（习得），研究人员可以总结出哪些教学行为是有效的，哪些则是无效的。他的追求和杜威构想的"天才教师本能地会怎么做"的科学并无多大不同。唯一的区别在于，杜威喜欢在真正的学校里，在那种混乱而复杂的环境中研究教学[21]，而纳特则偏爱正式的实验。他认为，成功的"过程—结果"研究既要接近自然的教室环境，又要控制外扰变量。

在一个实验中，纳特集中研究"解释说明"。他认为这是"讲授的精华所在"。他和他的研究生们招募了真正的老师教真正的学生，但是给教学制定了参数限制。其中一个限制是老师可以说话也可以用黑板，但是他们不能发起讨论，不能征询问题，甚至也不能让学生记笔记。

("对有些老师来说,这个限制可能背离了他们所习惯的教学风格,"实验说明上这样写道,"敬请谅解。")另一个限制是内容,每节课的学习内容都是从《大西洋月刊》杂志上提前选好的一篇文章。研究人员在课后给学生们做理解测验看看哪些老师解释得最清楚。[22]

纳特的学生们录下了每节课,并对老师们的行为进行了分类。其中一个叫巴拉克·罗森夏恩的研究生列出了需要关注的 27 种特质,从平均话语长度(或许简洁才是关键?)到与学生兴趣相关联的频率,再到手势(胳膊、头或躯干的移动)以及踱步(从一个地方走到另一个地方)的次数。

另一个小组用电脑程序来分析老师的话语内容。其中一个程序将老师的话语文本与专为该场合编写的"含糊语词典"(符合条件的词语包括几乎、可能、通常、大多数等)进行了对比。例如,在一节含糊度得分很高的课上,老师从描述一个作者的名字开始,就说那"不太重要"。然后他继续说:

> 我还是要把他的名字写在黑板上。名字真的不那么重要。米哈伊洛夫(原文如此)——这个词就是这样发音的,呃,米哈伊洛夫写了这些文章。这个人,他做了些不错的事情,还有一个跟他很像的人,也是一个作者,他叫,呃……呃……大家就记住还有另一个作者就行。那个作者的名字也拼错了。两个作者,两个作者。一个是我们已经知道的米哈伊洛夫,另一个的写作时间更早,在 1962 年。他们俩都控诉了当时的环境,尤其是俄国的环境。这个作者坐了牢,因为他写了一本与斯大林谈话的书,我不知道你们有没有听说过这本书……[23]

最后一步就是比较用摄像机录下来的教师行为（过程）与学生理解程度的分数（结果）。可以预料得到，在经常使用含糊词的课堂上，学生的理解程度极低。罗森夏恩的方法还得出了其他密切关联的关系。结果证明大量使用手势能帮助学生理解教师的意图，教师经常在教室里走动也可以达到相似目的。[24]这项研究可能和杜威想象的不太一样，但确实是纳特·盖奇的同时代人闻所未闻的。

"过程—结果"研究很快就流行了起来。1957年，纳特参加了美国教育研究协会年会，在与一位同事共乘电梯时，他开玩笑说如果电梯坠毁了，那么那一年关于教学的所有研究也就一同消失了。那一年，仅有他和那位同事发表了关于教学的论文。[25]到了1963年春天，纳特那本收录了教学研究的书已成为新一代研究人员的必读书目。那本书的官方名称是《教育研究手册》（私下被称为"盖奇手册"），卖了3万册。[26]其中概述如何设计实验来研究教学的章节需求量尤为庞大，以至于兰德麦奈利出版公司在1966年以小册子的形式单独发行了这一章。到1974年，这本小册子已经卖掉了13万册。[27]

或许最重要的是，纳特成了就算不是最吸引学生，也一定是备受爱戴的老师。研究生们追随他，甚至连代表了全国教育从业人员的"美国教师联盟"也跟着受到了广泛的关注。"他们叫他圣人盖奇。"当时的一位联盟官员拉弗雷·比卢普斯这样说道，他同纳特合作将其研究结果转化为对教师有用的课程。[28]

因此，1971年，当新成立的美国国家教育研究院的两名年轻的工作人员承担起为新一代教学研究提供资助的任务时，他们直奔教学界"要人"——这两个人中的一位，加里·麦克丹尼尔斯如是说。很快，纳特从他当时就职的斯坦福大学请假，去帮助他们办一个意在启发研究新方向的会议，借此开展新一轮的资助行动。

但那时出现了一个小转变。由锐意改革的新总统理查德·尼克松建立的美国国家教育研究院不仅仅承担了支持现有研究的责任,而且还负有改变它的责任。[29] "我的任务,"麦克丹尼尔斯说,"是改变该领域。"[30] 不管是否有意,纳特帮他做到了。纳特在斯坦福的所有同事们都收到了征询意见的会议议程草案,包括那个最终将继承他"要人"王冠的人——一位来自密歇根州立大学的访问学者——李·舒尔曼。[31]

当斯坦福的另一位教授理查德·斯诺问李·舒尔曼觉得盖奇关于规划未来教学研究的会议草案怎么样时,"垃圾,"李·舒尔曼这样对他说,"还是那老生常谈的瞎扯淡。"

迪克①·斯诺惊得目瞪口呆:"为什么?"

"这充其量就是对过去的一种证明,"李说道,"难道纳特没有意识到行为主义气数将尽了吗?"[32]

这话不假。纳特的"过程—结果"法所依靠的心理学学派正变得越来越过时。纳特是个行为主义者,从传承上来说他也确实是:伯尔赫斯·弗雷德里克·斯金纳,他以前的教授,一直都是对行为主义影响深远的人物。教育心理学的创始人桑代克是另一个行为主义的终身追随者。纳特的声名鹊起刚好就是在行为主义最负盛名的时期。

行为主义者认为研究人类唯一科学的方法就是研究他们可以直接观察到的特征——他们的行为和引起这些行为的活动("刺激")。但是新一代的心理学家们开始指出行为主义者只关注刺激和其反应,却忽略了人的大脑。

在桑代克的研究模型中,人类的大脑无非就是动物大脑的一个延

---

① 迪克为理查德的昵称。

伸。学习意味着对不断重复的奖励或惩罚的反应。如果某个行为被奖励了足够多次,研究对象就会学会继续这样做。如果被惩罚了,他就会学会停止某个行为。

这个模型虽然可能能够说明某些形式的人类学习,但是批评者认为行为主义绝不可能解释所有的人类学习——尤其是那些超越了简单的行为(如果我把猫爪子按到这个踏板上我会得到食物吗?)而上升到更复杂的概念(什么时候能用到不定积分的算法?)的学习。批评者认为,要解释人们是如何学习更高层次的概念,心理学就必须正视认知。[33]

李作为学哲学而非心理学起家的学者,从未喜欢过行为主义。行为主义以缺乏科学性为由排斥了他觉得最引人入胜的那些问题——关于思维的问题。早先,研究思维并不入流。但是到了1973年李在斯坦福时,被称为"认知主义者"的批评者们已经打破了行为主义对心理学的束缚。认知主义的革命在心理学界蔓延,将人们的注意力从行为转向了人脑的思维。

李认为这个转变也应该应用到教学研究上。在"过程—结果"研究中,纳特·盖奇最大的贡献是通过研究教师的行为来研究教学。但是他们的思维呢?

"那你怎么不写信给纳特呢?"斯诺告诉李。

"拜托,纳特是'过程—结果'研究的代表!"李说道。

但是斯诺坚持让他写。纳特是个严谨的学者。"所以我就在备忘录上给他写了两页纸的内容,"李说,"也可能是在打字机上写的,IBM Selectric电动打字机。我礼貌地批评了他正在做的事:'你甚至都没有一个小组研究认知与教学研究的相关性,我觉得那才是教学研究的未来。'"

李基本上就是即兴写的。"我的意思是,我那时候并没有进入那个领域。我那时候在教将来会成为教师的学生……但是研究教学却不是我的专长。"所以,几天之后当电话响起,纳特让他以那两页的备忘录为基础,担任自己在华盛顿的会议上十个讨论组之一的组长,李毫无准备。但他都没有思考,直接答应了。

李·舒尔曼擅长的是研究医生。他1968年在密歇根州立大学时就开始研究医生了,而一切起源于他读研究生时就有的想法。

除了教育以外,李比较感兴趣的是思考,术语叫"认识论",关于思考的思考。[34] 就像他的偶像约翰·杜威那样,李关注更高类别的思考,就是一个人从得到初步印象到提出问题,再到最终理解,这个过程中进行的思维活动。"行人,"杜威写道,"'感到'冷时,他会'想到'乌云和随之而来的阵雨。"[35]

研究思维的心理学不仅仅只是吸引人的,它似乎也和教育息息相关。理解了复杂的思维过程——创造知识的过程,研究人员不仅能够研究学校,他们还能帮助改善学校。李对于如何研究思维才能使其真正发挥作用已经有想法了。其他的早期认知心理学家给研究中的受试者提出问题让他们去解决、提出难题让他们去回答,但是李知道,生活中,难题可不是提前准备好的。"问题说清楚了,就解决了一半。"约翰·杜威写道,"没有问题的话,就像是在黑暗中瞎摸索。"[36] 为了真正了解知识是如何产生的,李想要研究这个瞎摸索的过程。他只需要找到合适的研究对象——那些将解决问题融入日常生活的人。

研究医生的想法是李在密歇根州立大学任教几年后产生的。当时一位男士走进了他的办公室,自我介绍是大学新成立的医学院的院长。"我知道您研究复杂问题的解决过程。"他对李说。"嗯,"他继续说,"我觉得医学就是要解决复杂问题,我们这些医生却不太明白究竟要怎么做。您是否愿意拿出50%的可预约时间，携手医学院的教师们研究医学问题的解决呢？"

"我突然顿悟了。"李说。医生们整天都在解决问题，那是他们工作的核心。正是约瑟夫·贝尔，亚瑟·柯南·道尔爵士的医学院教授，一位拥有传奇推理能力的外科医生，为夏洛克·福尔摩斯的诞生提供了灵感，而福尔摩斯则是（虚构的）最伟大的职业解决难题达人。

李答应了，研究医生完美地契合了他的研究兴趣。通过和他的同事兼发小亚瑟·埃尔斯汀一起观察工作中的医生们，他颠覆了人们关于解决医学问题的传统观点，并最终在这个过程中帮助改进了医学教育。李和亚瑟设计了模拟日常诊断的情景，由学生扮演病人的角色，让医生们讨论他们的思维过程。他们将一个实验室变成了医生的办公室，布置成和普通的诊室一样，只是天花板上装了两个巨大的摄像机。三个真实的病例为演员们的即兴表演提供了依据，李和亚瑟还开发了一个包含了医生可能用到的血液浓度和X光检查结果的"数据库"。当医生们工作的时候，研究人员站在一面单向镜后，观察他们如何"有声思维"，分享他们在一般情况下完全私密的心理过程。

在第一天，李、亚瑟和他们的同事们就预见到了可能的研究发现。观察第一个医生——一位医学主任的时候，研究人员原本料想所有的事情会像医学教科书所说明的那样进行。首先，医生会询问"病人"，然后他会开始让病人做检查。只有看过检查结果，医生才会开始诊断。

但是检查刚刚开始，那位医学主任就转向研究人员宣布他的第一个诊断结果。发生了什么？一开始研究团队认为这位医学主任一定是个特立独行的人，是个凭直觉判断的异类。但是，每一位医生走进实验室后几乎都是这样做的，甚至都不量病人的血压就直接给出两三个甚至四个可能的诊断结果。看来医学主任没那么特立独行。大部分医生都是这么工作的,和教科书上教的小心谨慎的决策方法完全背道而驰。

但是这个方法好像很奏效。李、亚瑟和他们的团队分析数据的时候发现,那些在预约看诊较早的时候就给出诊断猜测的医生和那些等到检查结果出来才做诊断的医生之间在结果的正确率方面没有差别。如果硬要找出差异,那就是早期给出的猜测越多,医生就越可能得出准确的诊断结果。教科书上"从症状到体征到综合征再到疾病"的规定看来没什么实际用处。李和他的团队发现制定医学决策比教科书上描述的要复杂得多。[37]

李觉得他能更进一步开展该项研究。在斯坦福,那正是他原本打算去做的——将问题解决的研究结果进一步延伸,将这些结果具体运用到教育上。最终,那也正是他所做的事情。他那时只是还没有意识到这场变革会以什么样的形式发生。[38]

在美国国家教育研究院的会议后,李基于他的小组讨论写报告的时候,首先就借用了他自己的研究,将其中的"医生"这个词换成了"教师"。于是医学诊断的临床行为变成了教学的课堂行为;要在什么实验室做什么实验的问题变成了如何为学生分组并安排教室以及选择教材的问题。纳特认为教师是一系列行为的集合,而李则借用了自己的那个医学研究项目,把教师称为"信息加工员"。[39]

李对于自己涉足教学研究领域并不抱任何期望。认知科学家们已经从医生、国际象棋大师和投资家入手开始研究,因为很显然思考是从事这些工作的前提。可是对于那些每天冲着小孩子们说"一二三,看着我"的老师来说,他们每天能处理多少信息呢?

出人意料,通过思维来研究教师所得到的成果异常丰富。纳特·盖奇提出的"过程—结果"研究结论在数据上具有显著性,但经常自相矛盾。让每个孩子都全神贯注很重要，但是随机地叫学生回答问题（让他们保持专注最好的方法）不总是保证讨论顺利进行的最佳方法。相似地，问完一个问题之后，最成功的老师会多等几秒钟再让学生回答。但是最成功的老师们同样也是最干脆利索的，在不同的话题间花的时间最少。想要从"过程—结果"研究中找到一个明确的答案就像是从《圣经》中提取准则一样，经常是一篇经文说得清楚明白，另一篇经文又说得完全相反。

李是在传统犹太学校读的小学，因此他对待该项研究的方式可能和其他的心理学家都不一样。"犹太人有给犹太法典标注注释的传统——这种历史极其悠久的解释说明方式永远不会得到一个死板的结论。"在斯坦福和李共事的加里·赛克斯说，"这是对文本进行解读的绝佳手法，体现了绝妙的智慧。李研究教学也采取类似的方法，全靠注释和说明。"[40]

拿教学中的时机把握来说，怎么可能迅速地从一个任务切换到另一个任务和停顿超长时间才叫学生回答问题都有益呢？李采取了他称为"解剖转换时机"的方法来探索这个教学问题。"过程—结果"的研究人员描述了转换时机可以看见的步骤：老师问一个问题、时间流逝、学生回答问题。但是想要真正地理解，你就必须要从教师的角度去看。

建立在他人的研究基础之上，尤其是玛丽·巴德·罗威关于"等待时间"[41]（在问一个问题和选择一个答案之间的停顿）的研究，李指出了这对矛盾选项中所包含的逻辑。对教师来说，花在等待答案上的每一秒钟都既给人希望又存在风险。一方面，等的时间越长，学生可以思考的时间就越长。另一方面，教师越快给出正确答案打破沉默，全班受到错误答案影响的风险就越低。"等待"所蕴含的智慧和风险都是真实存在的。如果你认为这完全说不通，嗯，那也是对的。李总结说"等待时

间"是"甜里透着酸"。⁴²

与医生一样,对教师来说,问题不是最好的行为是什么,而是如何决定从众多的行为中选出一种来解决手头的问题。其核心在于判断。教师必须要确定学生的问题出在哪,决定最好的干预方式是什么,然后行动。

对医生来说,诊断和治疗都有明确的开头、中间过程和结尾。而对教师来说,问题是应接不暇的。既然学生的"病症"(学生所不知道的一切)不体现在身体上,而反映在头脑中,教师如何才能确定呢?他们如何才能明白学生没掌握的是什么?如果他们成功地完成了教学,又该如何确认?

此外,还有规模的问题。"老师,"李意识到,"面对的不是一个病人,而是一屋子差不多30个青少年。"就算老师可以找到问题所在,并且设法发现每一位学生的问题,他又如何同时给全班学生施以正确的干预?李总结说,"一名医生只有在自然灾害发生时或发生后在医院急诊室里才会遇到这么复杂的情况"。他意识到,研究教师和研究医生一样重要。事实上,"教师与思维研究的关联更加紧密"。⁴³

美国国家教育研究院的会议开始得快,结束得也快。李负责整个讨论组,提交了主张研究教师决策有效性的总结报告;不久后返回了密歇根州立大学,继续他对医生的研究。如果不是美国国家教育研究院又给他发了一份关于建立新的研究发展中心来研究教师思维和决策制定的提案征集启事,他可能早就把去开过会的事忘得一干二净了。

李觉得他的提案大概会石沉大海。因为斯坦福大学以及纳特·盖奇估计也会提出申请。而且自从纳特写了那个著名的手册后,他就让斯坦福成了全国教学研究的领头羊。相反地,密歇根州立大学却是一个"乡野大学",更为人所知的是培训教师而不是研究教师。

但是密歇根州立大学胜出了。被淘汰的有好几所多年来获得政府资助进行行为主义教育研究的大学。"纳特也没拿到资助,"加里·麦克丹尼尔斯说,"在过去,他们总是把资助给他。但是他做那项研究太久了,我确信没什么可研究的了。"

李喜欢引用心理学家杰罗姆·布鲁纳关于故事叙述的一句话。作为认知革命的领袖之一以及早期研究教学的学者,布鲁纳写道,故事的叙述从根本上是由"意图的变化"构成的。一个主人公开始去做一件事,但是中途发生了某些不可预料的事情,于是他决定改做另一件事。[44]

李起初是研究大脑的思维的。他认为,通过对大脑的理解,可以帮助提高教育水平,因为教育是塑造大脑的。在研究中途发生的那件事——纳特·盖奇的电话——让他改变的不是意图,而是方法。研究医生为理解大脑打开了一个锁孔,而研究教师却为此打开了一扇飘窗。教师们不光需要思考,还要思考别人是如何思考的。教师们是一群认识论专家,每天都要考虑懂得某些东西意味着什么,并且让这种转化发生在自己的学生身上。教学绝不是坐在地毯上讲讲故事那么简单,而是认知的最高形式。

在大学里,最高的学位通常被叫做"硕士"或"博士"。"这两个词,"李发现,"定义一样,都是'老师'的意思。"[45]除了教学还有什么方法能显示出你真的理解了一个学科呢?除了研究教学还有什么途径能用于提高教育水平呢?

尽管没有意识到自己在做什么,李却碰巧从事了杜威未竟的事业。正如杜威的前辈弗朗西斯·帕克说的那样,教学的确是科学中的科学,艺术中的艺术。如今,多亏了纳特·盖奇的推动、尼克松的投资,以及他自己毕生的痴迷,李将要延续杜威和帕克未完成的工作。

李在美国国家教育研究院会议的小组总结报告中写道,"天赋良师的行为是我们目前最好的理论都无法解释的,更别说引导或预测了"[46]。那么,未来的教学研究就应该探索良师的天赋才能——他把那种才能叫做"实践的智慧"。他要做的就是找到那些良师。

李·舒尔曼并不是老师,但是他成为现代思潮中关于提高教学质量政策的两位重要人物之一。另一位(纳特·盖奇)也不是老师。如果说李是在教育领域(或者说至少是在教育学院里)待过一段时间之后才开始关注教育的,那么埃里克·哈努谢克则完全是以门外汉的身份开始的。他对教育的影响和李相比可以说是有过之而无不及,但是他从未在教育学院工作过。

哈努谢克对于学校的痴迷始于1966年的夏天。他那时即将作为研究生从麻省理工大学经济学专业毕业,但是还没定下毕业论文的选题,直到他突然看到了报纸上一篇引人注目的报道:

华盛顿特区——约翰逊政府本周四被控因政治影响而忽视了关于城市学校系统不公平性的联邦调查结论……

在调查了60万名学生和6万名老师之后,该报告得出结论:贫困家庭的孩子毕业时比入学时有更多不足……

"这个报告意味着我们所有的教育计划,如加大对每个学生的投入、提供更多更好的图书馆和书籍以及教育设备,都解决不了学校存在的危机。"康涅狄格州议员亚伯拉罕·里比科夫如是说。[47]

考虑到林登·约翰逊"大社会"计划进行再分配的目标,就完全可以理解为什么官方想要掩盖这个报告了。如果这个叫做詹姆斯·科尔曼的社会学家的研究是对的,那么史上耗资最高的教育干预政策就会被认为失败了。据科尔曼所说,给学校额外的支持(包括加大对每个学生的投入,这本应该是帮助后进生的方式)并不能帮助贫困的非裔美国学生克服周遭环境带来的挑战。[48]

哈努谢克不太相信这个结论。"如果政策真的对学校没产生什么影响,"他想,"为什么还要继续给学校注资去试图改善它们呢?"[49]这里面肯定别的原因,某个隐藏变量掩盖了金钱所能产生的影响。但那会是什么呢？在浏览了科尔曼庞大的数据(64.5万名学生,3 000多所学校,涵盖了93个不同的变量[50])之后,哈努谢克并没发现结论有什么错误。就连驻扎在哈佛大学审查这项研究的一个工作组也没发现任何问题。这意味着科尔曼的结论基本属实。

但是其他的数据呢？哈努谢克从加州的一个学区收集了一组数据——比科尔曼收集的全国数据从规模上小得多,但具有两个优势：第一,加州的数据对学生进行了纵向的跟踪,而不是仅仅选取学生们一年的学习情况；第二,该数据不仅仅依据学校,还按照任课老师对学生进行了分类。[51]这个细节让哈努谢克能够得到比科尔曼更具体的信息：他不但能够看出学校是否起了作用,还能弄清任课教师这个变量是否也产生了影响。[52]

教师的作用可不是能够简单测量出来的,就算有了更好的数据也不能。影响学生学业的因素无疑有很多,从基因到父母的词汇量都在考虑之列。哈努谢克如何才能将教师的影响从众多的变量中区分出来呢？

教育学的文献并没有给出什么建议,但是经济学领域中关于工业生产的研究为他提供了方向。正如老师一样,工厂收到某些原材料(钢铁、煤炭、塑料),然后按需求将它们变成,比方说,一辆雪佛兰科迈罗。要测量生产过程中的生产率,经济学家们必须要从工厂组装这些原材料产生的价值当中减掉原材料的价值。问题的核心在于搞清楚相关的模式。这些原材料到达工厂之前的价值是多少，生产商参与之后价值升高或降低了多少。

将这个想法应用到教育上，哈努谢克就能通过寻找离差来控制非教师变量（例如家庭背景、过去的表现等）的影响。"如果你跟踪研究一个孩子，且注意到他正遵循某条学习路径，然后，发现突然他在某一年比其他年份学会的东西多得多，或者突然间他学会的少很多。"哈努谢克解释说，"这就给你一个暗示，可能是任课老师特有的某种东西，或是那一年发生的特定的事件导致的。此外，如果那个班级所有孩子的在校表现都发生了这样的提升或是下降，你就可以认定是那个班级出了问题。"

这种学业提升在加州的数据里存在着大量实例。如果哈努谢克的方法是对的，那么任课教师们确实产生了影响，而且影响巨大。之后他成功地对该影响进行了量化。通过比较测试分数，被分配给最好老师的那些学生的学业水平要比分配给最差老师的学生高出了一个年级。[53]依据哈努谢克的数据，教师能做到科尔曼报告中所反映出来的学校做不到的事情：抵消贫穷所带来的劣势。

或许哈努谢克最具影响力的结论来源于他将教师"效能"（生产率在教育上的同义词）和其他特质（尤其是薪酬）进行的比较。教师的薪酬往往基于他们获得的学位和教学经验：获得硕士文凭会有加薪，每新读一个研究生班都会有额外的加薪。然而，薪资的投入和产出（教师效能）之间似乎没有什么关联。教学经验确实重要，但其重要性也有限度。一名教师有三年或十三年的教学经验，从生产率的角度来看并没有什么不同。

在博士论文的终稿中（该论文后来出版成书《教育与种族》），哈努谢克将他的观察转化成一个影响深远的建议：如果各个学区停止对研究生学历和教学经验进行奖励，他们就能将投资转到更加高效的机制"教师负责制"（该术语由哈努谢克定名）上。

教师负责制借鉴了哈努谢克在研究工厂时采用的统计方法。"这个方法，"他解释说，"让教师的排名、地位根据教学能力而确立。"根据教师的效能给他们进行排名然后给予奖励的方法，可能会造成一些问题，包括有的教师会试图"只教考点"（教师会因为要为学生的考试成绩负责而只重视考试材料，不管其他同等重要的课程）。但是，哈努谢克写道："尽管我们现在不能完全信任标准化考试在学生极具针对性的应试准备下仍然具备足够的信度和效度，但理论上这个问题似乎是可以解决的。"[54] 十年之后，哈努谢克①为他的方法取名为"附加值"。[55]

在《教育与种族》一书中，哈努谢克还提出了一个有趣的观点。和科尔曼一样，他只考察了教育投资及其作用——用经济术语说，就是比较了教育的"投入"和"产出"之间的关系。他并未研究教育的中间过程。他把这叫做"生产过程的黑匣子"，即教学和学习本身。[56] 换言之，他追随了纳特·盖奇和李·舒尔曼开辟的道路，不仅仅关注学校，还关注教师，然而他也仅仅追随至此。他着眼于教师的作用，而没有着眼于他们的工作——只考虑了教师，而未考虑到教学。

哈努谢克的这项观察是碰巧做的，但是遭到忽视的教学这一"黑匣子"会被其他人证实和他提出的附加值理论一样影响深远。通过研究教学，李·舒尔曼和他的同事们将要推翻很多关于教学如何运作的普遍看法，包括天赋良师的神话。同时，哈努谢克忽略了教学，所以也就

---

① 另一个声称自己发明了教师效能附加值算法的研究人员是统计学家威廉·桑德斯，他开发出了田纳西附加值评估系统（TVASS）。

忽略了教学是如何运作的。他可以从关于附加值的研究中得出最简单的结论，该结论和人们料想的完全相符：一些老师较差，大部分还不错，少数是极好的——好像他们天生就是良师。

第二章　天赋良师

1975年秋,德伯拉·伯尔来到位于美国密歇根州东兰辛市的斯巴达村学校。严格地说德伯拉仍是个大学生,在此之前她从未带过班。她仅仅比这群五年级的孩子们大了十岁。没多久,其他教师就开始讨论她。明迪·爱默生(明迪教的班就在大厅对面)则几乎立刻就对她作出了判断。

在明迪看来,教师分两类:一是以教师职业谋生,二是天生就是当教师的料。对后者,教学不是一份工作,而是一种使命。(明迪自己从幼儿园入园第一天起就立志当一名老师。她坦言:"当我走进教室,闻到粉笔的味道,我就知道这里是我的归宿。"[1])从德伯拉第一天任教开始,明迪就看出她骨子里也有着对教学的热爱。德伯拉提早修完了高中,20岁时便会说四种语言。明迪说:"她能胜任任何一种工作。"但显而易见她更热衷于教学,她在这方面的天赋也毋庸置疑。

德伯拉是作为密歇根州小学教育实习项目的实习生来到斯巴达村学校的,该项目为期一年,以在当地的一所小学开展浸入式的课堂体验为主。其他的新手教师都经历了一连串意料之中的挑战。他们没法让学生们乖乖听课,费尽心力与学生做朋友,并且怀疑学生们是否真的都学到了东西。总之,他们努力地去适应教师这个新角色。在一个令人印象深刻的案例中,明迪在密歇根州立大学的老同学在上完第一节课后仍然心有余悸:"孩子们碰到我的身体了!"

明迪并不能责怪他们。毕竟教学与那些只需掌握基础技能就能马上胜任的工作不一样。"对教师而言,只要学生走进教室,一切就都看你的了。"明迪说,"这和教龄是一年、十年还是三十年毫无关系。一切就都看你的了。"而且是独自一人。"你像是一个形单影只的游侠。"

但即便德伯拉感到紧张不安,她也能掩藏得很好。她用平静、温和的方式对待孩子们,与孩子们交流,甚至照顾到了那些不会讲英语的孩子们(这样的孩子在斯巴达村学校有很多,这所公立学校与东兰辛市的规划简直是背道而驰,就读于此的外来生源要多于其他学校)。她制定的纪律恰到好处,既能让孩子们保持愉快的心情又能让他们的行为举止井然有序。明迪在此之前从未见过这么好的书法:德伯拉排版整齐的手写体令懂行的人看了心跳加速。还有她的教案,条理清晰,要点全面,准备极其充分。对此,明迪只能在心中赞叹:"哇哦!"36年后的她仍旧肯定地说:"(德伯拉)真的天生就是一位好老师。"

即使是新来的女校长杰西·简·弗莱伊也不得不承认德伯拉天赋异禀。杰西看到任何一点缺点都会指出来,她是个严苛的人。老师之间对她的要求感到不满已是公开的秘密。这些要求包括:课程计划至少要提前一周就完成;教学目标和教学计划要落实到每一个学生身上;感恩节去每个学生家里家访;课堂会被突然袭击,会有其他老师进来听课。每条要求都有着同样尖刻的落款,"来自杰西·简·弗莱伊的办公室"。[2]

对德伯拉则不同。杰西写道:"很棒!""感谢!""你的课堂很精彩!"因为看德伯拉上课,她想不到还有什么可以改进的地方。她唯一的建议就是"放慢速度"。杰西说:"德伯拉充满活力,说起话来语速飞快,是真的很快。我跟她说:'好了,德伯拉,你一定要放慢语速啊!'"德伯拉实习期即将满一年时，杰西打破了小学教育实习项目里一条不成文的规定。按照惯例，实习教师毕业后需离开所在实习岗位，去寻找固定工作；如此一来，其他实习教师来年才有机会上课。但是，杰西留德伯拉在该校长期任教。随后不到两年，德伯拉请求杰西让她同另一个老师一起创办一个前所未有的由一、二、三年级组成的混合班。你可以认为杰西太天真，她竟然答应了。

同事们偷偷塞给门卫一点好处，于是门卫拆掉了两个教室间的隔墙。与此同时，德伯拉则从街上拖来了还能用的冰箱和炉子。她解释说这是上烹饪课用的。（高中时代，德伯拉曾在一家面包店工作过；也就是在那里，她邂逅了后来的丈夫理查德，理查德的母亲在那里做蛋糕。）德伯拉把烘焙变成一个教学契机，并以此筹集了学生们搭乘火车去参观位于巴特尔克里克的凯洛格谷类食品工厂所需的费用。她同她的二年级学生们开了一个"甜点餐厅"。当然，所有的员工都是八岁的孩子们。

部分对杰西已经心生恼怒的年长教师对此开始颇有微词。为何不能每个教室都配有一个炉子？他们如何确保这个特殊的混合班不会把所有的好学生都挑走？如果德伯拉如此有创造力，那么他们建议杰西应该把捣蛋鬼都分给她。但是一年又一年过去了，当初抱怨的教师都开始支持德伯拉。他们重新安排教学计划以便他们的学生能够用上德伯拉的炉子。他们请求派老师来代班，以便他们能离开自己的教室去观摩德伯拉上课。有时候，他们也会邀请德伯拉参与他们的课堂。

到1980年，整个斯巴达村学校就只有一个人怀疑德伯拉（当老师）的天分，那就是德伯拉自己。

明迪、杰西和其他人说对了一件事——教学已然成为德伯拉的挚爱，但德伯拉发现教学并非易事。不过，她对教学最感兴趣的部分恰恰是教学到底有多难。在决定成为一名教师前，德伯拉主修法语，学习音位学、文化和哲学。越难的课她似乎越喜欢上。她也需要学习一些能让她尽快找到一份体面工作的知识。(面包师的儿子里奇①是她高中时代的恋人。年仅19岁的德伯拉和他结婚后就失去了父母的经济支持。)而那个小学教育实习项目不仅给她带来一次考验，也给她提供了一份工作。

她对于解开如何教孩子识字的难题产生了特殊的兴趣——这对任何有文化的成年人来说都是个难解之谜，对德伯拉来说更是如此，她从四岁起就开始学习认字，但不记得何时起才搞清楚单词并不只有音和义。教师的工作就是向其他人解释自己早已烂熟于心的东西。要教孩子们识字，德伯拉就得了解识字过程中的所有难点。成年人依靠上下文语境，凭直觉就能知道"ea"所有不同的发音方式。但是教师必须能够讲解"break"和"beak"，"read"(现在时态形式)和"read"(过去时态形式)中"ea"的发音都不同，还要能够讲解"r控制的元音"。少有成年人能解释这个现象，但孩子们肯定会注意到"r"可以使一个元音从正常的发音变成完全不一样的发音，所以"her"里面的"e"才会与"hen"里面的"e"发音全然不同，这种变换方式会让孩子们感到困惑。老师该知道如何帮助他们分辨这些不同的读音，给每个学生都挑选特定的词汇让他们去辨读，例如"milk, store, lot, her"，"say, ran, down, right"，"laundry, laundromat, iron, fall, bag, them, from, girls"。每组词汇都是为贴近孩子的学习内容而精挑细选的。

下一个挑战就是科学课了，这是德伯拉在斯巴达村学校实习时教

---

① 里奇为理查德的昵称。

的另一个科目。(该校分成不同的教学系,就像高中一样,不同教师分管不同科目。)小学教育实习项目里没有同阅读课一样正规的科学课,德伯拉自己的科学知识也仅限于高中时代所学的那些,那会儿她的老师还在就是否应教授进化论而争辩(该教师的立场是否定的)。在斯巴达村学校,德伯拉必须一边学习教学内容,一边学习教学方法。例如,电路如何再次通电?开放和闭合有何区别,如何将这一区别应用到学生们所要学习的内容中去?如天气、电路以及温度。对一个三年级科学展览项目的期望值可以有多高?为何教材里认为三年级的学生就适合做培育子叶和卤虫的实验呢?[3]

德伯拉在其教学生涯的头几年每解决一个教学问题,似乎就会遇到新的问题。最大的问题发生在 1980 年,当年她在五年级任教,她发现她的学生们都在数学上犯难,而且不是少数学生如此,是全体。有一天,她走到孩子们身边教他们长除法的步骤,那天全班 25 本笔记本上都记满漂亮的"数字小屋"(长除法的算式)。但是,第二天,孩子们要重新独立完成长除法的步骤时,他们就又不知所措了。周末简直是德伯拉的死对头。她在一篇回顾教学经验的文章中写道:"我的学生们周五回家前还能解决长除法问题,但是一到周一就似乎想不起来要从何入手了。"[4]

最糟糕的是学生们连最简单的计算都会做错,就像 72 减去 55,学生做减法时都会用 5 减 2 而不是 2 减 5,最终得出一个错误答案 23。德伯拉不得不用一捆木棍来表示几十与几的关系,并且反复强调因为 2 减 5 不够减需要从十位借位,最终变成 12 减 5 得到 7——可学生们仍然会犯迷糊。还有读题错误导致的问题,如某个题目是"某甲有 12,某乙有 20。某乙比某甲多多少?"学生看到"多"字就会开始算加法。但是这个问题问的是"多多少",求的是差值。看到"多"字就将这道题算成加法的孩子要么不理解加法的真正含义，要么压根就没有仔细审题。

德伯拉注意到这些数学犯难的学生中有一大部分都是她几年前教过的一、二、三年级混合班里的，他们当年的数学学得都很好。她开始反思：自己在教学时都做了什么？她以为学生们在学习时，学生们又到底做了什么？[5]

德伯拉的第一项举措就是向其他老师寻求帮助，但是老师们提供的法子她几乎全都尝试过了。她按照课本的内容把孩子们分成了不同的"技能小组"（分别叫做：三角形小组、六边形小组、圆圈小组），构思了清晰的解释说明，并使用剪好的图纸来形象地展示核心概念。然而，测试结果下来了，全军覆没。孩子们还是不理解。

这个问题可把德伯拉给难住了，于是她请教了密歇根州立大学教育学院的一位教授。这位教授建议她尝试一种新的实验性小学数学课程。[6]

"实验性"三个字听起来有些轻描淡写。但在这个新的课程中，仅一年级（德伯拉带完五年级的课又转到了一年级）的教师指导手册就有足足七百多页。该课程不按常理出牌，提出授课时各个教学环节的推进要根据写好的脚本来展开讨论。（例如，某个讨论案例是关于一头名叫艾利的大象。教师指导手册中写道："有一头名叫艾利的大象居住在丛林中，它总感觉肚子很饿。你认为艾利最喜欢什么食物呢？"教师需要按照这个脚本发问，以此开启负数章节的学习。[7]但是在德伯拉的引导下，这种看起来莫名其妙的教学方式却让孩子们产生了兴趣，每一课都以这种"对话"来进行承接。

从表面上看，用这种延展对话的形式来教数学课，而不是讲一整套概念并辅以练习题（例如借位减法，或用倒数来做减法）的做法非同寻常，和用大象的故事来教数学一样新奇。德伯拉曾将讨论式教学用在阅读课上，学生可以谈论故事（讨论人物关系并且根据推断预测接下来会发生什么）；而在科学课上，学生可以在讨论中预测实验结果。但她却从未在数学课上组织过讨论，即便有教师指导手册中的经验作为担保，她还是不确定学生们是否真的能将讨论进行下去。2 加 2 总是等于 4——这有什么好讨论的呢？

然而，她尝试之后，这种新课程所蕴含的智慧就显露出来了。例如大象艾利，原来它喜欢吃的食物是花生，花生分两种：普通花生（正数）和"魔法花生"（负数）。当一个普通花生遇见一个"魔法花生"，就像 1 加 -1 等于 0，两者都消失了。讲完这个故事之后，德伯拉所教的一年级学生们迅速掌握了负数这个即使高年级的学生也经常一头雾水的概念。

同时，在讨论中，挑战不在于让学生开口，而在于学生能否真正理解所讨论的内容。学生们数学学得越深入，他们向老师提的问题就越多。比如说，是否有"无穷多"的方法乘坐 24 层楼房的电梯去到第 2 层——正确答案是不是 25 呢？① 加一个负数到底是什么意思？减去一个负数（例如：3 减 -5）又是什么意思？[8] 现在最基础的概念都会引发复杂的问题，这令德伯拉感到手足无措。以讨论的方式探讨数学很有趣，但想要以对话方式导入学习，老师则需要更多的知识储备。

德伯拉再一次回到密歇根州立大学寻求突破，这一次她没有去教育学院，而是去了数学系。作为一个本科毕业生，她的数学知识储备已经完全不够用了。现在，当她的学生学习加法、减法和分数的时候，她则鼓起勇气，从头开始学习初等代数、几何和微积分。这些课程让德伯

---

① 正确的答案取决于问题的假设（学生没有明确提出来）。如果旅客只能停一次，就只有 25 种方法能到达第二层；如果中途可以停很多次，可能性是无限的。

拉受到了一些启发,她学到的关于极限和积分的知识就帮助她引导学生解决了一个关于表面积的问题。

德伯拉获得的最重要的启示源自她学习的最后一门课:数论。该门课由数学系主任约瑟夫·安登尼教授讲授,课程内容德伯拉之前从未学过却又与小学教师密切相关。更重要的是,安登尼采用了新的教学方式。他引导学生们自主探究概念,而不是系统地去罗列并讲解。他会在黑板上做一些板书,然后板着脸问:"这一定是对的吗?"

安登尼的这些问题总能让德伯拉思索良久。安登尼有时在黑板上以陈述的口吻写下:"这是一个猜想。"猜想是对数学概念的一种假设,是亟待求证的问题。例如:两个奇数的和永远是偶数,或偶数和奇数的和永远是奇数。这个结论一定是正确的吗?当学生们提出观点(求证)时,他会采取中立的立场,让所有人都有机会展示他们求证的过程。进而,学生们必须就自己的求证过程据理力争,一旦班里有人找到反例,之前的猜想便会在一瞬间土崩瓦解。

德伯拉以前也接触过这种求证过程,但她自己从未从零开始做过类似的求证,也从未意识到可以用多种不同的求证方式来支撑同一个观点。安登尼对别出心裁的求证情有独钟(德伯拉数学底子薄,但对这种教学法非常欣赏)。学生们求证时想得越多,他们对数学的探索就越深入。

安登尼课上的讨论可不仅仅是打发时间那么简单,这些讨论对学习数学推导至关重要。通过讨论(发现难题,提出猜想)让学生们实践了如何进行数学推导。在这个过程中,德伯拉——一个读本科时一门理科课程都没有学过的纯粹的文科生——爱上了数学。上中小学时,数学课给她的印象是乏味、机械、空洞:"往好里说是不具启发性,往坏里说是精神和情感上的煎熬。"[9]这就是她对当年数学课的评价。通过套用一系列复杂的公式和算法最终得到一个简单的正确答案的学习过程磨灭了任何潜在的学习乐趣。如看到"多多少"的字眼意味着要做减法——前几年在斯巴达村学校教学时她也常常这么提醒学生——要先减去个位数,且一定要大数减小数。有时候这种流程化的数学教学是必须的,但更多的时候这不过是为了得到标准答案而走了一个过场。而安登尼的数学课丝毫不落俗套。在他的课堂上,数学是一门极具感染力、内涵丰富,甚至激动人心且令人敬畏的学科。学生们有时候会因某个问题而困扰数日,但当有人从新的角度分析时,其他人瞬间变得豁然开朗。[10]

要是德伯拉将在数学系的求学经验用来教小学生数学,结果会是怎样?安登尼毕竟教的是本科生,他能给德伯拉的启发也就到此为止了。德伯拉需要求助于其他的资源。

在上过安登尼的课几年之后,德伯拉决定自我突破,去暑期学校教课。她刚刚学了一门关于科研方法的课程,她觉得该课程的内容有可能会对八九岁的孩子产生巨大的影响。她特别想教推理统计学——一门运用工具(例如曲线和区间)来分析数据并得出结论的数学课程。但是,由于关于如何面向小孩子开这门课没有任何已有的研究或是课程可以借鉴,她不得不从零开始设计。这可比预想的还要困难,所以她决定找人帮忙。她要找的不是一个可以与她共同执教的老师——这个班只有18名学生,一个人管理绰绰有余。德伯拉需要的是有头脑的人,这样的人才来一打儿都不嫌多。

招聘老师挺简单,因为老师们参与德伯拉的项目可以冲抵一个必修的职业发展学分。于是,很快一个教师组就成立了起来。在那个夏天,每天在孩子们来之前,教师组先过一遍德伯拉设计好的课程,预演解题过程,想象学生们的反应,并讨论德伯拉该如何回应。课程开始后,其他老师就充当耳目,研究每个孩子,并记录他们理解和尚未理解的地方。每天放学后,德伯拉让学生们留下各自的笔记本,以便老师们一并进行研究。随后,他们坐在一起讨论刚刚课上的情形。对学生课上的发言,每个老师的意见是怎样的?学生们还有哪些没学会的概念?德伯拉明天要做什么?[11]

　　从某种意义上讲,这种教学方式与德伯拉通常的做法并没有什么不同。在斯巴达村学校的时候,她常常把别的老师拉进自己的班里帮忙解决难题。但那只是忙碌的同事们给予的热心帮助而已。在这个暑期项目中,教师组的关注度得以持续,作风也是严肃的;他们身处的地方好像不是一所小学,而是一间实验室。或许,德伯拉会觉得这是一间外科手术室。

　　理论上讲,只有德伯拉在教孩子们,但实际上她是教师组的代言人(好似"教学改革的超胆侠")。她代表教师组来尝试践行不同的理念。"不论我们决定做什么,"她后来这么写道,"我就是那个必须去尝试,并设法令其成功的人。"同时,教师组也成了她的安全网,避免学生们沦为实验的牺牲品。[12]

　　学生们学到了东西,且同样重要的是,德伯拉也学到了。回想起来,她说不可能记住每一个茅塞顿开的时刻。她对教学的认识不断深化,不过她没来得及记录下每堂课以及课后的讨论。但是,几年后,在被称为小学数学实验室的年度项目中,有类似的公开课重现了德伯拉以及与她共事的首批老师们在1984年的那个暑期曾有过的体验。

　　在2012年7月的一堂课上,一组听课教师坐在阶梯看台上记着笔记,此时,德伯拉让一班即将升六年级的学生们观察一个矩形。[13]如下图:

德伯拉问：“这个矩形内阴影部分所占的比例是多少？”她提问的第一个学生是个名叫安雅的女孩。[14]她给出了正确答案"$\frac{1}{4}$"，并解释自己是如何通过画辅助线来解决这个问题的：

但是德伯拉让学生对安雅的答案进行评价的时候，一个脸很圆、留着一头长长发辫的叫夏玛的男孩，说了一些反常的话："我觉得答案是$\frac{1}{2}$，然后边上还有个1。"更奇怪的是，当德伯拉让他到讲台上来作解释时，他在黑板上写下了"$1\frac{1}{2}$"，口中却是倒着读这个数字的，好像是在从右往左读：先是$\frac{1}{2}$，后是1，他把1叫做"余数"。

他是怎么想的？什么情况下$1\frac{1}{2}$能说得通呢？下课后，等学生都离开了，德伯拉主持召开了课后汇报会。在仔细审视了夏玛作出的解答后，一组听课教师拼凑出了一个假设——可能他把问题看反了。他说的是空白区域的比例，而不是阴影部分。他可能是这样倒过来看这道题的：

其他人关注的重点是夏玛对 $1\frac{1}{2}$ 的描述,夏玛把它描述成"$\frac{1}{2}$,然后边上还有个 1"——更像是 $\frac{1}{2}1$,而非 $1\frac{1}{2}$。也许他把搞反了的图形转换成与之相似的数字了:$\frac{1}{2}$ 在左边,1 在右边。诚然,如果把数学看成一系列的法则和运算,恰如很多孩子所接受的教育那样,你就不会以为分数本身有什么含义,它们只是在数字中间划了一条线而已。

不论他到底是怎么运算的,夏玛很明显搞错了关于分数的一个核心概念——一个德伯拉和她的同事们在多年的教学实验中发现的孩子们(以及很多成年人)在学习分数时会遇到的学习障碍:整体的概念。要回答任何关于分数的问题,都必须先定义整体是什么。

在这个案例中,作为整体的是那个最大的矩形,它恰好也是一个正方形。夏玛的答案表明他把这个正方形的左半部分当作了整体,这个矩形有长边,在孩子看来,更像是一个矩形。(孩子们通常不认为四边等长的正方形也是矩形的一种。)如果将那个细长的矩形看作整体,也接受夏玛把阴影和空白部分给看颠倒了的推测,那得出 $1\frac{1}{2}$ 就讲得通了。

夏玛的误解为老师们提供了一个教研的机会。从学生的视角看待数学问题,老师们就可以找到需要进一步澄清的概念。随后,这些听课的老师们就可以一同弄清楚德伯拉可以采取什么手段帮助夏玛理解并确定整体的重要性。

具体的授课方法可能有多种:问问题、提供解释、布置任务等。在多个教学实验之后,最有成效的方法和提问手段也已经明确了。让学生在讲台上说明自己不同的想法,就不失为一个好方法。无疑,有些学生也会因为某些原因产生与夏玛一样的误解。(即便是成年人,有时候也会忘记离开整体去算分数是毫无意义的。)让那些有困惑的学生听听其他同学的讲解,可以帮助他们理清自己的想法。当一个叫做爱德华多的男孩冒出来作解释说明时,夏玛似乎也更好地理清了自己的想法。等爱德华多解释了为什么他赞同安雅所说的 $\frac{1}{4}$ 的答案后,夏玛决定改答案了。

教学实验小组还研究课堂上各个教学环节间的转换引导模式——德伯拉提问了哪些学生、顺序如何,以及她让这些学生分别做了什么。随着时间的推移她的决定变得愈发理性,这是因为她逐步掌握了许多转换引导的方式,不同的方式在学术难度(提供数学事实,还是提供解释)和社交风险(虽然没有主动举手但仍给出了答案的风险程度适中;站到黑板前,详细说明自己的答案,答案又错了,风险就大多了)这两方面的程度各有不同。

此外,其他需要考虑的因素也很重要。为了确保课堂参与度,提问三个尚未发言的学生是可取的,但如果他们三个的答案都一样,这个策略就不那么好了。提问顺序的先后也会产生不同的效果。在特定的情况下,先提问安雅再叫夏玛是明智之举。安雅通过添加原先没有的辅助线得出答案,说明了她认为分数仅在整体分成相等的若干份时才有意义,这恰恰是夏玛的答案中所欠缺的大前提。如果德伯拉可以先谈谈安雅的想法,再来为夏玛解惑,那么讨论就会更加顺畅地进行。

随着时间推移,更多的教学原则被总结了出来。例如,要确保学生发言时面向全班,而非仅对德伯拉一人,这一点非常重要。此外,每个人都要知道其他人的名字。这样,他们就可以不说"那个'$\frac{1}{2}$,然后边上还有个1'的奇怪答案",而是简单地说"夏玛的答案",或者如果夏玛提出一个观点,其他人可以简单地说成"夏玛的猜想"。

德伯拉将这些指名道姓的猜想看作能产生富有成效的对话的"栅栏立柱"。学生可以从中回顾他们不断加深的理解过程,并说出关键的转折点。当误解了整体与部分关系的情况又一次不可避免地出现时,他们就会想起夏玛的想法及它站不住脚的原因,从而快速消除产生的误解。

提问时精准的措辞也同样重要,实验室小组就德伯拉的遣词造句进行了数小时的讨论。接着,为了向学生介绍"无穷大"这个概念(这也是一个会令学生迷惑不解的概念),德伯拉提了一个没有标准答案的问题,然后让学生想想有多少种解决方案。之后,她又提了一个附加问题,显然是提问后蹦出来的想法:"大家写下答案后,能写出(提出全部解决方案)需要花多长时间吗?"

教学实验组花了几分钟时间专门考虑这个附加问题的价值。德伯拉让学生写下提出解决方案所需的时间,不就是在暗示学生实际上是有可能写出所有解决方案的吗?为此,一位来自芝加哥的老师认为如此设问在无意中让学生偏离了正确答案。但另一些老师则认为这个问题提得好:学生可能会意识到"可以永远这样写下去",从而进一步理解"无穷大"的意义。

此外,教学实验组还对德伯拉所提的问题进行了剖析。在夏玛出现误解的那一天,还出现了另一个困惑。该困惑的焦点不在整体,而在局部。数一数阴影部分,再数一数矩形可以分成多少个阴影大小的部分,有的学生称"部分"为$\frac{1}{3}$。他们不能像安雅那样画上辅助线,均分各个部分。于是,班上就讨论起了为什么要把一个图形分成相等的几个部分这个问题。但教学实验组的几位听课教师想知道,经过讨论是否全班同学都真正掌握了这个知识点。于是,有人提议:为什么不在下一堂课中再出一个使学生不得不添加更多辅助线的题目?比如像这样的:

第二天，德伯拉在课堂热身活动中提出这个问题。[15]

视线转回斯巴达村学校，德伯拉实施讨论式的数学课程，同时应用在暑期教学实验室（始于 1984 年，并持续了多年）中所取得的经验，在课堂中两者的结合取得了良好的教学成效。学生们学会了猜想、推测、辩论、证实，他们拾级而上、循序渐进地掌握了一个又一个概念。虽然他们有时也会忘记学过的内容，但是现在遇到障碍时，他们可以迎难而上，具备了自主学习能力。在学习分数这个单元几周后的一天，德伯拉就看到这种情况。有两个三年级的学生对一个与饼干相关的问题感到困惑，这个问题中有个分数——$\frac{4}{2}$。

"怎么会有这个？"贝琪指着那个难懂的分数问珍妮。[16]

"我不知道。"珍妮说。

"这表示四个'二分①'？"贝琪问。

"我们把某物一分为二……然后从这两份中再拿出四份？"珍妮问道。

"我很困惑。"贝琪说。

"我也是。"珍妮说。

就在那时，希娜走了过来："四个二分之一，是吗？"

"对！"贝琪恍然大悟，大声说，"四个二分之一！二分之一是分成两

---

① 译注：原文为 twoths。

部分。所以……"

"所以我们需要两块饼干,将它们分别切成两半,然后我们就有四个一半了。"珍妮说,"一、二、三、四个'二分',哦不对,是二分之一。"[17]

德伯拉在努力弄明白如何成为一名高效能的老师时,不禁想到另一个问题:为什么她之前没学过这些呢?她拥有法语和初等教育双学位,上过教学法课程,按理教学法课程内容应该是涵盖数学课的教法的。当然,她之后还上过几乎全部的大学数学课程。但是,没有任何一门课教她如何帮小孩子学习数学。

她猜想问题的关键在于理清高效教学到底需要怎样的专业知识。这种知识既不属于通识教育范畴,也不属于纯数学范畴,尽管这两类知识都会有帮助。依德伯拉之见,除了数学本身,数学老师还需要了解各种能够帮助学生将模糊的直觉转变为深刻理解的教学活动和任务。教师不仅要掌握运算过程、概念,以及从猜想到论点再到求证的学习过程,还需要了解学生的情况:学生目前掌握的程度如何,学生学习时所遵循的重复、循环方式,以及最有助于学生理解的各种教学呈现形式——图片、数字和木块的具体配备。

无怪乎这门课并不存在了。即便有,这门课也不好定名。即使是德伯拉(她现在是斯巴达村学校的一名老师,也是美国东兰辛市所有小学的特别"数学辅导教师",更不用说她还是密歇根州立大学教育学院的在读博士生)也无法说清楚这种知识的各种参数。不过这种情况到了20世纪80年代中期就开始改变了,德伯拉决定将教师数学知识的研究作为其学位论文的一部分。

据她推测,即将走上教学岗位的学生们仍未能学到他们真正需要的知识与技能。为了确认这一点,她设计了一个测试,其中包含一系列数学老师应该能答上来的教学问题,然后发给了教育系即将毕业的学生们。[18]

其中一个问题描述一组八年级老师们"注意到有一部分学生犯了同一个错误"。大数字相乘(如 123×645)时,学生"似乎会忘记移位"。他们会这样计算:

$$\begin{array}{r} 123 \\ \times\,645 \\ \hline 615 \\ 492 \\ 738 \\ \hline 1845 \end{array}$$

而实际上应该这样:

$$\begin{array}{r} 123 \\ \times\,645 \\ \hline 615 \\ 492 \\ 738 \\ \hline 79335 \end{array}$$

"虽然这些老师都认为这是一个问题,"德伯拉的测试中继续写道,"他们并未就如何解决这个问题达成一致。如果你教八年级,注意到有些学生这样计算,你会怎么做?"

若要很好地回答这个问题,德伯拉认为教师需要确定学生欠缺的知识点。其中有两点尤其重要。一是位值的概念,一般规定是整数所处位置决定了其数值。因此,79 335 中的第二个 3 实际上表示 30,而第一个 3 则代表 300。二是分配率,分配率揭示了为什么第二张图所述的一般运算过程才是对的——为什么可以将三个运算问题(123×5、123×40、123×600)的结果加起来得出 123×645 的结果。测试题中的八年级学生在运算时没有移动数字的位置,错误是不可避免的。为了帮助他们理解正确的运算步骤,教师必须让他们明白这种算法本身的依据。

测试结果显示,在德伯拉采访的十九名未来的教师中,仅五位提及上述两个知识点中的一个。大家说得最多的是他们将如何提醒学生采取正确的运算步骤,一位叫泰瑞的老师的描述最具代表性:"把整个算式移过去。"有些老师虽然提到了位值这个概念,但表达起来拐弯抹角,并不记得其确切的名称、含义及其重要的原因。而一位叫做瑞琪儿的老师解释道:"因为你是在计算这样大的总数,你必须知道如何在千位、万位数中进行计算。"[19]

这些学教育学的学生们都上过教育学课和数学课,但他们并不具备教书所需的另一种知识,即李·舒尔曼所说的"学科教学知识"(PCK,即 Pedagogical Content Knowledge)。这样的知识并不仅仅是教学法或该学科的微妙之处,而是这二者的完美交融。[20]

参与测试的还有修了数学双学位、即将成为高中老师的学生,但即便是这个群体也难以作出清楚的解释。就像一个叫做巴布的老师那样,他们往往只在尝试解释时才想起此运算的依据,然后结结巴巴地作出解释。"因为要乘以5,再乘以40,然后乘以600,这样你就会明白这些零是从哪儿来的。"巴布向德伯拉说。对此,德伯拉可以理解,但是巴布的学生能明白吗?

而其他问题,数学专业的学生就像其他任何人一样,也感到困惑。有一个问题是让这些未来的老师用一种方式来呈现课程大纲里一个常见的概念——分数除法。德伯拉挑了个具体的问题:$1\frac{3}{4} \div \frac{1}{2}$。由于这些受访者常常联系现实生活中的情境来作解释,或者喜欢使用"阐明某事某物的模型"来回答问题,德伯拉就请他们提出一个与 $1\frac{3}{4} \div \frac{1}{2}$ 相关联的情境或模型。

　　上述这个问题要是回答得好,将会帮助学生形象化地认识到多少个 $\frac{1}{2}$ 等于 $1\frac{3}{4}$。德伯拉在其论文中给了一种可行的方案:"一个食谱需要 $\frac{1}{2}$ 杯黄油。如果有 $1\frac{3}{4}$ 杯黄油,那可以使用多少次?"答案是 $3\frac{1}{2}$ 次,因为 $1\frac{3}{4}$ 杯黄油含有 $3\frac{1}{2}$ 个 $\frac{1}{2}$ 杯。这个描述不仅呈现了问题,还阐明了分数除法这一概念,让学生有办法将除法形象化(就像创造出特定大小的若干个小组),并且通过明确运算单位($\frac{1}{2}$ 杯黄油),使得理解整体这个概念不再那么复杂——$3\frac{1}{2}$ 个什么?$3\frac{1}{2}$ 个 $\frac{1}{2}$ 杯。

　　测试的结果与之前类似,十九位受访者中,仅有五位提出的表示方式被德伯拉视为在数学上是可行的。这五位中,又只有一位提出的呈现方式是便于学生理解的,尽管还是没有上述黄油的例子清晰明了。(这位老师说她可以在一条数轴上标出 $1\frac{3}{4}$ 和 $\frac{1}{2}$,然后问学生多少个 $\frac{1}{2}$ 等于 $1\frac{3}{4}$。)其他四位受访者举的例子虽然正确,但连德伯拉都觉得难以理解,比如一位叫做特勒尔的年轻男士所举的例子。他说可以让学生想象一下得到了三块披萨:第一块是一整个披萨,第二块是 $\frac{3}{4}$ 大小,第三块是 $\frac{1}{2}$ 大小。然后,他让学生想象将 $\frac{1}{2}$ 大小的披萨放在第一块上面,然后放在第二块上面,每次取走等于 $\frac{1}{2}$ 大小的披萨。取走全部披萨时,一共要进行多少次这样奇怪的操作?

德伯拉让特勒尔解释一下 $3\frac{1}{2}$ 这个答案在这个例子中的意思。特勒尔犯难了。"这个答案,"他说,"应该是获得全部 $\frac{1}{2}$（这么说真拗口）的次数。以及……剩下的部分和 $\frac{1}{2}$ 相比的大小,我觉得你可以这么说。"他自己显然很清楚什么是分数,但若要他解释给别人听,他就不知所措了。

还有五位受访者描述的例子或画出的图表实际上文不对题。更有几位设计的问题是将 $1\frac{3}{4}$ "对半分",即除以 2,而不是除以 $\frac{1}{2}$。剩下八位则什么也想不出来。[21]

德伯拉在其论文中没有对发现结果做进一步的推断,但读者必然会好奇:除了德伯拉本人,教育学院里还有多少人可以正确回答这个测试中的哪怕一个问题?斯巴达村学校里又有多少这样的老师呢?

1984 年,密歇根州立大学宣布有一位教授通过独一无二的联合任命加入该校师资队伍。她就是玛格德琳·兰伯特（当时人人都称呼她玛姬）。她在担任教育学助理教授的同时,也担任斯巴达村学校四、五年级的数学老师。她既是教育研究者,也是一线数学老师。正如德伯拉很快了解到的那样,玛格德琳不仅可以轻松应对德伯拉测试中的全部问题,还可以写出更好的答案。

身穿丝绸衬衫、一头金发扎在脑后的玛格德琳来自马萨诸塞州的坎布里奇市,她像是德伯拉想象出来的人物——特别教学知识的化身。在谈论问题时,玛格德琳就像是陶工在谈黏土,将它们里外都琢磨个遍,看看它们能做什么,然后将它们保存起来,等待最佳使用时机的出现。玛格德琳认为最好的问题是"丰富"、"开放"且"富有成效"的——这样的问题才能够真正将学生引入相契合的数学领域。上课时,她会注入数学的知识点和思维习惯,教五年级学生进行"协商"、"猜想"和"证明"。若是遇到学生的想法有误,她通常会比常人更快地发现学生潜藏的误解。

好的数学问题不可能一眼就能看出答案,玛格德琳也一样,她提出问题后从不直接给出任何信息。她撅起嘴,脸上的表情令人难以捉摸。托姆·戴伊(托姆在斯巴达村学校教授的五年级教室成了她的家。在那里,她最终教会阿瓦德、埃莉和理查德"速度",帮助他们明白一辆汽车以每小时55千米的速度匀速行驶15分钟后会走多远)说:"没人知道玛姬的正确答案,她丝毫不动声色。因此,学生必须靠自己得出正确答案……他们不能只是说,'哦,这是正确答案,因为老师是这么说的。'"玛格德琳不给学生任何其他的选择,他们必须自己独立思考。

玛格德琳来到密歇根州立大学之后,德伯拉才见到她。这份缘分使她们工作上的共鸣更加妙不可言。两个人之前相隔几百千米,却都探索出了同一种教学法——德伯拉尚在研究初期,而玛格德琳的研究已深入很多,但中心思想是一致的。这意味着什么?一段时间之后,她们开始合作(德伯拉向玛格德琳学习),此时她们所做的工作(这种特定的教学类型)就需要一个名称,方便讨论时引用,好比德伯拉用过的"栅栏立柱"。由于想不出足够独特的名称,她俩作了一个折中的选择:"此种教学"[22]——TKOT(This Kind of Teaching 的缩写,发音为 tee-kot),有时也叫做"为理解而教"(尽管没有人真正喜欢这个叫法)。("'此种教学'?难道还有其他种类的教学吗?"难免有人会这样问。)其他更具体的名称根本不合适。例如,"进步运动"像是一个政治活动,而不是一种教学法;而"建构主义者"则像是关于学习而非教学的理论。因此,她们故意采用略带顽皮的模糊术语——"此种教学"就挺好。

德伯拉曾反对命名术语这件事。她坚称,她和玛格德琳研究的就是教学本身,而不是一种特别的细分领域或方法。她们教书,学生得学。这不就是教学的全部意义吗?对玛格德琳来说,她承认她的教学是一种"存在证据"[23]:一种德伯拉所期望的数学教学法确实存在的证明。

毕业于美国最有声望的教育学院之一(哈佛大学教育学院)的玛格德琳·兰伯特刻意避免走上一条传统的学术道路。她获得博士学位后,曾在马萨诸塞州坎布里奇的一所私立学校——白金汉布朗和尼古拉斯学校——教小学数学。该校同时也为附近的莱斯利大学的学生提供教师培训项目。玛格德琳所带班级的教室位于被树荫遮蔽的顶层,那里也成了她的实验室。她天天记日记,记录班级里发生的点点滴滴——包括她自己的和学生的想法。在哈佛时,她阅读过正式的教学研究,但没有发现有什么可以与她自己的经验相契合。在白金汉布朗和尼古拉斯学校任教期间,她认真、详细地做了笔记,回顾、整理当天发生的事件来解释教学真正需要的是什么。

玛格德琳在白金汉布朗和尼古拉斯学校的时光很快乐,并没有离开的打算。但是,李·舒尔曼获得了美国国家教育研究院的拨款,在密歇根州立大学新建了一个研究团队:教学研究所(IRT, The Institute for Research on Teaching),非常适合她。教学研究所的教授们负责探索李·舒尔曼所说的"实践的智慧",他们不但要做研究,还要指导预备教师、给学校上上课。换言之,在密歇根州立大学,玛格德琳可以做她在白金汉布朗和尼古拉斯学校所做的一切,同时还能得到一个研究型大学的支持。她被打动了,很快,她还拉德伯拉加入——让德伯拉从斯巴达村学校转入条件成熟的教学实验室,该项目让她俩的事业大大改观。

玛格德琳最初是从一位前同事那里受到了启发,进而走上教学研究的道路的。那位同事不但自己在一线教课、给老师上课,而且撰文写下教学经验,几项工作齐头并进。[24] 为了探究自己潜藏的教学技能(TKOT 背后蕴含的学科教学知识),玛格德琳将她所教的班级视为观察、研究的重要场所,就像实验室内的皮氏培养皿一样。回到坎布里奇,在白金汉布朗和尼古拉斯学校,听她讲课的老师是与她共事的教师团队。在斯巴达村学校,一小批研究生和他们的教授跟随着她。无论哪一天,都有二十几个教育学院的学生离开艾瑞克森大厅,驱车绕过足球场和火车轨道,来到斯巴达村学校。他们涌入玛格德琳所在班级(不久后也去了德伯拉带的班),在教室后排记着笔记。

不过,玛格德琳很快就发现这些观察员没能抓住她的教学方法的微妙之处。这就像他们观察使用的显微镜被弄脏了一样,只能看见最不重要的细节。毕竟,玛格德琳最重要的工作,每时每刻所做的决定,仅存在于她自己的大脑中。如果她停下来,让这些细节清晰可见——开始进行有声思维——教学就得停止。德伯拉曾用外科手术室来做过比喻。但与手术不同的是,教学这个行为会持续一学年之久。由此看来,它更像是一部小说,跳过一个章节就意味着错失了一切。

一名研究生提出了一个建议:为什么不将班级整个学年每一天的上课情况录制成影像?玛格德琳之后反思说,这真是个"不切实际的想法",尽管当时是 20 世纪 80 年代中期,技术已开始迅速发展(该研究生以前在一家叫做"苹果电脑公司"的新兴企业工作过)。玛格德琳和德伯拉之前一直在尽心地记日记,但是录像会大大扩充数据量且有助于理解。毕竟录像可以暂停和回放。要想查看一个特别有成效或令人困惑的转折点,听课教师所要做的只是按一下按钮。[25]

与德伯拉合作时,玛格德琳写了一份经费申请。到1989—1990学年,她们招募了两个研究生团队(兰伯特小组和伯尔小组)来履行录像的职责。她们进行了周密的安排,明确哪些天研究生要携带摄像机,哪些天做笔记。[26]每个学生每日工作6小时,每个月工作10天,待遇很好。不过,一段时间后,学生开始放弃休息时间,因为他们不想错过任何内容。"此种教学"这个名称可能显得滑稽、含糊,但却很吸引人。

"他们赶不走我们。"伯尔小组的组员铃鹿卡拉笑着说道,"不待在这里就难受。故事还在继续!我的意思是说,下课了,但问题还没解决。孩子们仍然觉得困惑。或者,他们刚刚提出了令人难以置信的猜想,而你却不知道接下来会怎么发展。他们会用这个猜想吗?接下来会是什么? ……这个故事真吸引人。"[27]而到底有多吸引人,他们并不清楚。

海曼·巴斯第一次看到这些录像带是在1996年。他当时是哥伦比亚大学的一名数学终身教授,录像带寄到他的学校邮箱。

时年46岁的他已经在数学专业耕耘了几十年,并以开创了一个新的代数领域而为人所知。但在职业生涯的后期,他将兴趣转移到研究孩子在学校学习数学的方式上。在他看来,数学不仅美妙又迷人,还非常重要。"(数学是)人性最高贵的表达形式之一。"他说。可惜的是,孩子们没有发现这门学科的美妙之处,只是像传真机那样毫无创意地埋头苦干。

这种担忧由来已久。在美国,数学教育的低效一直备受关注。一方面是因为美国相信所谓的STEM领域(科学、技术、工程和数学)会增强经济实力。另一方面是数学测试的分数太低了。美国学生的成绩排名一般位于加拿大、德国和日本之后。这反映了许多代学生对数学的厌恶,现在的学生们如此,他们的父母当年也是如此。整体而言,似乎美国人就不是"能学好数学的人"。

为了改变现状,海曼加入了制定政策的团队、数学教育委员会以及顾问小组。尽管李·舒尔曼及其同事取得了进步,但80年代最举足轻重的教育改革源于经济学家埃里克·哈努谢克提出的教学效果考核制——关注输出而非输入,关注成果而非过程。哈努谢克在1981年的一篇文章中指出:关于公立学校,常见的论调是公立学校面临严重的绩效问题,如要改善,需要额外的资金。但目前已有的证据表明,学校开支与学生的学业表现之间并无关系。与其在传统的举措(如减少班级人数或改善教师培训情况)上投资,不如加快发展直接的绩效激励措施。[28]

对绩效激励措施的关注引发了一场建立更多严苛教育标准的运动。提倡设立标准的人士表示,公立学校体系中悲剧性的缺陷在于没有致力于培养学生的输出能力,也没能明确这方面的学习目标。公立学校浪费投资是必然的——该体系压根就没有标准!

海曼抓住了这个趋势,他在涉足教育领域的早期阶段着力于编写更好的学习目标。在遇到德伯拉·伯尔时,他就在一个专门制定学习目标的委员会工作。德伯拉很特别,与海曼之前遇到的数学教育圈内的人都不一样。虽然海曼相信标准能发挥效力,但是编制标准却让他感到力不从心。似乎人人都知道数学该怎么学才更好,但没有人可以描述得清楚,而且他们之前也没见过真正高效的数学教学。德伯拉是他遇到的第一个似乎能明确表述学校该做些什么的人,也是第一个发现数学背景深厚但课堂教学知识有限的海曼到底能够作出怎样的特殊贡献的人。因此,当德伯拉请求海曼观看她和一位同事授课的录像带时,海曼爽快地答应了。

开始看录像后,海曼就知道他的直觉是对的。录像的场景是在一间教室里,乍一看,教室很普通。[29]教室前面有一块绿色的长黑板,黑板两侧贴着小小的几张海报。教室中间是标准的米黄色桌子,光滑的层压板桌面,桌下是内置的抽屉。当然了,还有十九个孩子。随着录像播放,可以看见一个孩子无精打采地盯着天花板,头部靠到椅背上;另一个孩子将下巴撑在一只手上,沉思着;还有一个则以超快的速度拉开抽屉,抓了根铅笔。这样的场景再寻常不过了。但是,这个班级却与海曼见过的任何班级都不一样。

第一个说话的是德伯拉。"还有关于会议的意见吗?"她在教室的一侧问道,并没有出现在摄像范围内。有一段文字记录说明了当时的情况。前一天,这些三年级学生和德伯拉去年教过、现在读四年级的一些学生一起开了一个会。四年级学生称之为"关于数字 0 的会议",他们将桌子排成一排,以示权威,并就这些三年级学生刚开始学且感到困惑的一个问题发表他们的见解。这个议题就是:0 是偶数还是奇数?或者像一些孩子认为的那样,既非奇数也非偶数?

隔了一天,现在德伯拉提供机会给三年级的学生,让他们汇报一下心得体会。她本以为这个讨论只会持续几分钟。学生们将会快速讨论学到的知识(0 是偶数)[①],随后进入当天的正题。德伯拉为了这个正题已经筹划了几周了。几天前,她让学生思考专门为此目的设计的问题,学生提出了奇偶数性质相关的猜想。他们发现,两个奇数相加似乎都会得到一个偶数,而若是两个偶数相加的话,也都会得出偶数。现在她想看看这些孩子是否会超越她之前教过的三年级学生们。她想让他们证明这些表述是正确的——不仅仅适用于他们目前接触的数字,还包

---

① 与所有偶数一样,0 可以被 2 整除,前后数字都是奇数,而且偶数减去 0,结果也是偶数。

括所有的数字。

但计划并没有如愿进行，至少那天没成功。还没等讨论结束，德伯拉就发现一个叫做肖恩的高个子男孩阻碍了计划的如期进行，课程进度也因此在之后的几天内都会滞后。[30]

"肖恩！"她留意到他举手了，叫道。

"对于昨天的讨论会，我没有什么要说的。"他说，"我只是在想 6 这个数字。我认为 6 也可以是奇数，因为 2、4、6——3 个 2——等于 6。"

"嗯……"德伯拉说道。

"还有 2 个 3 也等于 6。所以 6 可以是奇数，也可以是偶数。兼而有之！通过 3 的倍数可以得到 6，通过 2 的倍数也可以得到 6。"

德伯拉插话道："你刚才是将两个奇数相加了，对吗？3 和 3 都是奇数？"

"嗯，"肖恩回答道，"其他的数字都是两个偶数。"

她想，可能肖恩指的是之前学过的偶数可以用两个偶数相加而得。也许他想要指出的是，一些偶数（如 6）实际上是由两个奇数相加而得的。

意识到他们接触那个知识点才几分钟时间，德伯拉决定暂缓这个知识点的讨论。"关于会议，其他人还有什么评论？"她问道，她想要回到汇报的话题上。

但是，随后举手、戴着黄色发卡的高个子女孩卡桑德拉还是纠结在"6"这个问题上。"我不同意肖恩所说的 6 也是奇数这一点，"她一边大声说，一边把椅子向后移，"因为——"

海曼看到卡桑德拉站了起来，走到黑板前面，拿起一根长长的教鞭。"看。"她说，接着她将教鞭指向黑板上方的一排数字，然后落在 0 上。"6 不可能是奇数，因为这是，呃，偶数。"她指向 0 说道。然后她依次在其他数字上移动教鞭，"奇数，偶数，奇数，偶数，奇数"，最后落在 6

上,"偶数"。她转过身,朝向肖恩说:"怎么会是奇数呢?"但是肖恩坚持己见:"因为,因为两个3相加可得6,而3是奇数。"

接下来举手发言的是基思。"那也不能说6就是奇数。"他说。其他同学异口同声地表示赞同:"这并不表示它必须是奇数,两个奇数之和就是偶数。"

随着录像继续播放,海曼惊奇地看着这一切。德伯拉说,这些学生并不属于天才班,而是一般的公立学校三年级学生,他们的家庭背景各异,能力水平参差不齐,但就是这群学生在进行一场真正的数学辩论。一个学生提出一个论断,然后其他学生努力证明该论断是错的。卡桑德拉的证明方式遵循了一种经典的结构。首先,她调用了奇偶数的一个定义——数轴上的整数交替出现奇偶数来说明6只能是偶数。然后,她提出反驳。根据她的演示,若6是奇数,且仍符合奇偶数交替出现的定义,那么0也得是奇数才行。不过,她本可以总结得更棒,因为他们前一天已经确定0是偶数了,所以①,肖恩的猜想是不成立的。

德伯拉让海曼看录像就是要请他发现课堂教学中所存在的数学思维。而这个三年级学生所做的精细的数学论证过程刚好是一个明证!

那堂课还没完,越来越多的学生提出反驳肖恩的证据。珍妮提醒大家关注偶数的定义:偶数是"可以均分的数,无需再将1分成$\frac{1}{2}$"。对此,肖恩表示同意,是的,6符合这个定义。接着,来自尼日利亚的女孩奥法拉引出一个奇数的定义,显然班上之前没有人发现过,奥法拉称之为"我的猜想":若偶数是那些可以均分为两部分、没有余数的数,那么奇数则是"可均分为两部分,但会余1"的数。她一边说一边画了六条

---

① 译注:原文为 QED(quod erat demonstrandum,谨此作答)。

线,并圈成相同的两份,很明显没有余数。

最能激发人的兴趣的证据则是一个头戴紫色发带的小个子女孩提出来的,就是那个刚开始盯着地板的学生梅。在德伯拉表示肖恩的观点令人费解后不久,她不知从哪儿冒出来,叫了一声,"哦! 我想我知道他在说什么! ……他说的是有 3 组的 2,而 3 是奇数,所以 6 可以是奇数,也可以是偶数。也就是说,6 可以是偶数是因为 6 可以分成若干组的 2,可以是奇数是因为 2 的组数是奇数。""肖恩,你是这样想的吗?"德伯拉问道。答案是肯定的。

梅还没说完。她刚才阐明了肖恩的观点,现在,她要推翻这个观点了。德伯拉问她怎么看,她说:"我不同意。""这里,"她已经快要从座位上站起来了,"我能在黑板上演示吗?"等不及德伯拉准许,梅已经把椅子推进去,走向黑板了。肖恩刚才一直站在黑板前面,这时他向旁边跨了一步,给她腾出位置。"这里的依据不是 6 可以分成多少组。"梅说,她靠近黑板,抓起一根粉笔,身后又长又黑的头发在左右甩动着。她的个头仅到肖恩的手肘。

她解释道:"我们来看看是否我可以找到……"她说着,把粉笔指向黑板,目光朝前,陷入深思。她只有九岁,但她的声音很洪亮。"比如说 10。"她数着数开始画一排圆圈,一共画了十个。"这里有十个圆圈。"她说。

肖恩背靠着黑板站着,看着梅继续用粉笔在写。"现在我们将它们分开,"她说,"比如说,我要将它们分成两两一组。来,1,2……"她每隔两个圆圈划一道线。黑板上的图形是这样的:

○○ | ○○ | ○○ | ○○ | ○○

"那么,看!"随着粉笔敲打每一对圆圈,她语速加快,"1,2,3,4,5",

然后面向肖恩，而肖恩此时也完全面向她。

"那么，为什么你不说 10 是，就像……"她停了一会儿，肖恩说了什么，但是她没有听到。她转身面向班里的其他人，向两侧伸开双手，像出庭律师临近最后陈述的高潮那样，总结她的发言。"6 除以 2 得出一个奇数 3，而 10 除以 2 等于 5——也是奇数，那么为什么肖恩不说'10 既是奇数，也是偶数'呢？"梅这样问道。她放下双手，走回座位，刮了刮自己的鼻子。发言结束。

梅忽略了一句关键的回答，但是海曼没有。在梅逐渐提高音量说出结论的时候，肖恩咕哝出了下面这句话："我不同意我自己的想法。"对海曼而言，这一切实在是太令人震惊了——一群九岁的学生们进行了精彩绝伦的数学推理！首先，梅成功地完成了甚至数学家都感到很有挑战性的事情。她听了肖恩那令人困惑的观点后，转而用它来清晰地解释自己的想法，无懈可击。梅的分析有助于班上同学进行理解，也使得她能够面对全班说清楚她为什么持反对意见。

她在黑板上进行的分析更加令人吃惊。在这之前，所有反对肖恩的说法的论据都遵守同一模式：肖恩作出一个论断，然后其他学生反对这一结论，通过不同的证明方式，证实了 6 为偶数。而梅表现得更加成熟、老练。她质疑的不是他的结论，而是他的推理。在此期间，她还实现了一个飞跃，即肖恩尚未看到的一步。她向他说明：6 并非唯一符合他所认为的奇数标准的数字；10 也符合，而且可能还有其他数字。

梅说："那其他数字呢？譬如说，如你所言，也会有其他数字既是奇数又是偶数，或许最终所有的数字都成了既奇又偶。如果所有的数字都是既奇又偶的话，我们今天做的关于奇偶数的讨论就毫无意义了。"

看起来肖恩只能认栽了，但事与愿违。短暂的停顿后，梅抬头看着肖恩，肖恩也正好撞到梅的目光，梅用手蹭了下自己的鼻子，肖恩前后摇晃着身子以表示感谢。他微笑着说:"我还真没有这么想过,感谢你给我灵感,所以要我说啊,10既是奇数又是偶数。"

梅并没有让肖恩消沉,反倒释放了他对数学的激情。不仅如此,很快,其他同学也加入进来,找到更多符合肖恩要求的数。(不仅仅是6和10,还有14,甚至2!)德伯拉想这场讨论该结束了,她尝试着允许孩子们再说一个想法,但孩子们已经停不下来了。海曼欣喜地看到,孩子们的热情已经被点燃。

他们不仅找出了证据,还创建了新的数字类型(例如上文中提到的2、6、10、14等可以用奇数与2相乘而得的数)。几天之后德伯拉将其命名为"肖恩数",并决定将这个小插曲转变成一个教学契机——教学生如何给出数学定义。(德伯拉认识到,给数学概念下定义这件事在肖恩引发的这轮讨论中多次出现,每一次都是让学生加深理解的好机会,例如奥法拉对奇数的定义,以及珍妮重新给偶数下的定义。)

录像播到尾声时,海曼想起德伯拉之前问过他的问题:录像中是否存在数学思维?他已经看到孩子们沉浸在数学思维之中,当然,德伯拉也不例外。回想起来,是这位老师为讨论提供了两个重要的转折点,而不是肖恩、梅或者奥法拉。是德伯拉引导他们回归到最初的偶数定义,为接下来的讨论做好铺垫。肖恩把6称为"既奇又偶"实际上假定了一个完全不同的定义。在梅提出10也符合肖恩的标准的时候,德伯拉建议孩子们考虑一下14——一个名叫丽芭的女孩受此启发而得出另一个数学定义。事实上,丽芭演示了如果按照肖恩的逻辑推理,从2开始每个数字加上4都是"既奇又偶"的数字(例如上文提到的6、10、14)。

别的数学家在看到"肖恩数"时可能会认为这是个理解错误。毕竟从根本上讲,满足这个男孩标准的数字全都是偶数。但是海曼很清楚数学讲究的就是如何下定义——采用某个特定的规则或者限制来区分正数和负数,或区分素数和合数。定义的实用性在于帮数学家们决定需要留下哪些数,同时筛除哪些数。"肖恩数"本身最终将被遗忘,但是通过创建该概念,学生们学到了一些基本的数学思维方式。单纯学习奇偶数的差异是绝不可能培养出这种数学思维的。

德伯拉让海曼惊讶不已。海曼仅仅观看了她在那一天的录像。但她做到这个地步,到底掌握了多少相关知识?她如何设问?遵循怎样的教学习惯?什么时候决定可以(或不可以)让课堂里出现计划外的事件?在"此种教学"的课堂里,每一个学生"顿悟"的时刻都离不开教师在旁边的引导。德伯拉的这种教学能力是海曼从未见过的,他说:"观摩德伯拉上课就像是欣赏室内音乐剧一样美妙。"

他非常喜欢这种方式,甚至在看完第一盘录像带后不久,他向哥伦比亚大学递交了辞呈,来到密歇根州立大学,同时供职于数学系和教育学院。课标、课程和测评固然是重要的,但他意识到如果教师不能将上述工具转变为日常教学,改变数学教育无从谈起。他和德伯拉启动了一个正式的研究:到底需要什么知识才能够把数学教好?很快,他们给这项研究定名为"数学教学知识"(Mathmatical Knowledge for Teaching,简称MKT),还下了一个定义:在实际教学工作中所必需的数学知识、数学技能、思维习惯以及鉴别能力。[31]该研究可视作李·舒尔曼的学科教学知识理论的数学版,是专家型教学实践的智慧。

数学教学知识中的一部分属于通识,受过教育的成年人都已具备,但其他部分则鲜为人知:如何分析错误或不合标准的解答,识别学生得出错误答案的原因,预测学生可能会犯哪些错误以及何种呈现形式能提供最佳解释。即使是海曼这样有着几十年经验的教授,对这部分知识也是门外汉。后来,通过测试,他和德伯拉发现其他的数学家们也都不具备这类知识,这令受试者们很恐慌。[32]

后来，关于肖恩的那段录像广为流传，从加利福尼亚到韩国的研讨会上都在播放该片段。同时，《生活》杂志也对玛格德琳·兰伯特的课进行了专题报道，并最终促成了美国公共广播公司的一档面向少儿的数学电视节目《原点 TV》(*Square One TV*)的诞生。该节目中，"数网"的干探乔治·富兰克林和凯特·蒙黛每周联手办理新案子。（除了"数网"破获的案件，该节目还循环播放类似于玛格德琳"每日一题"的两分钟短剧。举例来说，"数字失踪局"那一集里，苦恼的市民向 FBI 模样的调查员报告说有数字丢失，调查员询问目击者失踪数字的特征并破案。[33] "素数俱乐部"中描述了一个只允许素数进入的夜总会，还有一个关于数数的、模仿《攀登每一座山》这首歌的音乐秀。）

这两位老师——德伯拉·伯尔与玛格德琳·兰伯特——身体力行地证明了采取非常规方法进行高效教学的可能性。人们不禁会想，密歇根州的这两位老师既然可以做到，为什么不能人人都这么做？

第三章　斯巴达式悲剧

证明高效教学的可能性是一回事,而将其传授给不像玛格德琳·兰伯特和德伯拉·伯尔那样具备高超教学技巧的人是另一回事。1982年,李·舒尔曼离开密歇根州立大学去了斯坦福大学之后,接替她的是朱迪·莱利尔。朱迪是密歇根本地人,以前也当过老师,还是李在教学研究所(IRT)项目中最早的合作伙伴。

朱迪在两所她曾经接受培训的学校进行了改革尝试,那时叫实验学校(lab school)。即便那个时候(她从 50 年代末开始教书),实验学校也是稀缺的,这两所学校可谓硕果仅存。实验学校是另一种已经过时的机构——师范学校的分支。师范学校是在 20 世纪早期发展起来的,属于培养教师的专科学院,直到综合性大学接管了教师培训工作。[1]

师范学校致力于教师职前培训以及研发更高效的教学法,其学员分为两类:从幼儿园到 12 年级的学生和想学习如何教上述学生的师范生。每一所师范学校其实包含两部分:一部分是"师范",进行师资培训;另一部分是实验性的,也叫实验学校,在那里培养从幼儿园到 12 年级的学生,而师范生则可以观察孩子们如何学习并最终走上讲台尝试教课。

约翰·杜威的实验学校是此类学校的代表。该校设在芝加哥大学,继承自他的导师弗朗西斯·帕克。而朱迪自身的经历是这样的:她最初实习于密歇根州波波村的实验学校,后来去了威斯康辛的密尔沃基市学校,她的亲身体验让她认识到了这类学校的作用。在波波村,她和她的同事学会了将每天的教学实践用日志的形式详尽地记录下来。然后,他们会跟研究人员一起对他们所做的工作进行复盘,并到学校附近的大楼里听报告。密尔沃基市的实验学校甚至设有专门的课堂观察区——一个在教室四周上方建造的狭长的玻璃看台。教育系的学生们可以坐在看台上进行观察,可以打开玻璃窗户静静地听课而不会打扰教学的正常开展。此后,教授会与他们就教学问题展开讨论。

实验学校的工作经历改变了朱迪对教学的看法。当初,她走上讲台是因为别无选择(50年代初期,在她高中毕业的时候,女性只有三个选择:护士、秘书、教师。朱迪怕血,嫌办公室工作枯燥,就选了教书)。但在波波村和密尔沃基市学校的工作经历让她不再把教书看作权宜之计,而是当成一门艺术——一门值得一个人用毕生心血去锤炼的艺术。

然而,随着时间的推移,实验学校以及实验学校所宣扬的教学理念,变得越来越过时。引发改变的导火索主要来自大学。大学增设了利润丰厚的教师培训课程,这让师范学校纷纷倒闭。大学虽然接管了教师培训,但并没有加以足够的重视。大学还是重研究轻培训。大学老师们主要是像心理学家威廉·詹姆斯和爱德华·桑代克那样的研究者,而不是弗朗西斯·帕克那样有过小学教学经验的人。朱迪后来写道:"(大学里的研究)对公立中小学而言毫无适切性……(在大学里)教师和青年学生本应成为舞台的焦点……(但却变成了)演出场次之间跑龙套的。"[2]

一位名叫哈里·朱致的牛津大学教授,受福特基金会之邀巡访美国的教育学院时,曾把大学里采用的培训方法描述为"不务正业主义"。一位教育学院的教授曾对朱致说,教育学院"什么都教,除了教学法"。[3]

"不务正业主义"始于教育学院的教授们。在结项报告中,朱致虚构了一所名为沃特安得的大学来代表他访问过的重点教育学院,并描述了教授的招聘过程。他写道:

> 主要的招聘策略就是按学科分类来查找功成名就或声名鹊起的学者,并成功地聘请他们走进沃特安得的大门。此后,这个教授会谨慎地解释说,这是他首次在教育学院任教,他还是"空白的"(因为还没有接触过"教育实践的下层世界"),而且他的首要角色是一个教授——除了本院系工作,至少还有一个其他院系的挂职。[4]

这种情况在密歇根州立大学也不例外,且规模更大。朱致在报告中不无讥讽地虚构了一个叫 HSU 的大学来指代密歇根州立大学。他发现,别的学院聘请"空白的"心理学教授不过寥寥数人,而 HSU 的教育学院一下子就雇了 60 个。

无论是在沃特安得大学还是在 HSU,教授们虽然处于教育学领域,但对自己的老本行还是情有独钟,并没有在教育研究上下工夫。朱致写道,一个教育学教授根据自身的学科兴趣,可能会去研究"家族史、公共舆论中媒体的功能、高等教育的结构、宏观经济的变化模式,或者是组织理论的演化等",而不是去观摩课堂教学。教授们对教学的怠慢有时候是善意的(譬如,在跟纳特·盖奇邂逅前,李·舒尔曼是以医生为研究对象的),但更多的时候则充满了敌意。有一位教授曾对朱致说,他不用去和那些"白痴一样的教师们"[5]一起工作,真是太开心了!

导致"不务正业主义"的还有大学对终身教职岗位的评定压力。即使那些对教学充满善意的教授也认识到，在取得学术成就上所付出的努力并不能直接转化为高效的教学能力以及师训能力。一个青年教授可能是一个杰出的师资培训师，但他的个人简历上也需要列出像《中学课程中的性别成见》这样的出版物，才算有了今后找工作的"敲门砖"。

朱致总结道，"不务正业主义"虽然漏洞百出，却是无法撼动的。大学要靠教育学院来赚取学费，也就不得不压制改革。有一位教授告诉他说，教育学院已经成了"被遗弃的阵地"。[6]

当朱迪·莱利尔1964年到密歇根州立大学读研的时候，其教育学院正是"不务正业主义"的典型。那就是一个"老顽固们的乐园"，朱迪对一位历史学家说。执掌学院的领导们一副大思想家的派头，总是在艾瑞克森大厅顶楼的一个休息厅里会面，抽烟、喝咖啡，一待就是几个小时。领导们还很少在10点前来上班，他们的这种做派令其他的教职工们大为恼火。[7]

这些"老顽固们"对搞教学研究毫无兴趣。朱迪第一次阐述自己的毕业论文设想时——她想研究让卓越教师脱颖而出的特征——一些资深教员对她说，这种项目是不可能顺利开题的。对她提出的研究方法，如对校长、老师、家长进行调查，为声名远播的优秀教师录像等，他们都不以为然。那时还是60年代中期，纳特·盖奇时代尚未来临，对于构成高效教学的基本要素这个研究假设几乎没有可借鉴的研究文献。教员们怀疑朱迪能否鉴别什么样的老师算得上高效，更不用说查明让他们成功的要素是什么了。[8]

同时，"师资培训教授们"也成了一个特殊的、不受重视的群体。"老顽固们"教学任务轻松，有足够的时间进行研究，而师资培训教授们却要忍受班额巨大、任务繁重和研究经费短缺的窘境。

至于师资培训本身,那种将德伯拉·伯尔送到斯巴达村学校进行实习的小学教育实习项目,虽然严谨且有效,但非常罕见。朱致的报告中写道,一个美国本科生当上教师的典型路径是考过一系列必修课程,即便他对这些课程根本不上心。[9]

教育系的学生没有机会得到教学经验方面的指导,而是要学习如下三部分课程:首先是专业学科概述和基础概论性课程,由朱迪认为在系里无足轻重的教员来教;其次是心理学、历史、教育哲学等核心课程,由那些"老顽固们"当中资历尚浅的来教(其中就包括当时初来乍到、年轻的教育心理学家李·舒尔曼);最后是教学法课程,由师资培训教授来教。理论上讲,该课程都聚焦于教学技能,即致力于怎么教而非研究教学本身。然而,该课程常常反映出了朱迪称之为"蒙在鼓里"的教学理念。根据弗朗西斯卡·弗扎尼对那一时期历史的研究,"老师们所要学习的就是怎么帮助小孩在课间活动前穿好衣服"[10]。

此后,准教师们开始积累教课的经验,为期十周,能得到什么样的指导完全取决于主讲教师。朱迪观察到,有时候学校安排来指导这些准教师的主讲教师们自身的教学能力就是全校垫底的。因为他们难以维持课堂秩序,所以要借助准教师们的帮助。朱迪自己在西密歇根大学的实习过程中,最终做的教学工作往往比主讲老师的还要多。

1980年,当朱迪成为教育学院的院长时,她推翻了"不务正业主义"。教授们开始花时间探求教师的内隐智慧,而非在其他学科上消磨时光。朱迪在全校范围内推行她和舒尔曼在教学研究所形成的至臻完善的教学方法。借此,密歇根州立大学将转型为波波村实验学校的现代版,同时为全国的大学树立了榜样,进而提升全国的教学教育水平。

1981年,朱迪提交给福特基金会一份报告,该报告用词尖刻,但朱迪索性拿它来作为改革的蓝图。首先是做一些清理工作:裁撤了教育学院40％的开支。她又逼着教务长承诺增加25％的启动资金用于开展改革。[11]接着，她又着手聘任新的人员。正如她和李在教育研究所做的一样，朱迪雇用了一些在其他教育院校被忽视的教授，以及一些以从事教学研究和以教师培训工作为业的教员。她的目标并不仅仅是做教师教育，还要对此进行改革。朱迪甚至说服了哈里·朱致参与这项事业，后者接受了五年的聘期，同时服务于牛津大学和密歇根州立大学。[12]

1984年，她在聘用了玛格德琳·兰伯特后终止了大规模的招聘工作。玛格德琳此前早已对教育学院心灰意冷，自我放逐到白金汉布朗和尼古拉斯这个私立学校去教书了。在哈佛教育学院读研的经历也让她非常失望。在哈佛大学的课程目录中，只有一门课的名称带有"教学"字样——她最终嫁给了这门课的教授，戴维·柯恩。但即便是戴维，作为一个训练有素的历史学家，也从未去中小学教过书。他也仅仅是在最近才开始从研究教育政策和历史转而观察课堂的。他称之为"屈尊降贵"。

不但如此，密歇根州立大学还是一个"乡野大学"。玛格德琳和戴维初次访问密歇根州立大学时，他们经过的第一个系所上面有个牌子用抢眼的、密歇根州立大学标志性的绿白两色写着：有关绵羊的教学与研究系。另一个则写着：有关猪的教学与研究系。而教育学系（关于人类的教学与研究）的所在地，艾瑞克森大厅，坐落在一条叫"农场小路"的街道上，距离一块长长的玉米地不到一分钟的车程。最后他们经过了一个地方，终于有了一种回家的感觉：AI学院。"好吧，在坎布里奇的话，这就是麻省理工学院了，AI代表'人工智能'（artificial intelligence）。"戴维说。然而，在密歇根州立大学，AI的意思是"人工受精"（artificial insemination）。

但是朱迪·莱利尔却将中西部的劣势（异乎寻常的平原和野生动

物)全都转变为优势。作为这个州的赠地大学,密歇根州立大学引以为豪的是能够用知识来回馈这片土地——真正字面意义上的"回馈土地":在 19 世纪,正是密歇根州立大学的一位教授第一个提出杂交玉米的生产工艺,成为农业现代化的先锋。

朱迪向玛格德琳和戴维解释说,教育学院对当地教学质量的提升可以做出同样的回馈。学院有这么多的学生,他俩的实验也许能够改变密歇根州每年成千上万名实习老师的生活。给他们武装正确的思想和技能,他们就能够改变教育。

对此,玛格德琳怎么能够拒绝呢?

朱迪·莱利尔的抱负并不算是标新立异。试图转变教学的努力早在 19 世纪早期就开始了。在 1830 年的一次学校领导聚会的演讲中,一位叫沃伦·库本的教育家宣称,他想结束所谓的"旧体制"。在这个旧体制中,"学生学到一个规则,然后按规则进行数字运算……但学生学不到为什么该运算要那样进行",库本写道,"他在黑暗中摸索,然后在黑暗中前行。他的计算结果与其说是通过推理得出的,不如说是通过某种魔术般的操作得出的。"[13]

然而直到 1911 年,这种旧体制还在通行,数学家阿尔弗雷德·诺思·怀特海将大多数学校的数学课程描述为"通往迂腐之路"。他认为学校教学质量差,仅仅关注死记硬背,不去关注任何该学科里较为复杂的概念,数学这门伟大的科学沦落成了哈姆雷特父亲鬼魂的形象:"一会儿在这儿,一会儿到那儿,一会儿又不见了。"[14] 这种状况一直持续到 1975 年才有了重大变化。苏联人造卫星发射升空造成的恐慌催生了一种新的课程研究"新数学"。据苏珊·威尔逊在她的美国数学改革史中的描述,该研究项目可帮助"任何一个正常人欣赏数学的魅力和力量"。¹⁵德伯拉·伯尔和海曼·巴斯在20世纪90年代所接触到的数学教学状态表明了这个研究项目是卓有成效的。

"新数学"让数学学科吸引了最多的眼球（研究经费也随之调涨），但激发变革后随即又拒绝改变的也绝不仅仅是数学这一科。1931年，一项对俄勒冈州波特兰市学校的研究表明，所有的学科都充斥着迂腐的学问。地理学科中，"所有的提问，无一例外，都不需要动脑，而是要求学生对教科书中现成的结论进行死记硬背"。语法学习中，大多数的内容"无法让学生体会到有任何的意义和相关性"。历史教学中，"没有证据显示出对这门学科本身的兴趣，唯一的教学目的就是死记硬背教科书中的观点"。¹⁶到1970年，记者查尔斯·斯尔博曼仍然在针砭全盘"盲目"的状态。¹⁷这就是美国学校教学的故事，抑或其命运：总是被训诫，却从不改变。

不过朱迪·莱利尔赶上了机遇。此前也有像她那样的改革者，但他们都没能有幸出现在20世纪80年代，一个教学改革热潮时期。该时期的一大优势是首次出现了支持（而非忽视）如下观点的学术研究：学习要比纳特·盖奇的行为主义学说提出的内容复杂得多。通过对大脑内部工作原理的探讨，新一拨的认知科学家发现常见的教学技巧对学习不起作用。

有一项研究对巴西街头做小贩的孩子的数学能力进行了检测。结果发现这些在街头卖椰子、西瓜的小孩，把价格列成表，算出应找的零头——做起这些事情来都轻松自如。可是当研究人员将这些孩子在街头碰到的数学问题写在纸上的时候，他们解起来就很费劲了。研究者们看到他们几次三番地用同样的错误方式来计算：错误地运用他们在学校学到的但却完全误解了的步骤来进行计算。这些孩子本来能够进行复杂的计算，但学校教学似乎在削弱他们的这种能力。

研究人员发现的这绝不仅仅是个案。不断有案例证明，一个小孩能够立刻心算出货品报价，可一旦把问题写到纸上，他像是关闭了大脑中进行乘法和除法的脑区，开始（错误地）遵照他在学校里死记硬背下来的计算步骤。这种做法让同样的运算看起来像是毫不相干的：一个是对真实的数字进行实际的运算，而另一个是遵照一系列的计算步骤来取悦老师。

一个12岁的男孩，能够顺利地计算出一个椰子卖35克鲁塞罗①的话，四个椰子就是140，但当研究者让他在纸上算出同样题目的时候，他表现得非常狼狈。他没有按照一分钟前还在他的脑子里算过的步骤来进行计算（"三个是105，再加30，是135，一个椰子35，……是140！"），而是一步步地开始模仿他在学校里所学到的计算步骤，将其写成竖式：

$$\begin{array}{r} 35 \\ \times4 \\ \hline \end{array}$$

他大体上算的是对的，正确地将4乘以5得到了20，然后进2。本应该用3乘以4再加2，他却将3和2相加，然后乘以4。把最终结果"200"交给研究者时，他看上去丝毫没有意识到这次计算的结果和他刚才心算的结果有什么不同。[18]这项研究表明，学校不但没能够帮助学生学习，反而似乎让他们变得更加不知所措了。

除了认知主义科学家，一股更加强大的力量——商业和政治精英们开始对20世纪80年代的学校施加影响。这些企业首席执行官、民选官员、慈善家和律师们所担忧的是美国学生在新的国际测验中已经落后于对手。他们怕这种落后会对国家利益有所影响。毕竟，经济形

---

① 克鲁塞罗为巴西货币名。

势已经开始由实体(汽车、食品、煤)向经济学家们所说的信息产品(软件、视频游戏、手机)[19]过渡。对于这种新的经济形势,美国学生们看起来毫无融入其中的把握。

亿万富翁阿尔弗雷德·塔布曼是个首席执行官,A&W连锁餐厅也是他的旗下产业。在一次餐饮产品运营遭遇滑铁卢后,塔布曼对学校教育产生了担忧。他曾雄心勃勃地向麦当劳著名的"四分之一磅汉堡"发起挑战,以同样的价格发售了A&W的"三分之一磅汉堡"。尽管在口味和价值上,A&W的汉堡都远胜于对手,"三分之一磅汉堡"却滞销了。在雇用一个市场调查公司对消费群体的关注点进行调查之后,塔布曼才找到了其中的缘由。接受调查的消费者中有一半认为A&W的汉堡价格过高。"同样的价格,我们既然能够在麦当劳买到四分之一磅的肉,为什么要去A&W买三分之一磅的肉呢?"他们问道。一些顾客真的以为三分之一比四分之一少,因为前者是3,而后者是4。[20]

顾客可怜的数学知识影响到了公司营收的同时,员工们的数学水平也相当堪忧。"当公司不得不花数十亿美元来提供阅读、简单的计算以及问题解决能力的补救性教育时,"塔布曼总结道,"等于在付双倍的税金。"因为政府已经在公立教育系统那里征收过一次税金了,然而,当学校达不到教育目标时,公司又得再一次付费。[21]

里根总统的第一任教育部长泰瑞·贝尔在对1981年的美国学校进行调研时,着重研究了经济竞争力。该调研报告题为《国家危机》(A Nation at Risk),其中描述了美国教育体制不断衰退的情形。尤为令人担心的是这样一个事实:即使是基本能力达标的学生,在"高阶思维能力测试"中也是不及格的,而后者测试的恰恰是后工业经济中至关重要的能力。《国家危机》报告中还提出了数十个诸如此类令人担忧的问题,可以推断:"毫不夸张地讲,用不了几年工夫,学校改革就会形成一股热潮。"[22]

改革者们在多个方面开展变革。随着时间推移,最突出的改革就是推行"标准化"。在《国家危机》报告发布之后,政府官员开始会晤并设计新的学业标准——该进展为 20 年后的《不让一个孩子落后法案》(*No Child Left Behind Law*)奠定了基础。与此同时,朱迪·莱利尔抓住机遇,围绕其改革议程(改造关于教师的研究和培训)构建了强有力的联合力量。朱迪曾专程前往华盛顿特区参与泰瑞·贝尔主持的《国家危机》的发布会。后来,贝尔也访问了密歇根州,为朱迪及教学研究所颁奖。朱迪的顾问还包括阿尔弗雷德·塔布曼、吉姆·布兰查德(密歇根州长)以及国家慈善机构的多位领导。为了改革而整合了诸多资源的朱迪不再需要去游说权威们,以让他们懂得培训出色教师的重要性。因为那个时候,朱迪自己就是不折不扣的权威。

不过,玛格德琳·兰伯特后来问道,教师到底需要学什么?他们又该怎样学习?[23]在玛格德琳同意前往密歇根州立大学之后不久(她签了一个两年期的临时合同,因为两年的时间刚刚好,既可以让戴维保留他在哈佛的终身教职,又能够让她在密歇根州立大学有所作为),一位名叫露丝·赫顿的教师前来迎接教师教育的挑战。

露丝虽是研一新生,但已有九年小学教龄,她来研究生院是为了成为一名教师教育者。然而,她的教学自信心却在到了密歇根州立大学之后一落千丈。在艾瑞克森大厅,到处都能够听到人们对传统数学课堂弊端的讨论。她心生恐慌,意识到九年来自己一直在重复同样的错误。也就是在这个时候,她见到了玛格德琳。

玛格德琳收下露丝作为她的新学生,并将她分到"兰伯特组"(这个组里都是持续一年观摩玛格德琳授课的研究生)。第二年九月,露丝成了玛格德琳的非正式学徒,教隔壁班四年级学生数学。玛格德琳每周到露丝的教室里去听两次课,观察并写出评语。接下来的几年中,她俩相互学习:玛格德琳让露丝掌握如何教授数学,露丝则教会了玛格德琳如何指导教学法。

这是一节早课,从简单到复杂层层推进。通过观察玛格德琳和德伯拉是如何教学的,露丝认识到让学生开口说话的重要性。在她的数学课上,她照搬玛格德琳和德伯拉的课堂用语,不断地向四年级的学生发问:"你是怎么知道的?""别人会怎么想?"但尽管她问对了问题,她却不知道该怎么应对学生的回答。于是,课堂讨论不像是深入的探索,而像是走进了一条条死胡同。她的评语都落空了——并没有人在思考。[24]

露丝要上一节关于方程的常规课。她准备用德伯拉曾尝试过的一套实验课程。露丝让学生按她的指导,列出一系列能够满足简单方程 $f(x) = x + 10 + 2$ 的数字,并把数字代入 x,看看会得到什么结果。学生很容易就想出来一些数字:99 和 111,8 000 和 8 012,250 和 262,4 988 和 5 000,等等。

接下来,露丝本该问学生,他们在这些数字中有没有发现什么规律。教师手册中描述了由此引发的热烈讨论。学生们可能会敏锐地观察到,如果左边的数字是偶数,那么右边的也会是偶数;右边的数字总是大于左边的,就像在玛格德琳或德伯拉的课上那样,然后从观察到验证("确实如此吗?"),从验证到深入理解。谁知道呢,也许他们会再创造出新的数字类别来呢!

但事与愿违,这节课又成了一节枯燥无聊的课。一个学生指着 8 000 和 8 012 说道:"有两个 80。"另一个叫理查德的孩子[25]指着 8 000、111 和 5 000 说:"这一排有 3 个 0,3 个 1,然后又是 3 个 0。""那么有什么规律?"露丝满怀希望地问道。理查德回答说:"000,111,000。"[26]

露丝很沮丧。当天下午,她跟同事说:"我今天感到无计可施。"[27]但就在露丝认为失败的地方,玛格德琳却看到了提高的空间。露丝懂得应该让学生进行讨论,却不知道怎么把讨论变成学习。这正是玛格德琳需要阐释的地方。

给孩子教数学,最好的策略就是设计一个能引起思考的问题。要教 TKOT,玛格德琳需要相应的机会,即找到一个教学问题来帮助露丝看到她的解决方案(重复课本上的问题)跟其他更好的选择(找到一种更有效的办法来回应学生的想法)之间有什么不同。[28]

九月下旬,引发思考的教学机遇出现了。露丝给四年级的学生布置了当天的数学题:

在方格中能够填入的整数是多少?

$$26 - \Box = \Box$$

遇到这道题,玛格德琳的学生们通常会直接开始解答,但露丝的学生们却走了弯路。当时,一个女孩问:"什么是整数?"露丝有点儿大意,只是试图尽快回答完这个问题,继续往下讲。她让这个女孩看墙上的数字列表,列表里列出了一组整数。但这个女孩再次发问:"我不懂。什么不是整数?"露丝很沮丧,因为解答这种问题很浪费课堂时间——学生们需要的是解题,而不是在解题思路上进行辩论。但她又试图倾听学生的声音,所以露丝再次停了下来,帮助学生们列出更多整数的例子。

玛格德琳作为旁观者,发现了一个典型的教学问题。露丝似乎错过了这个女孩真正在问的问题。她想要的不是更多的整数的例子,而是定义,这才是她问第二个问题的真正原因。"什么不是整数?"对这个问题,没有简单的答案(其实教学中的问题都不简单),但玛格德琳能够帮助露丝更加认真地思考她作出的回应。譬如,她可以帮助露丝认识到倾听学生提问的真正原因的价值。有时候,教师需要把学生们从一些疑问上拉回来,因为这些想法会让他们偏离主题,而且有时候这些突然产生的想法确实会耽误时间。但具体到这个教学案例,消除学生对整数认知的困惑却是帮助他们完成这个任务的关键所在。在他们想出哪些整数符合题目的要求之前,他们需要知道什么是整数。

玛格德琳还通过帮露丝理解她的教学内容设计出了一个更好的回应。露丝示意学生看整数列表的做法有其好处,因为这样可以让学生的尝试有了一个可视化的备选数字范围。但她显然把写在列表里的整数和列表本身搞混了,因为那张列表里面除了整数外还有分数。玛格德琳理解了这种混淆的实质。"数学中'数字列表'的重要性在于它体现了一种连续性。"玛格德琳在写给露丝的便条中说,"也就是说,在两个数字之间总有很多其他的数字。"对教师而言,挑战就在于数字列表的两项用途(表示离散的数字和体现连续性的概念)之间,要设计合适的活动,但又不让学生感到困惑或者理解错误。

读了玛格德琳的便条之后,露丝松了一口气。对于从学生的想法出发来创设出丰富的对话环境这种教学技能而言,并没有什么灵丹妙药。但如何理解学生的想法,以及如何给出反馈,是有好坏之分的。譬如,如果露丝当时认真倾听并懂得学生到底在问什么,她就可以集中精力帮学生理解整数的定义。为了达到这个目标,她本来可以采用精心设计的一个步骤,而且该步骤也是玛格德琳非常赞同的,即提议这个女孩和她周围的同学讨论一下整数的概念。但露丝不应该放任他们讨论,而是应该引导他们讨论得出正确的答案。要推进学生的讨论,关键在于倾听学生的问题,弄清楚他们真正想要理解的是什么,然后建构一个回应将他们引导到那儿。[29]

当露丝好不容易做到这一点的时候,要不是玛格德琳向她指出,她根本就没有注意到自己已经做到了。玛格德琳总是在观课之后立即简单地写下评论，然后交给露丝去读，之后才进行面谈。这一次，玛格德琳在笔记中着重强调了课堂里的一个环节，在这个环节中，露丝对学生说："我给你们展示一些东西。""当你这么说的时候，你是'灵机一动'想到要这么做吗？还是按照自己的教案设计来进行的？"那天，玛格德琳在笔记中这样写道。"给我的感觉是，好像你更多地关注了课堂，更多地想到了学生和主题，而没有照本宣科。"

一开始，露丝坐在停在斯巴达村停车场的车里读着玛格德琳的笔记时，不太明白笔记的意思。"我是不是'灵机一动'？她指的到底是哪一个环节？"她思索着。晚上回到家，她打开那节课的录像，找到了"我给你们展示一些东西"的环节，不断重复播放。在那节课里，露丝像往常一样不断地抛出一些问题，学生们作出各种回应。他们就这样一步步推进，没什么特别有趣的事，没什么特别值得探索的东西——直到课程进行了半个多小时，一个叫艾瑞福的学生到黑板前解题。题目是这样的：$2×(3×x)$，孩子们尝试代入不同的数字进行计算。这次，x 等于 35，另一个学生已经用棋盘格子算出了答案：210。[30]艾瑞福则主动要求用另外一种方法来解这道题目。

可是，站在黑板前的时候，艾瑞福却不知所措了。课堂里出现一阵尴尬的沉默。"我糊涂了。"艾瑞福说道。"为什么？"露丝问。"因为这里，我们加了 3 个 35，得到 105，"艾瑞福答道，"我想，这里我们应该再加 2 个 35。"他的意思是应该再加 2 个 35，而别的孩子们加了 2 个 105。

露丝终于想起这个环节了，玛格德琳是对的——她确实"灵机一动"了。在备课的时候，她自己错误地把 $2×(3×x)$ 理解成了 $3×x+2×x$。她立刻意识到了自己的错误：这个题目实际上得用乘法，而不是加法——先用 3 乘以 x，然后再把得数乘以 2。这在多步乘法中是一个常见的错误理解。当艾瑞福说他认为应该是再加 2 个 35 时,她发现他出现了同样的误解。"艾瑞福的这个问题哪位同学有想法?"她问全班同学。

一个叫鲍勃的学生站了出来,但露丝打断了他。她记得为什么,因为她确切地知道她想要如何进行下去——讨论乘法的操作步骤和乘法的特征——她立即意识到鲍勃的答案不对路。鲍勃没搞清楚艾瑞福的困惑所在,因此他的评论不可能将讨论向前推进。

那就是玛格德琳所谓的那个环节,即当露丝说"我给你们展示一些东西"的时候。她带着学生回到之前的步骤:从 35×3 开始。"好了,"她说道,"这儿正是一些人产生问题的地方,我要把这个得数乘以 2。"这个得数指的是 105——而不是 35,她强调说。她在 105 旁画了一个箭头,写上"2x",代表这个数目再乘以 2。

教室里发出一片"哦……"的声音。

听着录音,露丝想起了自己之前恍然大悟的时刻:不是关于数学,而是关于教学。"我真的明白他们需要的是什么了。"她在自己的日志中写道,"关键在于加法和乘法之间的联系……他们没有看到这一点,而我看到了。"

在那天晚上的笔记中,露丝复述了她从玛格德琳那儿学到的这一课。"在那一刻很多事同时发生了,我思考着课程,听着学生的发言,力图理解他们的发言。"她写道,"而且我采取了行动。"如果她仅仅是让学生自说自话,讨论就不会生效。当教师明白学生真正需要理解什么,并引导他们的对话向此教学目标发展时,最好的课堂互动就实实在在地发生了。

到这年年底,露丝在教学中面对的挑战已经不再是如何让讨论开始了,而是如何让讨论结束(常常打完下课铃课还在继续,只有在听到其他班的孩子们在去吃午饭的路上发出的喊声时才会下课)。露丝还有许多东西要学,但已取得的成绩是不容置疑的。她现在唯一的问题是:我该怎么保持前进的脚步?[31]

在斯巴达村学校,露丝不是唯一一个掌握了 TKOT 技术的人。和露丝跟着玛格德琳学习的方式一样,一位叫西尔维娅·伦德奎斯特的资深教师也在跟着德伯拉·伯尔学习,并因此改变了自己的教学方式。

西尔维娅比德伯拉大 19 岁,她的教学经历可以上溯到 20 世纪 60 年代。她教三年级,她所教班级的数学课由德伯拉上。德伯拉上课的时候,她就坐在自己教室的后面当学生,提出各种问题。0 是偶数还是奇数?为什么 7 是质数而 -7 不是?4×7 和 7×4 到底存在怎样的不同之处?每周有一个早晨,她和德伯拉在校外会面,讨论这些问题的答案。(0 是偶数;负数不是质数,因为它们可以被 1 和 -1 整除;是的,尽管得出的结果一样,但 7×4 和 4×7 之间的不同,对数学老师来说是非常重要的概念。)①

观察德伯拉的教学让西尔维娅开始质疑自己从前的教学方法。这

---

① 尽管这两个算式得数都是 28,但数学老师需要懂得 4×7 和 7×4 代表着两个不同的概念:一个是 4 组,每组 7 个;另一个是 7 组,每组 4 个。(举例来说,7 辆小轿车,每辆 4 只轮胎,相较于 4 辆小轿车,每辆 7 只轮胎,总共都是 28 只轮胎,但意思是完全不一样的。)
这种差别的重要性在除法上就更大了。7×4 和 4×7 的区别就在于对 28÷4 有两种不同的理解方式。一种叫部分除法,处理的是这样的问题:如果我们有 28 只轮胎,4 辆车,我们该给每辆车几只轮胎;而另一种叫包含除法,处理的是这样的问题:如果我们有 28 只轮胎,每辆车需要 4 只轮胎,有多少辆车可以装上新轮胎。在两种情形下,答案都是 7,但显然,分配方法是完全不同的。
带着这样一种理解,西尔维娅毫无疑问能够回答那个让密歇根州立大学的很多研究生感到困惑的问题:被 $\frac{1}{2}$ 除的问题。从人们对除法普遍的观念来说,被 $\frac{1}{2}$ 除是讲不通的,因为一个组就是一个最小单位,$\frac{1}{2}$ 个组讲不通。但从包含除法的观点来看,它是完全可以讲得通的,你可以轻松地以组规模的 $\frac{1}{2}$ 为单位来进行计算。

一学年的中期,她开始称自己旧的教学习惯为 BDB(Before Deborah Ball,前德伯拉·伯尔方式)。一天,在参加一堂数学专业发展培训课时,西尔维娅发现自己能够轻松地理解讲座的内容——甚至在有些地方,还发现了一些错误。"(培训师)说 3×4 和 4×3 是一样的!"那天晚上,她给德伯拉发电子邮件的时候写道:"瓦尔和我都不同意她的观点,她承认这两者之间是不同的,但结果是一样的……阿门,谢谢你!(起作用了。)"

对西尔维娅来说,主要的挑战就是应对恐惧。德伯拉看上去总是那样平静、严肃。当西尔维娅引发一场讨论,让孩子表达他们的想法时,她就会心跳加快、胃部痉挛、面部发热。要是学生问了一个她回答不了的问题可怎么办?TKOT 显然管用,但也同样令人恐惧。要解决这个问题,西尔维娅不仅仅需要加强数学的学习,了解孩子们是如何理解的,还需要一种自信,一种她此前根本没想过要去发掘的自信。

西尔维娅发现自己做课前准备的方式在悄然发生变化。"过去,每逢周末去教室,她习惯于做一下卫生,批改批改卷子。"德伯拉在对这段经历的总结中写道,"现在,她会寻找资料、读书,并精心布置教室的各个区域。她预设学生上课时会通过各种路径来观察花草、面包霉菌的生长,或者他们的磁铁。她开始寻找书籍,收集杂志和报纸。一句话,她意识到她在准备,而不是在计划教学。"

跟露丝一样,西尔维娅慢慢变得从容起来。她从来没有完完整整地上过一节数学课,但她在数学课上学到的教学方法开始影响她对科学、阅读以及英语的教学方式。她放弃使用基础读本(内含预先准备好的阅读篇章),开始让全班学生阅读完整的儿童文学作品。"其他同学怎么看?"不是采用过去那种一问一答的方式,而是会问一些开放性的问题。她称之为"促进式发问"。[32]

不仅仅西尔维娅和露丝在跟玛格德琳和德伯拉学习。每天,玛格德琳和德伯拉都会邀请密歇根州立大学的研究生坐在他们五年级教室的后排观课。每周,她都会跟一组斯巴达村学校的老师会面,探讨数学问题和教学问题。同时,德伯拉还是继续扮演教学先锋,在别的老师的教室里上微型课。

刚开始,来观课的研究生们的反应和当初激发玛格德琳做录像课灵感的反应如出一辙。"这个老师讲的不多——她没有对已经理解了的学生进行强化训练。"一个学生说道。"我在想,这是天才班吗?"另一个学生这样说,"大多数三年级学生不会那样进行讨论。"看到学生一天只解决了一个问题,另一个学生发问:"难道他们不需要学习在三年级应该学习的每一项内容吗?如果他们一次只解决一个简单的问题,怎么赶得上教学进度呢?"

到那一年年底,在观看了视频并亲自动手练习后(如写出并解决分数问题),他们的看法已经改变了。他们注意到德伯拉和玛格德琳做出反馈的方式,不是简单地对每一个答案给予肯定或否定。他们看到,在一个问题的范畴内,学生们常常接触到课程的各个方面。他们还观察到,对于那些学生不明白的地方,老师似乎是忽略了,但在下一课上这些地方会被重新提出并解决。一开始,他们甚至流露出对自己数学能力的看法:我不是一个适合学数学的人。而到课程结束的时候,一个曾这样说过的学生写道:"这个课程启发我去认识整个世界。"[33]

随着时间的推移,朱迪·莱利尔有了更远大的目标。她给玛格德琳和德伯拉在斯巴达村学校创造的模式取名"专业发展学校"(professional development school),一个现代化的实验学校。经密歇根州立法院授权之后,她开始创建更多这样的学校。到 20 世纪 90 年代中期,密歇根州立大学有超过 12 位教授入驻当地的学校并开展新的教学研究。

这批教授正是朱迪和李·舒尔曼招聘的第一拨教授。1986 年,在进行了两年有些迟疑的尝试之后,玛格德琳和她的丈夫戴维·柯恩决定留下来,戴维成了历史上第一个离开剑桥前往东兰辛任教的哈佛大学终身教授。有了戴维的加盟,朱迪开始邀请全国各地的教授来密歇根州任教。

朱迪需要这些额外的人员,因为她看到了更大的发展机遇。就在玛格德琳和戴维决定效力于密歇根州立大学的同一年,朱迪与满腹牢骚的教育学院的院长们一道发起了一场全国性的运动,他们自称"福尔摩斯团",这一名称来自哈佛大学的一位特立独行的系主任,他也致力于培训教师。他们的第一份报告就旨在敦促教育学院培养出更加出色的教师,否则教育学院"就交出他们的特权"。[34] 他们建议创办更多的"专业发展学校"。到这年年底,令所有人惊讶的是,来自全国各地各大学的上百位系主任都加入了这个团体。[35]

大家都感到密歇根州立大学俨然成了新宇宙的中心,成了新的全国改革运动所瞩目的焦点。这种感觉在 1985 年愈加凸显,当时加利福尼亚州教育厅宣布将在全州采用"理解性教学"教授数学。一年之后,戴维和一群年轻的密歇根州立大学研究员登上了前往加利福尼亚的飞机。这群人里包括德伯拉和露丝,但玛格德琳没有前往,她更喜欢研究教学而不是政策。他们都很兴奋。当整个州不再仅仅使用机械练习和死记硬背来教数学,这将会是什么景象啊!他们即将目睹。

接下来的几年中,"福尔摩斯团"在全加利福尼亚州观课,观察小学老师是如何教授数学的。他们看到了一些可喜的变化。一位曾用怀疑的目光看待改革的老师在用了新的教学方法向学生教授分数之后,学生取得的进步令他"感到震惊"。"他从未想到五年级的学生能够用这样高级的方式进行思维、推理",在小组报告中他们这样写道。[36]另一位女老师,戴维称她为欧碧莲(化名),自豪地说,她的教室因为新的教学思想而经历了一场"革命"。

但经过进一步的仔细观察后,这些研究人员们开始思考改变到底有多大。欧碧莲老师的"革命"似乎有很大的局限性——只限于二年级的学生中——这是戴维从观课中发现的。为了遵循加州的法令:数学课要把数字"和学生具体的经历结合起来",欧碧莲老师用干豆和吸管这样的小物件替代了纸和笔。她让学生坐成四人或者五人小组,而不是坐成一排一排的,为的是与加州强调的"合作学习小组"的理念保持一致。她一心想把加州提出的重要的新主题融合到她的教学中,譬如估值。

但每一次调整都没有达到州政府的目标。譬如,根据加州的数学教学框架,"和具体的经历结合起来"本来是要帮助学生"理解数的含义以及它们之间的联系",但欧碧莲老师更多地关注了这些活动本身而忽视了学生们应该学习的数学内容。在戴维所观察到的一个活动中,孩子们用豆子和茶杯来表示位值的时候,欧碧莲老师更多地是关注孩子们是否用正确的方式拿住豆子,有时候甚至挪动他们的胳膊以确保孩子们用她所要求的方式拿住豆子。讲到这个活动数学部分的关键点分组减法,即从较大的数中拿出一个较小的数时,她却一带而过。学生们相互交换重复该步骤,然后进行下一步,没有强调重点,也没有讨论。

原来设计的小组合作学习的目的是让学生进行"猜想、提问、解释概念以让他们的思维变得清晰",但戴维一次也没看到过有学生开口相互讨论数学。"确实,"他写道,"欧碧莲老师特意不让学生开口相互讨论数学,因为她要尽力保持课堂秩序和安静。"就戴维所能观察到的而言,欧碧莲老师的小组只是叫单个学生到黑板前来的一种方式,一种分发、收作业或材料的方式,一种午饭前或休息前解散的方式。戴维观察到:"她会让最安静最整洁的小组先走。"

戴维旁听的另一节课是关于估值的。就像位值一样,这个主题也蕴藏很多潜在的可能。欧碧莲老师要学生猜一下需要多少纸条才能把桌边围满,然后要他们写下自己的想法。她收集了学生们的猜测并写在黑板上,并且每一次都问这个猜测是否"合理"。但她没有跟学生讨论怎么样才能做出一个合理的猜测,或者帮助学生区分更加合理的或者不合理的猜测,而是用同样的方式对待每一个猜测——即便有些猜测显然非常离谱。[37]

欧碧莲老师不是唯一一个改革失败的老师。研究小组观摩了差不多36位老师的教学,一位研究员写道:"对单个老师而言,我们从未见到有根本性的变化。"[38]老师们确实将学生分成了小组,并且为每个小组成员分配了"合作学习"的任务,但这些任务没有一个转变成为关于数学的对话。老师们强调要懂得演算过程背后"所以然"的重要性,但只接受其中的一种"所以然"为唯一正确的答案,即使答案并不唯一。当学生提出教师无法解释的答案时,老师们没有深入挖掘,而是直接避开。

德伯拉在一堂用重组法算减法的课中观察到这种情形,这种课也是她自己教课过程中遇到过的挑战之一。在解释了"特纳老师的数学定理——绝不能拿下面的数去减上面的数"之后,这位特纳老师(化名)反复唠叨重组或"借数"的重要性,以至于一个小男孩对每一个减法都进行了"借数",即便一些减法根本不需要借数。但老师没有去澄清学生的误解,而是搁置一边。在向这个学生问了一大堆问题,得到了她想要的答案之后(你有四块饼干,你能吃到三块饼干吗……所以没有必要

去借啊），她继续讲课。³⁹

拿什么来解释这些差劲的教学选择呢？有人也许会认为出现这些问题是对变革的一种主动对抗。在加州也许有一些老师确实反对新的数学教学框架。一位密歇根州立大学的研究员在报告中说，他曾看到一位老师把这个校区采用的新教科书中问题解决型的作业纸换成了旧的作业纸。⁴⁰而另一名老师则当着研究团队的面，对"理解性教学"这种说法加以嘲讽："他们以为我们到底在干嘛，我们在'误解性教学'吗？"⁴¹

但很多老师和欧碧莲老师一样欣然接受了变革。这些老师不缺乏改革的意愿，但因不清楚到底该怎么做而不能更有效地贯彻新的改革思想。就像露丝和西尔维娅那样，加州的老师们费尽心力地去了解学生的想法，想要弄清楚学生到底需要什么，并据此对学生作出回应。他们以为给学生机会说话就够了，但他们忽略了不针对学生的回答提供训练，学生将无法把困惑转变为理解。

没有榜样，变革同样很困难。由于缺乏正确的训练，很多像欧碧莲这样的老师都认为他们已经进行了变革。在教室里也确实有看得见的变化——更多的学生开口发言或使用教具——他们有理由相信变革确实发生了。但当戴维问欧碧莲老师她是否真的读过加州阐明变革的宣言时，欧碧莲回答说不记得了。做出这样回答的不止她一个人。除了一个数学专家小组把数学教学框架的册子都翻破了之外，其他老师们告诉密歇根州立大学的研究员们说，他们从未读过这个文件，甚至不知道这个文件的存在。老师们确实使用了新教材，但这些教材并没有带来加州的教育官员们所期望的变化。尽管加州教育厅极力游说，出版商们对教材的改编还是微乎其微。根据苏珊·威尔逊的历史著作《加利福尼亚梦》(*California Dreaming*)记载，加州的官员们"估计90％的教材实质上没有任何变化"。⁴²

与此同时，专业发展培训使情况变得更糟。威尔逊观察到，在一个教师培训会上，主讲人解释现在教学采用开放式问题多于多选题，强调学生必须清晰地表达自己的观点，但未能指出教师同样需要确保学生的回答是正确的。[43]

就欧碧莲老师来说，在新的教学框架发布之前，她主要用一本叫《数学教学法》(*Math Their Way*)的教师参考书。读这本书的时候，欧碧莲发现该书以一个奇怪的思想为中心。这本书认为，小孩子无法真正理解抽象的数字，但如果用实物譬如用豆子或者木棍来替代数字，让孩子进行足够的练习，当他们长大一些时，他们"自然"就懂了。这本书里说，这个从不理解到理解的过程，"一点也不费劲"。

对密歇根州立大学的研究员来说，他们很难理解为什么欧碧莲会选用《数学教学法》。这本书不是加州教学改革的一部分。实际上，该书提及的从不懂到懂的神奇过程跟心理学家们对小孩子到底能够理解多少抽象数学的发现是完全矛盾的。

不过欧碧莲老师作出这个决定有她自己的逻辑思考。正如露丝和西尔维娅发现的那样，改变自己的教学方式是件大事。从提问到对这门学科的认知，改革给教师带来的转变是全方位的。而实施《数学教学法》中的活动，更像是欧碧莲老师对课桌做的改造：是小幅度的改动，而非彻底翻修。戴维认为这是典型的旧瓶装新酒。她可以不用重塑核心理念便实施这些活动。

不仅如此，再也没有人对欧碧莲老师或任何加州的老师对改革的忠诚提出质疑。欧碧莲老师的校长非常欣赏她教室里所发生的变化，甚至称她为其他老师的榜样。但是加州政府并没有对欧碧莲老师进行细致的教学培训，并在培训中发现她是否真正理解了教学改革的要旨，而是仅仅撂下一句话：教学框架在此，祝好运。[44]

回到密歇根州立大学之后,朱迪·莱利尔的计划也举步维艰。对教育院校进行彻底改革从未获得一边倒的支持。只不过一开始,朱迪的支持者们还能承受住批评怀疑的压力。现在,努力维持的平衡开始被打破。雇用在做"双重工作"(指既做教师教育,又在学校上课)的教育研究员是个不错的主意,却难以实施。玛格德琳和德伯拉在斯巴达村学校的工作已走上正轨,与新的学校建立新的合作却需要花费时间。根据弗朗西斯卡·弗扎尼对这一时期的历史记载,有一位密歇根州立大学教员在一个学校待了一年的时间,才有一位教师最终同意跟她合作。

花费在专业发展学校上的时间多,就意味着完成一个教授的日常任务的时间变少了,譬如做原创性研究的时间和加入专业团体的时间。根据弗扎尼的记载,一些年轻教授从教师专业发展学校的事务中抽身出来,以便集中注意力做自己的学术研究。

哈里·朱致,牛津大学的观察员,曾如此预言:美国对于终身教职的评定标准(历来不是以在小学教书时长来定,而是以同行评议的学术出版物数量而定),将会威胁到教育学院的改革进程。朱迪·莱利尔承诺说那些跟随她研究教学的人不会被不公平对待,但根据一位教授的说法,年轻的教员们"清楚地看到了终身教职的评定标准还是以学术出版物为准"。[45]

但朱迪没有降低她的目标,相反,她在加快进度。大部分密歇根州立大学的研究生们还是在随机选择的学校里做教学研究,因为虽有更多的专业发展学校正在修建,但尚不能提供足够的实习机会。

潜在投资人也影响了朱迪的项目进程。她花费越来越多的时间来与投资人沟通,尤其是阿尔弗雷德·塔布曼,这个亿万富翁、A&W 的老总,就如何让开办教师专业发展学校的想法落实到全州范围的事进行头脑风暴。塔布曼要用自己发展超市和连锁店的经验来进行项目规模的扩大。这一螺旋式上升的计划要求在全州建立 50 所到 60 所专业发展学校。"密歇根州立大学只有 140 名教职员工,从事教师教育的就更少。"一位职员告诉弗扎尼说,"要实施这个计划,人手显然不够。"[46]朱迪这边,她进行扩建的决定离不开一些同事的坚持,而这些同事后来却质疑此事。[47]不论扩建计划的勃勃野心源自哪里,朱迪和其他教员所认为的密歇根州和其他地区的需求,与手头实际掌握的资源之间存在鸿沟,这一点是无可否认的。

根据弗扎尼采访过的一位教员的说法,朱迪把自己比喻成《一千零一夜》中的谢赫拉莎德皇后。正如谢赫拉莎德必须每天晚上给国王讲一个能吸引他的故事才能活下来一样,朱迪感到她需要不断地制定出更好的计划才能够吸引到潜在的投资者。"你必须要提出宏大的愿景,而这(实际上)却很荒谬。"这个受访的职员告诉弗扎尼,"我的意思是说,这个地方的人们读了朱迪的计划后会说,'她到底想干嘛?'但在商业社会中这是必须的,提出宏大的愿景是必不可少的。"

受够了的时候,其他教员就会公开发表一份通讯来表示他们的懊恼,里面充满了"怒气冲冲甚至极尽嘲讽的言辞,还有一些漫画,画上是朱迪拿着榔头或者别的什么工具在敲打同事的头颅"。[48]到 20 世纪 90 年代早期,一些深感不满的教员——很多都是朱迪努力改变的老顽固们——开始定期聚会讨论如何抵制她的计划。[①]

即使朱迪和她的同伴不能改变大学的体制和教育学院的制度,斯

[①] 朱迪争辩说密歇根州立大学内部的抵制是针对她个人的,而非针对改革。据她回忆,当时对改革的支持一直是强有力的,这种支持甚至一直延续到她 1989 年从院长职位上暂时卸任之后。

巴达村学校还是为专业发展学校能够独立行事提供了一个范例。德伯拉、玛格德琳和露丝等人与学校之间的关系确实通过密歇根州立大学得到加强,但就算没有教育学院的支持,他们的工作本应该也能够持续下去。

然而,事实上斯巴达村学校的工作已经无法持续下去。虽然从未对德伯拉提及此事,但杰西·弗莱伊校长敏锐地感觉到了老师们大量的抱怨,他们不想互相听课。一开始,德伯拉独特的人格魅力和杰西校长的强硬态度让改革得以照常进行。但随着她们寻求更加雄心勃勃的改革,杰西开始遭遇比资深老师们的质疑更大的障碍。

教员会议的变化过程可以说明整个问题。传统上,这个会议是为了交流跟教学无关的事项而召开的,譬如通报学校的财政情况、提交供应申请、发布社区新闻、相互表达关心、防火演习、飓风演习、家长会、制定日程等等,以处理即将到来的各种杂事。但随着学校开始发生变革,教员会议也开始发生变化。杰西描述道:"我会这样说,'某某某,我坐在你的教室里,看到了你的做法,你能稍微分享一下你当时为什么用那种方法和某某同学互动吗?'"老师们一开始很含蓄,但久而久之,越来越多的老师愿意分享。最后,教员会议中的教学问题越来越多,受限于会议时长,杰西都没有机会在会上处理学校行政事务。[49]

然而,另找时间开会并不容易。根据所有官方的区域政策,教师、助教的合同,校历安排,每周的日程都排得满满的。斯巴达村学校也没有别的集会场所。学校已经将一个走廊里的小亭子打造成了图书室,而教员会议的场所也是借用了一个教室。因此,杰西不得不进行协商。在跟相关单位、地方政府和学校董事会等一一沟通后,她对校历进行了调整,最终腾出来专门用于"教师专业发展"的时间。

这次协商解决了会议时间的问题,但没有解决后续问题。老师们都想观察同事的课堂但却不愿意别人来观察自己的课堂。由于杰西下定决心要给老师们更多观课的机会,她额外安排了更多的代课教师来学校任教,但因为没有哪个老师愿意把自己的学生随意交给什么人来带,杰西不得不协调一件更难处理的事:让教师筛选代课教师。这本来是州政府之前所不允许的事。与此同时,政府拨款被用来建造额外的校舍。杰西建造了一座新的图书馆以及一个专供教师会谈的会议室。由此可见,为了提升教学质量,不仅仅需要先改变教师的岗位职责说明,还要改变校园的建筑平面图。

经过这一番艰辛的努力,杰西仍然面临一个障碍。就像教员会议一样,杰西自己的工作日程也被校务占满了。她要独立负责学校的财政报告、订购学校需要的补给品、管理教职员工、跟家长打交道。而跟老师们进行教学研究,日程上并没有时间分配给这一项。杰西开始比以往更多地加班工作。白天,她马不停蹄地从一间教室到另一间教室,观察教师的工作,写下反馈单,思考哪些教师能从相互讨论中获益。晚上,她扮演校长的角色,填写一张又一张让学校正常运转的文书。大多数时候,她到晚上八点甚至九点才离开学校。

这一系列安排在短期内运转良好,但一段时间之后,事情又变得麻烦起来。每次有新的上级主管来的时候——杰西担任校长期间,已经接待过四任上级主管了——她就不得不为斯巴达村学校的特殊情况辩护。每当学校预算紧张的时候,学校董事会就总是向斯巴达村学校发难。这个铁路对面的培训学校真的有存在的必要吗?长期压力过大,杰西的私人生活也蒙受影响。她离了婚,身体也大不如前。

与此同时,老师们也逐渐反感由他们的日程带来的压力,因为更多密歇根州立大学的教授们开始参加教师专业发展的会议。有些老师甚至直接拒绝参加这个会议。另一些老师开玩笑说那简直像是遭遇窃听一样。[50]为了研究学校的转型问题,密歇根州立大学的研究员开始对学校的会议进行录像。个别老师甚至拒绝杰西观察他们的教学。"有一小撮老师,他们根本就不愿意参与教师专业发展。"杰西说,"他们并不想额外花时间或者付出任何代价来做事。他们只想在教室里教学。他们愿意做其他我所要求的任何事情,写教案什么的都行。让其他人到他们的教室观课,不行!"

当朱迪·莱利尔要求斯巴达村学校不仅要成为一所教师专业发展的学校,而且要成为一所示范学校,不但要培养教师,而且要成为别的学校学习的榜样时,杰西和她的员工们拒绝了。这干扰太大了。"务必要记住,他们是大学。"杰西伸出一只手来说道。"而我们在这边。"她又伸出另一只手来,两只手之间距离拉得很开。"这两者毫不重合,所以我们只是合作,分享我们的知识和专业技能。我们在这边,是一个团队,他们在另一边,是另一个团队,我们是不同的两个团队,是不一样的。我们不是一个整体。我们只是一同成长。"

终于,这两者分道扬镳。

很快,戴维和玛格德琳就宣布了他们要离开密歇根州立大学并前往密歇根大学的计划,带动了一波离职风潮。根据弗扎尼的描述,到1992年,自称"反叛"的教员队伍越来越壮大,甚至塔布曼也加入进来,他告诉朱迪应该对自己要做的事更加务实一些。

那年十月,朱迪辞去系主任职务。几年以后,她搬到了密歇根州的弗林特,在这座落后的城市的公立学校工作。七年以后,当改革在一片反对声中崩溃后,她完全离开了教育领域,把家搬到了密歇根大湖区的北坞岛,这是大湖区最人迹罕至的地方。此后,她一直生活在那里。

第四章 揉捏和提高

把美国所有的教师都培养成像玛格德琳·兰伯特和德伯拉·伯尔一样,似乎行不通,但也不意味着这种构想完全不可能。1985 年的一天,玛格德琳在芝加哥大学的演讲结束后明白了这个道理。演讲开始,她就给了人们一个警告。[1] 观众将要看到的是一段关于乘法的系列课程视频,是她在斯巴达村学校教室里上课的情景,但视频中的教学方法与传统的数学课堂教学方法大相径庭。据她所知,世上还没有任何一个老师在用相同的方法教学。

现场的一位观众对视频里最后的那一句评论感受颇深,久久不能忘怀。他是芝加哥大学的一名心理学教授,叫詹姆斯·斯蒂格勒,他知道玛格德琳的观点不全对。不错,她的教学方法看起来和大多数美国教师的教学方法截然不同,但斯蒂格勒后来告诉玛格德琳:其实她不是这个世界上唯一一个用这种方法教学的老师。还有一批教师的教学方法几乎与她的一模一样,只不过他们都在日本。

斯蒂格勒知道是因为他见过他们这样教学,那时他是密歇根大学的一名研究生,跟随哈罗德·史蒂文森去了日本。史蒂文森那时是一名研究中日两国儿童阅读障碍的心理学教授。通过对比在不同的语言环境下儿童是如何阅读的,史蒂文森和斯蒂格勒希望可以总结出对阅读过程一般性的描述。但对学生进行了数学成绩测试之后,他们工作的重心就转移了。

通过比较阅读能力,他们发现了不同国家之间存在的一些差异。但是,斯蒂格勒说:"相较于数学的差异,阅读能力的差异要小得多。"这一点在日本尤为突出。通过比较美国明尼阿波利斯、中国台北和日本仙台的儿童,他们发现,73％的日本 6 岁儿童的分数要高于美国相同年龄段儿童。测试儿童的年龄越大,日本孩子的这一优势就越明显。在 10 岁的儿童当中,有 92％的日本学生分数高于一般美国学生,甚至在日本仙台数学平均分最低的 10 岁孩子也要比美国明尼阿波利斯成绩最高的同龄孩子考得好。[2]

斯蒂格勒和史蒂文森的调查结果得到了越来越多的国际比较统计数据的印证,这使得人们对美国的教育地位(尤其是对科学和数学这两门学科[3])的忧虑不断加深。一项由美国政府出资的调查研究显示,通过对比十二个不同国家学生所取得的成绩(不仅限于美国和日本,还包括以色列、瑞典、英国等其他国家)发现,日本普通学生的数学成绩与其他国家前 1％的尖子生成绩相当。[4]另外一项研究通过对比伊利诺伊州和日本的高中学生发现,日本普通学生的平均表现要好于 98％的美国学生。[5]由《达拉斯时代先驱报》发起的第三项调查研究表明,在八个国家学生的表现当中,日本学生的数学成绩排名第一,而美国学生的成绩排名垫底。[6]"毫无疑问,日本已经建立了一套出色的教育系统,足以跟他们被世人所称道的'经济奇迹'相媲美。"[7]紧跟《国家危机》报告发布之后,一位正在访问日本的《纽约时报》记者如是说。

随着人们对美国学校的关注度越来越高,对于这种差异的解读也越来越多。一些评论者直指文化因素,他们指出,日本更强调学生的努力而不是能力。对此,史蒂文森和斯蒂格勒则认为家庭生活也占据一部分原因。他们发现日本 98％的五年级学生家里都会有一张书桌,相比之下，这一比例在美国只占 63％。另有一些评论家认为日本孩童天生智商较高，但史蒂文森和斯蒂格勒给他们做了认知能力测试，并没有发现什么显著差异。[8]

回顾这些关于数学成绩的研究数据时，斯蒂格勒认为课外因素一定扮演了重要的角色，但他不确定这些因素能否完全解释这一差异。"不应该是父母让你乖乖坐下来，然后教你代数。"他说，"你得去上学，老师会教你这些东西。"[9]日本教师在课堂上教导学生的方法必定起到了举足轻重的作用。所以后来每次他去访问一所日本学校时，他都会请负责接待的校方成员帮忙，问他们是否介意让他进入课堂听一两节课。

前期参观中，斯蒂格勒注意到了一些表面上的差异。与美国平房式的教学楼不同，日本小学的教学楼都是带护栏的三层混凝土楼房，四周环绕着长廊，就像是多层的旅馆。（实际上，每一个小学都有一个标准的游泳池，不过通常不设在第一层。）孩子们可以自由穿梭在两种完全不同的活动中，前一分钟还在尖叫着乱成一团——男孩子踩在比他们高一倍的高跷上，女孩子骑在独轮车上——下一分钟他们就在安静地学习了。每一个孩子都在前门把自己的鞋子脱下换上拖鞋（在日本，这种规矩随处可见）。学校里很少用暖气，刻意保留了适当的寒意。校长接待来访者时，总是会为他们端上热茶。

直到正式观摩课堂时（不是简单地探头进去看一下，而是真真切切地坐在教室里听一节完整的课），斯蒂格勒才意识到深层次的差异。日本的数学教师与其他国家教师的不同之处就在于他们能够恰当地把控课堂进度、教学结构和课堂氛围。他们会用一个问题而不是一系列问题引导学生，且更多地让学生自己进行讨论和思考，而不是全程都在引导学生完成某个演算过程。

玛格德琳在芝加哥大学播放的视频让斯蒂格勒感觉自己置身于日本仙台的课堂。她用同样不急不缓、有条不紊的方式研究学生的表现，通过问题将学生的回答朝期望的方向引导。日美远隔重洋，为何能演化出如此相似的教学方法？日本人又是如何做到让TKOT成为教学行业的共识且培训一线教师付诸实施，而美国的教师们却对这种教学法浑然不知？

　　见到玛格德琳之后的几年里，斯蒂格勒只能继续猜测。相较于日本本土学校的数量，他曾拜访过的学校只是九牛一毛。同样，他对美国课堂的了解也并不完备。很多人都认为他们知道大部分美国教师如何教授数学，但始终没有人对此进行大规模的科学研究去证实他们的观点。

　　90年代早期，斯蒂格勒的机会来了。彼时，在最新国际测评主导下成立的团体正在准备进行第三次，也是规模最大的一次对比研究：第三届国际数学和科学研究项目，简称TIMSS。此次参与的国家（已经从最初的12个国家增加到现在的40多个国家）达成共识，审查不仅包括成果测试①的分数，也将包括其他一些能够揭示国际差异的方法——比如一个用来解读课堂教学的变量。[10]

　　TIMSS采取用于对比研究的抽样调查法，首次对国际课堂教学研究采用视频录像来捕捉教师和学生课堂上的表现。由于视频技术在当时相对昂贵，他们仅在三个国家采用此种方法。除了美国之外，TIMSS的主办方还挑选了德国（美国主要的经济竞争对手）和日本（国际测评的卫冕之王）。

　　他们让斯蒂格勒来主持此项研究。

---

① 译注：指对所学课程内容的成果测试，测试内容不超出课程内容范畴。

斯蒂格勒预测自己能够找出不同国家间的差异。但更出乎他意料的是，每个国家的教师们之间的惊人相似度。譬如，一般的想法是美国最好的老师和最差的老师之间应该存在巨大的差异。但斯蒂格勒在对比之后发现，即便是差距悬殊的两个美国教师，他们的教学方式看起来也极其相似。

斯蒂格勒把来自不同国家的人们聚集在一个房间，一起观看这些录像时，这些相似性更加明显。一天，在观看一节来自美国课堂的录像时，一位日本研究者中途突然暂停了播放。"那是什么？"他问道。录像中的老师正在黑板上阐述一道题的解答过程，这时，画面外出现了另一个声音。"各位请注意，"这个声音说，"所有乘坐三十一路公交车的学生，今天这趟车会停在学校的后面而不是前面。麻烦老师记下，并提醒您的学生。"

一般美国人很少会注意到这条突然打断课堂的校园广播。"噢，没什么。"他们告诉这位日本的研究员，并重新按下开始键观看录像。但是这位日本研究员继续追问："你说的'没什么'是什么意思？"

斯蒂格勒写道：

> 当我们试着耐心地向他解释，那只是一个校园广播时，他脸上显现出难以置信的表情。"难道中断课堂的行为在美国是一件很正常的事？怎么能让这种事情发生呢？这种中断课堂教学的行为从不会发生在日本，"他说，"因为这一行为会破坏课堂的进程。"他的解释让我们开始思考，中断课堂这一行为是否要比我们想象的更加严重。[11]

之后，他们把所有录像都过了一遍后发现这位日本的研究者是对的。31%的美国课堂都会被打断，要么是广播通知，要么是一些行政事务（比如统计午餐人数）。而日本的课堂从未发生过一例这样的事件。[12]之前他们可能从未想过要统计一下被中断的次数，其他的观察者们也从未挑出这些被中断的时刻。有时，一个国家教学中最与众不同的特点也是本国人最不注意的地方。

一个显著的例子是教师组织自己课堂的方式。美国的教师很少会谈及他们的课堂结构，即一节课从开始到结束是如何进行的。然而在观看每一个教师的教学录像时，斯蒂格勒觉得美国的教师们讲课的流程似乎都如出一辙。他将其称为"文化脚本"。美国和日本的脚本大相径庭，用比喻来说，一个是打油诗，一个是十四行诗。一般美国教师使用的是"我，我们，你们"模式的教学法：检查家庭作业后，由教师讲解当天课堂主题，开始讲解新的演算过程，如"今天，我将要讲解两位数除以一位数"（"我"）。接下来，老师会让全班同学一起解答一个示例问题——"让我们一起试一试 24÷6 的计算步骤"（"我们"）。最后，他们会让学生自己解答类似的问题，通常是让学生安静地做自己的练习——"做自己的练习，如果有问题，请举手！"（"你们"）。

然而，日本教师的方法刚好与"我，我们，你们"的模式相反，或许可以称之为"你，你们，我们"模式。他们不是以一个简介开始一节课，而是提出一个问题，让学生尝试花费 10 到 20 分钟时间独自解决——比如：24 块巧克力分给 x 个人（没有剩余），找出尽量多的解决方法（"你"）。学生在尝试解决这个问题的时候，教师会在教室里来回走动，查看他们的解答方法，并记下哪位同学用了什么方法。随即，教师有时候会把学生分成小组，让他们以小组为单位讨论问题（"你们"）。之后，教师将全班同学作为一个整体，邀请同学们在黑板上展示不同的解题方法，给出答案，并解释给出这个答案的原因。最后，教师会主持一场讨论,引导学生进行总结,得出一个共同结论:从今天的问题中学到了什么,或者是否有什么新问题("我们")。[13]

上述两种类型不是要求每一个教师都按照此种模式进行,当然,研究者发现了一些与此相悖的情况。但是这些背离依旧发生在各国的文化基础之上,这种文化基础决定了教师在具体授课时的倾向性。以每个国家教师提的问题为例,美国教师提的问题都很简单,而且很快就能找出答案:1-4等于多少?日本教师的课堂进展速度相对缓慢,他们会集中于一个问题,提出一些疑问,不仅是为了了解这一位学生是否能给出正确答案,还为了从中看出思维方式,辨别出学生理解的和不理解的地方:哪些同学有同样的想法?有没有对这一方法的补充?其他同学有别的方法吗?

斯蒂格勒对四节课进行了一个小型的研究,这四节课分别来自两名美国教师和两名日本教师,他记录下教师在课堂上所提的每一个问题的类型。在日本教师的课堂上,最普遍的问题就是他称之为"解释怎么做和为什么"类型的问题。比如:你是怎么找到这个三角形的面积的?或者,为什么这个图形的面积是17?与此同时,这些问题也是经过精心设计的:每个问题都生成了很多讨论,需要花费一到两节45分钟的课才能解释清楚,教师挑选这些问题不仅希望通过有趣的演算来引导学生,同时也希望将学生引向一个重要的新概念。这些问题就像是链条,可以将几节课贯穿起来。上一节课学到的知识直接联系着下一节课的任务。譬如,单独看来,让五年级学生推导出任意一个三角形的面积公式是非常困难的,但基于上节课所讲的平行四边形的相关概念,学生们就可以用上一节课学到的公式(为了方便复习,这些公式通常贴在墙上)来解决这一节课的问题。

斯蒂格勒把日本课堂中第二类普遍的问题称为"核实立场",日本教师经常会问"谁同意?"来统计是否有一些学生被一个同学的观点说服了,或者检查一下其他同学是否能跟得上大家的思路:同学们对这一点有疑问吗?而斯蒂格勒把美国课堂最普遍的提问称为"列举/辨别":一个美国教师为了复习可能会问,到目前为止我们都学了哪些三角形呢?或问:这种形状的周长是多少?第二种普遍的提问可称为"计算":90除以2等于多少?两个日本教师都没有问过关于"计算"的问题,两个美国教师也没有问过"核实立场"方面的问题。[14]

不同类型的问题会带来不同形式的课堂参与。日本的学生说得比较多,并且说出的东西都不相同。例如,在解决一个问题时,相比于美国和德国学生,日本学生找出解决问题的方法的可能性要大。斯蒂格勒团队的研究发现,在美国课堂上,能找到解决方法的学生比例仅为9%,而在日本,这一比例是40%。[15] 不同国家的学生做的作业也不同。研究人员发现,美国的学生会把95%的精力放在练习上,而日本学生仅会花费41%的时间来做练习。日本学生把大部分的时间都用来"创新/思考",研究人员如是说。53%的日本课堂都会有正式的数学证明。然而,研究者发现视频中所有的美国课堂没有一个含有数学证明。

TIMSS的研究表明,完全相同的材料也会有截然不同的教学方法。讲解异分母分数相加(例如,$\frac{1}{2}+\frac{1}{5}$)这种相对较难的问题时能体现出这种差距。美国教师是一步一步构建解题步骤,从同分母分数相加开始($\frac{1}{5}+\frac{2}{5}$),然后过渡到最简单的异分母分数相加($\frac{1}{2}+\frac{1}{4}$)。他们在刚刚提醒了学生异分母不能简单相加的重要性后,马上示范正确的解法是什么。然而,日本的教师会直接给学生异分母分数让他们相加,但不会给他们任何提醒。这时学生不可避免地会出现错误(比如说,将分子分母分别相加),但老师会包容他们的错误,因为这是向他们解释为什么需要转换成同分母分数才能相加的机会。[16]

教室的建筑风格也反映了各个国家的偏好。举例来说，为了使课堂更具视觉效果，美国教师通常会使用教室上方的投影仪，但是在日本，教师只使用黑板。起初，这点不同看起来微不足道。但近距离观察之后，研究人员发现，每一种设备都会产生一种特定的课堂氛围。美国的课堂上，教师似乎更重视注意力，而非任何形式的参与（"眼睛看着我！"），投影仪强烈的灯光照射着教师写的每一个字。投影仪上放有一张纸，内容经过精心策划，纸板上的内容大部分都被遮住，仅留下一个最新的问题。教师一步步引导学生，把同学们的思维集中于当前的思路，而不让他们想刚刚发生的事情。在日本，教师则更关心让学生们关注概念是如何逐步展开的，使用黑板进行板书则可以很好地展示45分钟的课堂上到底经历了怎样的概念推演过程。[17]

综上所述，这些发现证实了斯蒂格勒的预感。戴维·柯恩和德伯拉·伯尔在加州跟踪研究的新数学改革在美国教师中的知名度很高。和欧碧莲老师一样，许多教师称他们正在课堂上使用新的方法进行教学，但是课堂录像令他们的做法遭到质疑。有些案例当中，改革实际上让教学变得更糟。教学规定允许使用计算器来解答一些重点不在运算的题目。一位八年级的教师据此引导学生用计算器算出1－4的答案。（"拿出计算器，"她说，"现在，跟着我来做。按下1，按下减号键，按下4，现在按下等号键。得到了什么？"[18]）难怪家长和数学家们开始抗议，这些改革造成了"模糊数学"，教师的曲解使改革变得模糊。

后来在对日本教师和教育领导人的非正式采访中，美国人得到一个惊奇的发现。在问到他们什么时候，怎样学习到这种教学方式时，他们口径一致，都说改变从20世纪80年代就已经开始。在那之前，日本的数学课堂与斯蒂格勒看到的美国课堂很相似：生搬硬套、机械乏味。

多次改革之后，日本教师总结出他们的灵感来源：一是美国哲学家约翰·杜威；二是斯坦福大学的数学家乔治·波利亚，他解决问题的方法也影响了玛格德琳·兰伯特；三是 NCTM，即美国数学教师理事会（National Council of Teachers of Mathematics）——其标准的制定受玛格德琳·兰伯特启发，部分由德伯拉·伯尔编写。当日本的教育工作者们被问到是从何学习到这种方法的，他们有时会简单地告诉美国人："是你们！我们是从你们那里学习到的！"

这些交流让斯蒂格勒想起了第一次访问日本时，他和日本人之间曾反复出现的令人困惑的对话。每当日本人被问及这个国家商业蒸蒸日上的原因时，他们总是会用充满崇敬的声音说出一个管理学家的名字：戴明。"天哪，"斯蒂格勒心想，"我想知道这个人的著作是否曾被翻译成英文！"很快他就了解到，原来"戴明"就是威廉·爱德华·戴明，一位美国爱荷华州的统计学家，同时也是一名管理顾问。"二战"之后戴明在美国开始了管理师的职业生涯，但是他的思想只在日本受到关注。（后来，戴明的名声在日本广为流传，美国的公司花重金向他寻求与亚洲对手竞争的建议。[19]）

和戴明的工作相似，日本人对 NCTM 标准的执行力度比其在美国的执行力度要强得多。日本人不仅仅发现了美国数学标准，还实现了加州从没有过的成就。他们聘用了一大批平凡却认真的教师，并把他们都培养成了玛格德琳·兰伯特。

日本人是怎么做到的呢？在斯蒂格勒思考这个问题时，高桥昭彦发现自己痴迷于另外一件事。他的父亲是东京的一名警官，而他却喜欢教学。1991 年秋，他和妻子不远万里来到了芝加哥。

昭彦此次是奉日本教育部命令来到美国的。日本教育部把一些教师送到国外的日本人学校,为那里的商旅人士的孩子提供教育——高桥昭彦就在芝加哥的双叶会日本语学校工作。但事实上,此次调动是昭彦自己申请的。在日本教学的12年间,他精心研究了美国的教育家们和教育标准,尤其是乔治·波利亚、约翰·杜威和NCTM。现在他想要去参观他们建造的学校。在日本教育部的安排下,他不仅来到美国,还来到了芝加哥。杜威最初设立的高中就附属于芝加哥大学。

当然,高桥昭彦在双叶会日本语学校必须要完成教学任务,但他也得到校长的允许,可以在空闲时间参观美国的学校。不久后,其他教师对此有了怨言。他们质疑:为什么昭彦总是去旅行?事实上他是去寻找曾在书上看到过的课堂,就像是去圣地麦加朝圣。

但昭彦的朝圣之旅并不顺利。在郊区的一所小学,昭彦发现一名教师在课堂上一直在说"嘘!",感觉"嘘!"了有一百多次。"我想,这是个特例,"高桥昭彦说,"我进错了教室。"[20]但后来他发现"嘘!"原来是规定。作为一名专业的数学教师,昭彦发现芝加哥的数学课堂并不像NCTM描述的那样,而是生搬硬套、冗长乏味、错误连篇。作为日本教育部的一员,在旅居美国几年之后,昭彦看到一位数学教师在计算 $2 + 3 \times 4$ 时,先将2和3相加等于5,然后再乘以4,得到答案20。在震惊之余,这位日本的官员思考片刻后认为或许美国人用的是一套不同的运算规则,这套运算规则可能需要先做加法,再进行乘法计算。(但很快他就确认了全世界的数学运算规则是通用的。[21])

即便是在芝加哥大学附属高中(高桥昭彦曾读过很多关于这所学校的书)也找不到一丝创办人当初的理念。"我太震惊了。我读过约翰·杜威的书籍,而他们的做法却没有杜威的影子。"高桥昭彦说。美国人描述教学方法的学术研究极佳,但他们丝毫未能成功实施。他告诉校长,他需要离开学校一段时间,去美国的课堂进行调查研究。他说:"相较于调查结果,有很多疑惑需要解释清楚。好的文件、研究和材料一应俱全……却不知因为何故在课堂中无法实施。我想弄清楚究竟是哪个环节出了问题。"

在访问附属高中后不久,高桥昭彦去了伊利诺伊大学香槟分校。一个日本的同事将他介绍给了这所学校的教授杰克·伊斯利和他的妻子伊丽莎白·伊斯利。伊丽莎白是一个日裔美国人。十年前,这对夫妇在东京的一所小学里工作过四个月,杰克负责观察日本的教学模式,伊丽莎白负责翻译。日本之行激发了杰克致力于提高美国数学和理科教学的决心,但他没能在真正的学校教学中将这一理念付诸实施。他认为问题在于研究者和教师之间缺少交流。所以,他和几个同事一起创造了一个新的团体来弥补他们之间的鸿沟。他将其称为"数学教育对话"(Dialogues in Mathematics Education)或 DIME——一个由教授、教师,甚至是校长组成的定期工作坊。他认识昭彦后,就邀请他加入到 DIME 的一个会议中。

这个会议深深地吸引了昭彦。来自中西部各地区的人们聚集在这里,展示他们的课堂,引发多样的交流谈话。但有一点很奇怪:DIME 的会议是与会者们讨论自身教学工作的唯一机会,但据昭彦了解到的信息,该团体一年只进行两次会面。这真的是美国人将理论转变为实践的最好的机制吗?最让人吃惊的是,团体成员向他证实,DIME 的交流仅仅是空谈。这些教师描述一下自己的课堂,转述一下学生提出的问题,但研究者们并没有目睹课堂里的实际教学。至于观摩具体的课堂(观看彼此的教学),他们根本就没有这种机会。事实上,他们将研究者和教师聚在一起开会这件事情本身看作是一种成功。但对高桥昭彦来说,这一事件的意义非同寻常。对日本人来说纳入常规的一件事(教授和教师之间的会面),在美国却是一项革命性的举措。

意识到这一点,他明白了一直困扰他的一些问题。几乎每次参观美国的课堂,得到的回应都会令他感到失望。每一次老师都会停下课堂教学来欢迎这位来自日本的客人,而他只是想安静地听他们讲课。每一次他都要先自我介绍一番,再回答一些问题,这节课就这样过去了几十分钟。之后,他和教师的对话同样未能直击要害。他所问的任何关于课堂内容的问题都被忽略,取而代之的是一些与教育无关的话题,就好像他们不是同行,而是宴会上的陌生人一样。你认为美国怎么样?你住哪儿?他们提出的都是一些社交性的问题,而不是专业的讨论。好不容易一场谈话终于转向一个有趣的方向——你在日本是怎么教授这个课程的?一位美国老师问道,这恰恰是昭彦渴望被问到的问题——然而,这样的讨论总是结束太快。

若不是反复得到印证,昭彦也不会相信他的经历是真实的。在参观了众多的数学课堂之后,昭彦终于明白了美国教师不让他站在教室后面安静地听课,是因为从未有人这样做过。和美国教师的对话也是如此,他们不与他探讨教学方面的问题是因为他们从未与人谈论过这些问题。

昭彦意识到,美国教师们没有过"课例研究"。课例研究是一系列的实践,是日本教师观察其他教师的课堂,并在课下进行探讨,从而提高自己教学水平的一种实践方法。这一方法在日本学校的普及程度就像是打断美国课堂的广播通知一样,是司空见惯的事情。对于像高桥昭彦一样的日本观察者来说,他们根据自己的认知会想当然地认为课例研究在美国同样普及,所以根本想不到去问这方面的问题。

现在昭彦的困惑有了答案。美国教师的工作距离他们最优秀的思想家们(例如波利亚、杜威和NCTM)的预期还有很大的差距。对昭彦来说,没有课例研究,他自己的课堂也将毫无生气;没有课例研究,教学该从何谈起呢?

高桥昭彦并没有当教师的天赋。他成为一名教师主要是因为东京学艺大学教育学专业录取了他。甚至在读大学后,他对教学也是漠不关心。然而,大三的第二学期,当他踏进世田谷小学松山武老师的教室时,一切都改变了。

世田谷小学位于一条弯曲的鹅卵石车道的尽头,车道通往东京的富人区世田谷区,这个神秘的住宅区以迷宫一样的街道而闻名。对于一个市中心的学校来说,面积已算奢侈,但是教学楼却很普通:一座三层的灰褐色混凝土建筑,实用的木质地板,四面通风,还有点冷。但是这所小学有一点不同于日本的其他小学。它是一所附属学校(附属于东京学艺大学),用美国说法,这是一所实验学校。世田谷小学完全采用企业式的招聘制度,招聘的都是全国最好的教师。他们都必须是真正的教学大师,因为作为附属学校的教师,他们要为儿童及预备教师的教育负责。在秋季,这些大学生每隔三周就列队走进世田谷学校,世田谷小学的教师作为指导老师,每人负责一个由五名学生组成的小组。这五名学生手里拿着笔记本,在教室后面排成一排,并不确定自己期待的是什么。

在世田谷的所有教师当中,松山老师最为引人注目。由于他的公开课吸引了很多教师,为了给这些听课的教师腾出足够多的地方,他不得不选择在自助餐厅上课,这使得他的实习生们的工作难度尤其高。为了顺利毕业,教育专业的学生们不仅需要观察指导教师的工作,还要能够有效地替代指导教师来进行实际课堂教学。从流程上讲,首先,他们要观摩指导教师上课,在第三周时,小组中的五个人就要联合起来顶替指导教师执教。这就像接力试教。每个实习教师都要选择一个学科,语言、数学、科学或历史,并针对该学科备好五天的课,然后挑一天进行教学。为了接力传递,每位实习教师必须完成自己挑选的那一天的全部学科的教学,包括已经备课的一门学科和四门没有备课的学科,且不论前一天的实习教师是否完成了其工作量。指导教师会全程监督实习生们的课堂试教。之后,所有人(指导教师、实习教师,有时甚至有外部的观察者)会坐在一张桌子周围,正式讨论他们刚刚看到的。

在观摩指导教师授课的那一周,作为松山老师的实习生,他们要一直待在松山的教室里。学生下午3点放学离开,但他们要等讨论完这一天的课程情况后才能离开。这种讨论通常会进行到晚上8点左右。他们会谈论松山当天说过的话,做过的事,但他们会花费更多的时间来琢磨学生的反应:他们都做了哪些笔记,提出的看法是对还是错,以及小组讨论的架构。晚上剩余的时间就用来进行备课,有时候这些实习教师们直到晚上10点才能回家。这种训练强度高,费力劳神,令人生畏,但却又引人入胜。观摩松山老师教学的人都感受到了严谨治学所蕴含的启发性。实习教师们开始提出自己的观点。高桥昭彦头一次见识到了成为一名教师意味着什么。他被深深地吸引了。

后来,高桥昭彦选择了数学作为专业方向,松山老师也是这个专业。那一年是1977年,松山作为约翰·杜威和乔治·波利亚的学生,成为日本数学教学改革早期的拥护者之一。他的教学技巧令昭彦心驰神往。在小学的时候昭彦就喜欢数学,但他讨厌数学课,因为老师的讲解使得每道题好像只有一种正确的解法。而松山不仅奖励那些提出不同解题方法的学生,还信赖他们。

当然,钦佩松山的教学风格和贯彻实施它是两码事。30年后高桥昭彦依然记得,他的第一节课开始得如此轻松。那一周,整个日本的六年级都在介绍比例关系的概念。比如这样一道题,如果5个饼干需要300日元,那么,2个饼干需要多少日元?传统的课堂可能会先介绍题目,然后阐述怎样计算单位比例(一个饼干60日元),再计算出最后的答案(120日元)。不过,在松山的指导下,高桥昭彦设计了一个问题来引导学生绘制一幅坐标图,这一坐标图可以显示比例。然后,他让学生讨论他们画的那条线,向他们展示饼干数量和所花费日元的关系。

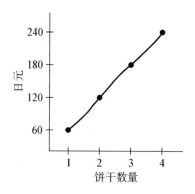

事情进行得很顺利,一个学生举手提出一个问题:为什么他们不能把这条线直接连接到原点?另外一个学生问了一个不同的问题:这条线上的连接点是什么意思?

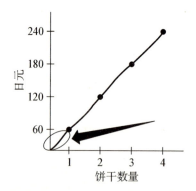

昭彦一时语塞。他知道,一般而言,代表比例关系的坐标图应该将原点与所有其他的数据点相连接。但是,问题中饼干的数量是离散的,在现实生活中购买半块饼干或用零日元购买零块饼干的事情是不存在的。他应该如何向这些六年级的学生解释呢?"至今我仍记得那种感觉,"昭彦说,"尽管我知道,但我解释不清楚。我感到背对着悬崖,没有回头路了。"[22] 他解答不了学生的提问,而不回答又不行。就像一个学生被要求来谈一本他没有读过的书,他想蒙混过关——同时感到所有人都知道他在故弄玄虚。在那一刻,他明白了教育不只是他在大学的专业方向,不只是在他找到自己真正的职业之前的铺垫,而是他毕生的追求。

昭彦毕业后去了附近的另一所小学任教。在这所学校,昭彦对松山式的课堂进行了多次实验。他知道,不是每天都有足够的时间试用这种方法。要转变依赖教科书的做法就需要更多的时间备课,而他并没有足够多的备课时间,且不能保证这种方法一定会取得成功。他转而在特定的情况下使用这一方法,并花费和设计问题同样多的时间来想象学生对问题的反应。不管在学校待到多晚,他都会备好课,让他的课一开始就迈向未知的领域。学生们也总是给他惊喜。他喜欢上了写日志,想要记住每一节课。一些家长抱怨他拿他们的孩子做实验,他就把自己的日志做成简报。起初,一个月给家长寄一次,到第三年,他每天都会寄给家长。他认为如果他们继续支持自己的孩子,支持他,那么这些家长也有必要了解数学。

一年又一年,昭彦的课堂变得越来越好,家长们也越来越有信心。第五年的时候,他的每节课基本都围绕一个问题展开。第六年,他收到了意料之外的消息。在世田谷小学,昭彦以前的导师松山得到了晋升。这意味着松山之前作为指导教师的位置出现了空缺。学区领导建议松山找人接替他,他推荐了昭彦。

对美国人来说,高桥昭彦作为教师极具潜力,好比一颗未经雕琢的钻石,而不是暮气沉沉的"窗边族"。[23] 在芝加哥,他成了像松山一样有名气的教师,他的公开课吸引了数百人,有时一节课有千人来观摩。他对孩子似乎有魔法般的吸引力。

但是昭彦明白他并不是大师。"像这样上课的不仅仅是我,"他总是用英语解释说,"还有许多人。"毕竟,是他的导师松山教给了他这种教授数学的新方法。松山与世田谷区以及其他地方的数学教师们一起研发了这种方法。作为一个整体,这个团体的成员们定期见面讨论教学计划,形成了一个日本版的TKOT。讨论结束后,团体成员通常会邀请彼此去观课并研究结果如何。回想起来,这是松山给昭彦的指导中最重要的一课:不是怎样教课,而是怎样研究教学,用循环式的课例研究将教学放在显微镜下观察、改进。

在世田谷小学教学的三周就是一个微型课例研究:基于大纲和所预期的学生反馈进行前期备课;接受另外一个教师的观摩(刚开始是松山,后来是每一位实习教师);教授一节公开课;最后,一起对所观摩的课程进行讨论。每一节公开课都会提出一个帮助儿童学习的新办法。课后的每一次讨论都为求证该办法是否有效提供了机会。

最典型的课后讨论是这样的:教师们一开始围坐在U型桌前,喝茶讨论,后来就到了当地的居酒屋,喝着啤酒继续讨论。除了自己的笔记,每一位观课教师都有一份授课教师的教案。这份教案会告诉他们这位教师将要做些什么,为什么这么做,比如描述在用重组法做减法时采用12-7而不是13-6的优势。讨论也会提供一个语境。教案上可能会写:到目前为止,除了沙耶香,所有的学生已经掌握不用重组的减法。除了这些细节,下面还会列出学生已经掌握的一系列技巧——譬如,用手指数数,使用数学教具,或是心算拆解数字。[24]

讨论时,最好的评论是微观方面的,授课教师和观课老师一起回忆每一分钟发生的事情,并进行评论。这些评论从实用性方面的探讨(既然学生对于视觉化呈现运算感到吃力,何不将方块教具以"个"为单位,这比起以"十"为单位岂不是更简单)一直拓展到超出课程本身的深刻见解。

例如,在一节求菱形面积的课后,一位观课教师想起一个印象深刻的片段:一个学生问另外一个学生,他为什么用这种方法计算。这个片段之所以不寻常,是因为一般情况下教师要花很大的气力来劝说学生们不仅要与教师交流,还要彼此交流。想要学生之间交流,教师通常只有强制性地让学生在黑板上向全班演示其想法,或者点名让某位学生对其他同学的困惑进行解答。所以那堂课上发生的这种自然且主动的学生之间的交流非比寻常。观课教师问:那堂课到底创设了怎样的文化,以至于让学生们之间如此成功地进行沟通交流?

讨论组的成员们回顾了课堂中的教学过程,想要找到教师鼓励学生交流的话语或行动。譬如,教师在学生们从独立思考问题("你")转变为和同桌相互探讨("你们")的过程中,所使用的课堂用语是经过深思熟虑的。她没有采用一般的做法,即让学生找一个搭档或朋友进行交谈,因为这样的做法又成了强制性的了。她另辟蹊径,让学生们关注交流本身,告诉学生"看看彼此的试卷"。"或许,"她说,"你会发现一个你以前从没有过的想法!"

讨论组的另一名成员提出该教师开始课堂讨论("我们")的方式值得关注。和其他教师一样,她会让学生在纸上记下自己的想法,然后粘贴在黑板上让全班同学观看。她也会像其他教师那样,按照不同学生的想法进行分组:三角形解法的在这里,正方形解法的在那里,平行四边形解法的在另外一边。但是她加了一点变化:她把分组的任务委派给了学生们,这增加了学生的思考量。在这节关于菱形的课上,随着一个小男孩拿起一支黄色粉笔,同学们自发地展开了激烈的讨论,他开始把黑板分成四个不同的板块，一个板块一种方法，引导其他同学争相找出每种方法对应的板块。通过一个简单的、可预见的规则：有了想法之后，将想法以小组形式写在黑板上，教师反复强调每个学生要对自己的想法秉持一种"所有权"精神。

另一个习惯也加强了这一课堂文化。每次，在某位同学和全班分享了一个想法之后，该同学都会问一个问题："哪位同学有和我一样的想法？"

就其本身而言，每一个习惯可能都像是强制性的。确实，据观课教师回忆，其他有类似交流探讨的课堂是平淡乏味的。但总体来看，这节课上的这些习惯形成了一种强大的合力，使得同学之间可以诚恳地互相提问，而不是由教师来强制他们进行交流。[25]

其他的课后讨论更多地集中在教学内容本身，例如：标示出材料的哪个部分学生不明白，是否所有的同学都有相同的困难。譬如在一节关于角度的课上，一名观课教师提出来理解"角度"这个概念的挑战在于学生不仅仅要看形状，还要看数值。从认知上看，这会比计算面积更难。[26]

教师也会对课堂提问进行详尽的分析。同样的一节关于角度的课，某教师会从一个提问开始，给出两个三角形，让学生在不使用量角器的前提下算出尽可能多的角度之和。但若只是这样问，就成了一个很基础的数学问题，实际上该教师将这个问题设计在了一个虚构的故事里，这个故事里有一个国王，他喜欢戴各种不同角度的帽子，但他的国家里没有量角器。这个故事给课堂带来了一些欢笑，因为教师开玩笑地指定一个小男孩作为国王，并向他发问。"国王陛下，您看这个可以吗？"老师问道，同时示意另一个男孩也去问，但没有指定提问的内容，于是这个男孩问："他是如何成为国王的呢？"在课后讨论中观课教师们也注意到,这个故事很大程度上会让学生迷惑。角看起来和帽子并不相似。在课堂的最后,教师要花费很多时间阐明故事本身,导致学生们不能深入研究数学问题。[27]

课例研究的优势就是,从备课到课后讨论,每一位教师都不是单独工作的。为了解决在教学过程中遇到的困惑,教师们需要相互鞭策,并吸纳他人的建议。

课例研究在日本的小学很普遍,但是每一位教师的参与程度不尽相同。从东京学艺大学毕业之后,高桥昭彦通过两步走一举成了课例研究的行家里手:第一,他决定每年要讲一次公开课(不仅是协助备课);第二,他加入了所在地区的一个数学教师志愿研究小组。这个小组通过翻译美国的一些文件来进行研究。尽管他在大学期间已经读过约翰·杜威和乔治·波利亚的第一手资料,但和这个小组在一起时,昭彦才第一次真正深入研究美国的作品,他发现每天都在课堂里应用他们的观念是相当不容易的。

以波利亚为例,这位数学家的问题解决手册《怎样解题》(*How to Solve It*)成了这个研究小组的"圣经"。波利亚在手册中指出,解决一个问题有四个关键步骤。一开始,这些日本教师严格遵循波利亚的方案来授课。首先通过理解一个问题开始一节课,然后开始设计一个解决方案,接着试着采用该方案。最后,建议学生回顾自己的方法,找出错误,思考解决方案的可能结果。然而,当昭彦所在小组的教师们尝试在课堂里使用这些步骤时,没有人真正实施了第二步"设计一个解决方案"。他们通常是直接跳到第三步"试着采用解决方案"。教师们一次又一次地试着让学生紧跟步骤,但都失败了。直到他们在讨论中提出,或许他们根本不需要第二步,三个步骤已足够。

昭彦的教学研究小组成立时,恰逢美国数学教师协会(NCTM)发布了其标准。与对待波利亚的方案一样,日本教师并没有教条地遵循NCTM制定的标准,而是将其作为指导方针。他们没有照本宣科,而是认真思考教学目标,试着在课堂上找出方案来完成这些目标,并就成功的经验进行了对比研究。

没有人期望这些研究工作能立刻见效。在选择以一个问题作为课程导入方式时,昭彦听从了其他教师的建议。譬如,求图形面积的课是非常适合这种导入方式的。学生们可以选取各种图形,用不同的方法算出平行四边形或者三角形的面积,然后通过对比不同的思路,他们可以得出一个适用于任何同类图形的公式。

当昭彦致力于课堂教学时,小组中的其他教师阅读他的备课计划并提供反馈,通过修改教案来给他以指引。昭彦尤其重视公开课,经常在一些特别的日子参与公开课,通常这些时间指导教师们在完成了常规的教学任务后都去旅行了,只有实习教师还待在学校上课。昭彦在他教授和参加的公开课中都学到了很多东西。有一年,在拜访长野县的一所学校时,他被一位教师的做法吸引住了。日本教师经常讨论的一个教学要素就是板书——一种在黑板上写字以便帮助学生更好地学习的艺术。每个老师都有自己的板书样式,随着时间流逝,板书也就形成了一些复杂的惯例。通常,标题写在黑板的左上角,当天的问题写在黑板的右下角。然后板书按列进行书写,选取学生的解题方法,接着通过提出想法把它们联系起来,最后总结陈述得出的公式、定义或者观察结果。关键是教师要在黑板上清楚地呈现出本节课所展现的概念。

当然,板书在实际操作中会出现各种各样的问题。如何保证黑板够用就是一个大问题。如果教师能够很好地规划,那么他就能够把重要的知识点写完整,还可以做一个总结,而不用擦去之前写下的板书。

但是，写下太多的笔记可能会使整个板书失去平衡。学生提出很多的好主意时，教师的记录需要采用一定的策略，以确保这些观点不会在密密麻麻的板书中被遗漏。

那位长野县的教师发明了一种独特的解决板书问题的方法。黑板右边有许多磁铁，每块磁铁上都刻有一个孩子的名字。每当有学生想出一个新的主意，教师就把它写下来，并把想出这个主意的同学的磁铁名牌吸附在上面。

这一创新可以解决很多难题。从美学角度，这样做可以将学生提出的解决方法和黑板上的其他内容区别开。这也使得讨论更加顺利地进行。譬如，在求解三角形的面积时，名叫诺里的学生提出的想法可以直接命名为"诺里的假设"，这么做比不断地总结他想法的关键点容易得多。好比德伯拉发明的术语"栅栏立柱"那样，教师们早已开始使用学生的名字来标记他们的观点，而使用磁铁名牌使得这一过程更加高效。最后，贴上磁铁名牌也是对同学们分享思路的奖励，让教师有了新的对策来消除学生的羞怯心理。

昭彦采用了这一方法，且很快就看到其他教师也这样做了。当他从芝加哥回到日本时，走进每间教室都会发现黑板的右边吸附着许多写有名字的磁铁。

用一个问题进行数学课堂导入的教学法和磁铁名牌这一创意一样得以沿用。昭彦并不是唯一一个观察并模仿松山的教师。随着对这一方法进行试验的教师越来越多，在公开课中观摩到这一方法的教师也越来越多，有的教师只是碰巧路过公开课现场，也学到了这一方法。通常，只用一节课就可以说服所有人这一方法值得尝试。许多教师依旧记得那节让他们大开眼界的课。

当然，不是每次尝试都能成功。不同的是，在日本，如果教师授课时没有将小组讨论与后续的环节相联系，或者努力尝试用一个有趣的故事引入问题与学生互动，却分散了学生对数学的注意力，同事会发现这些问题并告诉他。然后，在了解到了自己需要面对的问题之后，授课教师不必完全靠自己找出解决方法。他可以带着这个问题去观摩其他教师的课堂并有所提高。

以一个小学二年级教师讲授柱状图为例。为了吸引学生的注意力，平山老师并没有编一个滑稽的童话故事，而是直接依据教科书给出的课例进行教案设计：围绕一个学生感兴趣的话题，调查学生的喜好，然后让他们把结果绘制在黑板上。他们最近打算在教室里种绿植，平山老师决定把柱状图这一课作为他们计划中的一步。

平山老师一开始并没有说明这节数学课的教学目标（今天我们要学习柱状图），而是告诉同学们今天他们将讨论决定种什么植物。首先，他征求学生的意见：他们想要试着种些什么？当每位学生都喊出自己的答案时，年轻的个子高高的平山老师，面带微笑，神态自若地在黑板下边写下了最终的讨论清单，从左至右分别是：马铃薯、胡萝卜、秋葵、甘薯、黄瓜、青椒、大波斯菊。然后，他让同学们投票，把带有他们各自名字的磁铁放在他们想要种植的植物名字上方。这个举动引起了小小的骚乱，有些学生果断地作出了选择，而有的学生在黄瓜和甘薯之间摇摆不定，最后一刻才作出决定。

在学生们吵闹的间隙，平山老师发问道："哪种植物的得票数最多？哪一种最少？你们是怎么知道的？"当所有的学生计算出最终的得票数时，他问了一个能进一步将讨论引向那节课隐藏的教学目的的问题。"你们意识到了吗？"他把手放在下巴上，若有所思地问道，"你们把自己的名字一个一个地排列起来了？"确实，每一种植物名上边都有一条由磁铁名牌组成的竖线。刚刚在"哪种植物得票数最多"这一讨论的激发下,同学们自发开始进行排序。平山老师的身高是他们的两倍,更方便拿取磁铁,在他的帮助下,磁铁名牌组成的竖线一直延伸到黑板的顶部。在没有告诉学生柱状图概念的前提下,小学二年级的学生们凭借直觉利用了这个概念。

现在,平山要求学生注意他们刚刚做的事情,并思考他们为什么这样做。"你们本可以不这么做,"他说,"为什么你们会用那种方式呢?"同学们说出了各自的看法,他静静地听着,等待着有一位同学的答案能够接近本节课的目的——使用柱状图来管理数据。最后,一个叫阿诺的男孩给了平山一直寻找的解释机会。他没有给出他的答案,而是提出了一个问题。阿诺问道:为什么平山老师把植物上的磁铁名牌排成单列?为什么不全部排成两列?

这个问题引发了一场辩论。"我真的不清楚为什么要排成两列。"另外一个男孩子反驳道,"或许在你看来,阿诺,你认为是 2,4,6,8?"他试着用 2 的倍数来数数。

接着引发了更多的讨论。排成两列可以让二年级学生能更容易地够得着名牌,也有助于他们用偶数来计数。但是,那些得了奇数选票的植物怎么办?由于时间的限制,平山只好放弃了他最开始的计划。他原本期待让学生用画圈来代替名牌,让从数据收集到图表制作的转变得以具体化。现在相反,他让学生继续讨论关于排列的问题。他并不后悔这个决定,即使他坚持继续往下讲到画圈的技巧,学生们也未必能够掌握,因为他们的注意力现在在别的地方。他认为向画圈过渡不着急,可以放在下一节数学课进行。

此时,平山老师对阿诺的问题进行投票表决:多少同学认为将得票数排成单列更合理?多少同学认为排成两列更合理?最后,他们慢慢地达成了一个共识：排成单列能够更好地帮助他们看清楚哪种植物收获的票数最多。一个快速的试验证实了这一点，用单列磁铁名牌标示得票数后，他们一起大声喊出最后的结果："马铃薯！"[28]

正如小学二年级的学生通过分享彼此的想法而学到了更多，互相交流思想的做法在教师当中也在迅速发展。观摩不同教师讲课的精彩之处在于能够看到同一个练习的许多不同方面。有时候对问题的解决方案可以相互借鉴，帮助教师不断提升教学水平。

譬如，为恰到好处地概述一节课（或者说是"总括"）且使每一名学生都参与进来并积极思考，一个创新的做法是在授课的最后加入一个小环节。在该环节中老师要同学们写下他们当天都学到了什么。"我们今天讨论的植物不同于以往，今天我们还比较了高度，我很开心。"在平山教师这节课的最后，一个女生这样写道。"今天我们第一次做图表。我以前从来不知道它是这么有趣。"一个男生写道。

另外一组教师对这一方法进行改良，不仅仅让学生们自己写总结，还邀请一些同学和全班分享他们的总结。分享有很多益处。写出优秀总结的学生会得到赞扬，他们也会成为榜样，促使其他同学认真地修改自己的笔记。每个人都有几分钟进行再回顾、记录，并像老师所希望的那样能记住他们刚刚学到的关键知识点。

第三组教师采取了一个不太一样的方法，他们把总结换成给这节课加主题的比赛。通常情况下，一节课的主题在开始上课时就写在了黑板的左上角。使用这种方法时，老师会在黑板的左上角留出一块空白。然后，在这节课将要结束的时候，他会点一些同学的名字，让他们在黑板上的空白处写上本节课的主题。和写总结一样，加主题也可以把本节课的内容串联起来。"乘以 2 和除以 2 是兄弟！"一个小男生在一节讲解乘积和被除数的关系的课结束之后提道。老师鼓励这种想法,但一个更具描述性的主题——"答案和被除数的关系"——最终被大家认可并被记录在了黑板上方的空白处以及每一位同学的笔记本上。

其至那些没有在公开课上观摩过这种方法的教师们也受惠于教学创新。日本的骨干教师们不仅吸引了大批的人来观摩他们的课堂,同时,他们也与教材出版商进行合作,协助编写他们要用的教材。因此,数学课本也开始充满了新的创意,慢慢地,基于提问的教学模式深入到了每一节课。他们在进行课程研究时对提问进行了改良,找出了最有成效的问题。昭彦就撰写了一些教材,而平山的指导教师藤井裕久——昭彦在东京学艺大学的同事,也写了多本教材。

以重组法来做减法为例。从 1 到 19 这些数字可以组成 36 个不同的算式来引入这一想法,从 11－2 到 18－9。但是,随着时间流逝,日本的六家教科书公司中有五家都只采用了一个相同的算式:13－9。因为其他算式可能使学生只能找到一种解题方法。以 12－3 为例,对大多数学生来说,最自然的解决方法是:先减去 2,再减去 1(连减法)。很少有同学会用 10 减去 3 然后再加 2(先减后加法)。但是日本教师明白学生有必要同时掌握这两种方法。在遇到新的问题时,了解两种方法会比只知道一种更有用。总体来说,了解两种解题方法能够帮助学生更好地理解减法的原理。[29]

这就是为什么 13－9 总是先被提出来的原因。教师知道,在算 13－9 时,学生使用先减后加法(把 13 分成 10 和 3,然后从 10 里边减去 9,再把剩下的 1 和 3 相加得到 4)和连减法(减去 3 得到 10,然后再减去 6 得到 4)的概率是一样的。由于这两种方法都可能会被使用,他们才可能找出能让学生深刻理解的途径。

教科书的编排也得到了改进。传统上,新的单元都是用黑色粗体字将本单元的主题写在页面的顶部来标示一个单元的开始,例如"怎样构成比例关系"。每个单元通常是从书的左页开始,这样读者能够清楚明了地看到右页上的公式或概念。但这样的排版舍弃了推导公式和概念的过程。因此,新的教科书排版把每个单元的首页放在了右边,以更广泛的话题和一个问题作为导入,这样也是为了不提前透露,或者说更重要的是为了保证学生能够自行理解。

人们也可以从教师在课堂研究之后发表的论文中获得灵感,他们会在论文中描述他们的教案、课堂实践中发生的事情以及他们从中得到的教训。发表这些文章的杂志在当地书店占满了多个书架,按月发行,内容从一个特殊概念的课堂导入方法到小学校长在介绍校园文化时所作演讲的讲稿,应有尽有。

当然,日本的教育体制也不是乌托邦。和其他国家的教师一样,日本教师也对教育部充满不屑。和在美国一样,上级组织的教师专业发展活动通常在校外举办,令参训教师感到不切实际且毫无意义,浪费了教师们本来就不够用的时间。诚然,有一个理想主义的教育部官员为了能够为此类活动注入新活力而远赴美国,不料却只重新认识了日本的"课例研究"。而且,当教学改进在小学阶段发展迅猛时,高中的教学变革进度则显得较为缓慢,因为高中教师迫于升学压力,要为学生参加残酷的高考做好准备,更不用提利用课余时间进行课外研究了。

同时,与美国相仿,家庭经济不好的学生由自身能力较弱的老师来教,他们的学习成效也落后于同龄人。[30] 各国国民都担心落后于他国,有一些国家已经在国际测试中稍稍领先了,例如新加坡,特意采用了日本的"课例研究";例如中国,用他们本国传统的课例研究模式,中国教师称之为"钻研教材";再如芬兰,创造出了新的模式,名之为"基地学校",也即实验学校在芬兰的称谓。[31]

日本的教育官员们也找到了方法来支持教师们认为最有价值的学习，他们将研究课题写进了学校的日程计划，甚至邀请骨干教师每十年修订一次国家课程。结果，像教材一样，课程大纲也开始吸纳新思想。

整个过程是一个很棒的示范。通过在真正的教学中实践新想法，记录下所发生的一切，并据其中的问题进行改善，且至关重要的是把这些结合起来，不断和同事们以及来访的学科专家们一起交流，形成长效机制。他们这么做会比完全自己钻研所取得的进步要快得多。独自钻研，一个教师可能会也可能不会变得优秀或富于创新，其结果很大程度上因人而异，而一起合作增加了每一个人进步的可能。通过课例研究，教师教会了他们自己如何教学。

对于詹姆斯·斯蒂格勒这位主持"第三届国际数学与科学研究项目"的美国人而言，日本的"课例研究"和他了解到的日本文化是相匹配的。日本的公司从威廉·爱德华·戴明那里收获了一个与"课例研究"相似的概念：持续改进。戴明主张，机构只有不断地对其实践进行研究，去发掘可以做得更好的细节，才能够得到改进。在美国，戴明无人赏识，而他在日本却引起了轰动。"持续改进"的概念尤其为手艺匠人所尊崇，匠心在日本是最被看重的传统之一。匠人中有花费几十年的时间掌握特殊的翻转手法以便能做出完美饭团的寿司师傅[32]，还有进度缓慢但扎实的歌舞伎剧场学徒制，学徒们为了掌握特殊的舞姿要在剧场学习几十年[33]。

昭彦的同事藤井裕久拿自己的业余爱好剑道来作类比。一个人可能会用一生的时间慢慢地提升自己的剑道级别。藤井裕久指出，剑道的最后一个字"道"也可以放在其他需要精雕细琢的技艺后，如茶道，茶礼仪；书道，即日本书法；空手道，一种武术。直译过来，道就是"方法"

或"道路"——非常漫长的道路。裕久说，也可以称之为"终身学习"。说到该传统，日本教师在创造"课例研究"这个词时，没有任何创新——除了或许没有称之为课道。

对日本人的这种持续改进的态度，斯蒂格勒在第一次向日本政府提议研究课堂录像时就领教了。当时录像研究是国际研究项目中的几十个可选项之一。当斯蒂格勒走进会议室准备提出自己的方案时，一位同事拦住他并给了他一个警告。他说："太糟糕了。日本人拒绝了每一个选项。"但是，斯蒂格勒说出自己的观点后，这个官员抬起头说了句"好的"。看起来非常轻松。在场的每个人的下巴都要惊掉了。之后，斯蒂格勒问这名日本官员为什么在否定那么多选项之后会答应他的提议，这名日本官员给出了任何一个美国官员都没有提过的答案。他说："因为我们想看能否从录像中得到一些启发，从而使我们的教学得到改善。"……美国人从来没有把这一点作为他们做这个研究的目的。[34]美国人想要的是答案，不是提高。美国人想要一份充斥着柱状图和表格的报告，不是研究新的教学案例。

1999 年，斯蒂格勒和研究员詹姆斯·希伯特把他们的发现写成了一本书，书名是《教学差距》(*The Teaching Gap*)。该书把课例研究作为核心观点。他们的研究表明，美国的教学是失败的，剥夺了儿童深层次学习的机会，但是美国解决这一问题的方法很大程度上并不对症。

起初，领导美国教育改革运动的商界和政界精英吸纳了很多方法用于提升学校教学。但是到 1999 年，他们只选定一种方法：标准。标准性文件对于做演示文稿、委员会听证会，或是出台新的法案都非常适合。相关部门迅速出台了文件，规定学生应该学习什么和每个年级所应该具备的能力(比如四年级英语要求"找出主旨大意"和"区别事实和观点"，六年级数学要求"理解比率的概念"和"计算异分母分数相加减"[35])。仅一年时间,使用标准性文件的州成员数量增长到 48 个,这些州都同意把学习目标写在课本上。两年之后,一个多样化的联盟——包括商业和劳动者群体——都支持《不让一个孩子落后》法案,支持由其制定标准并印制每年的考试题,同时明确未达标的后果。[36]整个国家在朝着由埃里克·哈努谢克三十年前提出的问责制的方向发展。

斯蒂格勒和希伯特也支持这项运动。"没有清晰的目标,我们是不能成功的,因为我们不知道朝着哪个方向努力。"他们在《教学差距》中这样写道。但是,他们怀疑仅仅设定标准和明确未达标的后果并不能确保该标准能够被落实。"标准和考试的设定确实有必要,但我们同样要认识到这并不是全部。"他们写道。改革忽略了举足轻重的中间教学过程。政策上的这一盲点是 TKOT 不能得以大规模推行的真正原因。加州和全美数学教师协会的改革者们只是在标准中描述了教学变革的最终形态,却没有给予一线教师们实施该标准的具体计划,玛格德琳·兰伯特和德伯拉·伯尔为密歇根州立大学的学生所设计的那种实验室式的训练过程并没有被纳入改革。

"我们发现这样一种想法——如果你在一项调查研究中发现一些数据,然后告诉每个人,教学就能改进了。"斯蒂格勒说,"实际上,教学只有 10% 是技术、想法或创新。剩下的 90% 是想方设法令其生效,以达到我们为学生设置的目标。"[37]

日本数学教学的成功就是这样,他们从美国这里学到的概念可能占 10%,但其"课例研究"完成了剩下的 90%。为了改革教学,美国人很大程度上要向日本人学习,就像当初日本向美国学习一样。

《教学差距》出版一年之后,海曼·巴斯和一群美国数学教师一起来到世田谷小学,观摩了一节公开课。这节课精心设计的开端、过渡、结尾让海曼想到了伟大的戏剧。还有教师们使用数学教具的方式,和他在美国课堂上见过的都不一样——如此谨慎,有着令人难以置信的精确度。虽然他很享受观摩课程的过程,但他依旧感到和日本教师之间有距离感。代表团中的其他教师也有这种距离感,但有一个人除外。"美国的研究员中和日本教师有深度共鸣的只有德伯拉。"海曼说,"她所注意到的东西、提的问题和其他美国研究员大相径庭。"

德伯拉·伯尔最主要的关注点是语言。德伯拉的口译员把教师讲的话翻译给她听,但译得磕磕巴巴的。并不是这位口译员听不懂日本教师讲的话,或这些话本身没有意义。问题在于日本教师用的词在英语中没有与其对等的词,这些课堂语言在英语中根本就不存在。

德伯拉被深深吸引了,她告诉口译员没有关系,直译就好。某节课的 neriage(推敲)环节中,许多不同想法最终达成一个共识,同时引出了新的学科概念——这个环节的直译"揉捏和提高"(knead and rise)对口译员来说可能没有意义,但引起了德伯拉的共鸣。此类词还包括:bansho(板书)指的是在黑板上进行清晰的书写;kikanjunshi(巡堂)指的是课堂上老师在学生们的课桌间来回走动,查看同学们的练习情况,以便决定由哪些学生以及按什么顺序来分享观点;neriage(推敲)专门描述这个有效地利用学生的观点来完成课堂目标的过程;tsumazuki(错误示范)描述了学生在进行课堂分享时所犯的那种提供了学习机遇的错误;shuhatsumon(主发问)表示点明当天课程主旨的问题;mitori(观察)指观察学生;donyu(开场)即一节课刚开始时的做法。这些新词是"课例研究"的另一个成果。在讨论教学及其组成部分时,教师们发明了这些新词以便描述。[38]

对德伯拉而言,东京是一座如此陌生且很可能以后也不会再次造访的城市，但她在这里找到了一种回家的奇妙感觉。"我觉得好像在天堂一样。"她说，"就像是，怎么说呢，你很喜欢美食，常吃麦当劳，然后，突然，你到了一家高级餐厅一样。"或者，她认为，就好像孤单地画画很多年，最后找到了艺术家的聚居地一样。[39]

最重要的是，日本人创设了专属教学的语言。当然，美国人也在竭力改善教学。但当美国人试着谈论甚至仅仅是思考教学问题时，他们就遭遇了一个最根本的障碍：他们没有"专属教学的语言"。

第五章　教育创业

美国人自己的"专属教学的语言"的创造者名叫道格·莱莫夫,他从未去过日本,也没上过教育学院,且直到最近才见到了德伯拉·伯尔。

道格·莱莫夫并非毕业于传统的教育学院,而是教育企业家出身。20世纪90年代,随着企业家崛起为新型教育家,密歇根州和加利福尼亚州的改革也走向末路。与德伯拉和她的拥护者们不同,道格和他的朋友们取得的大多是商科学位。他们对认识论、儿童心理学和哲学并不感兴趣,着迷的往往是基于数据分析的决策、创业启动和"解体"。对教育企业家而言,发明增值性教师评价模型的埃里克·哈努谢克的知名度要远大于朱迪·莱利尔。他们中的一些人对自己的评价是"更像一场'运动'中的激进分子而不是教育家"。他们与德伯拉一派保持距离,不仅是因为对其知之甚少,更多是因为他们刻意地保持着这份距离。

他们发起的"运动"源自道义上的不满。1994年,在印第安纳大学研究生院就读期间,道格·莱莫夫就积极参与了这项运动。他出生于律师和记者家庭,家住马里兰州的贝塞斯达,是个临近华盛顿特区的高档社区。他在英语专业学习之余还兼职做印第安纳大学足球队的英语老师。道格从小就是一个身材矮小、害羞腼腆且资质平平的运动员。

但是,在临近高中毕业的时候,他曾经一度盼望的生长发育期终于来了。在大学期间,一米八八的身形使他成了校足球队的明星人物。校运动队员们并没有刁难他,同时他发现自己能很好地帮助这些运动员学习文化课。有一天,教练带给他一个新来的队员——一个名叫阿方索的中卫,并告诉道格:"(阿方索)除了学习日程表规定的内容之外,还需要更多的帮助。"

和阿方索会面后,道格建议他先写一篇简单的自我介绍。阿方索与道格很相像:讨人喜欢、非常绅士、善于取悦别人。但是,当阿方索坐下来开始写自传时,他显得非常纠结与挣扎。他写的文章几乎让人难以理解。从他的自传里,道格甚至挑不出一个完整的句子。所谓"更多的帮助"其实只是客气委婉的说法,事实上,阿方索跟一个文盲没什么区别——但他甚至没有意识到这一点。

道格一开始认为大学做得很不对。由于欣赏阿方索的运动员天赋,印第安纳大学看起来似乎在引导他,让他以为自己具备的技能足以应付大学期间的课业。道格认为这种误导是很残酷的,于是他直接去面见制定学习日程表并分配任务给他的教员。"你认为我能解决阿方索的问题,我感到很荣幸。"道格说,"但在我看来,每周辅导三四次并不能解决问题。他只有四年级的写作水平。"[1]

"实际上,"该教员回答说,"我们已经测试过他了,他只有三年级的写作水平。"道格发怒了。难道教练在说服印第安纳大学接收阿方索之前,不应该考虑考虑这个问题吗?"这就是有趣的地方了,"她回答说:"他并不是被大学特招的。"

这位教员解释说,真正做出欺骗行为的,不是印第安纳大学,也不是校足球队,而是阿方索就读的位于布朗克斯的高中。他所在的高中明知道他不合格,还是让他年年通过。他毕业时成绩非常不错,老师对他也是赞誉有加,也没有证据显示他有知识缺陷。"由于他在那所三流学校里并不是个捣蛋鬼,所以没有人会给他的梦想设置障碍。"道格如是说,"没有人愿意对他说,我不能让你通过。他们原以为每年都这样让他通过是在帮助他。这其实是在扼杀他的梦想。"

1971年,作家简·奥莱丽在《纽约杂志》上撰写现代女权主义诞生的文章,文中将道格对于阿方索事件的领悟描述为"顿悟",即当一个抽象的社会问题与日常琐事交织到一起并变成切身体验的时刻:

> 在休斯敦,我的一个朋友看着她的丈夫从楼梯上的一堆还没收拾的洋娃娃中间跨了过去。"为什么你不能把洋娃娃收拾好呢?"他嘟囔着。顿悟!"你也有两只手啊。"她说道,然后转身离开。
>
> 去年夏天,我收到了一个男人的来信:"我不同意你的上一篇文章,我准备取消我妻子对你文章的订阅。"第二天,我收到了他妻子写来的一封信:"这是我的订阅,我不会取消。"顿悟!
>
> ……
>
> 去年秋天,在纽约,我的邻居琼斯一家邀请史密斯夫妇共进晚餐。史密斯先生一直喊着让他的妻子站起来,给琼斯夫人搭把手。顿悟!顿悟!两个女人瞬间义愤起来。

以上这些就是顿悟时刻,奥莱丽写道:"也就是我们眼中闪现出微光的瞬间,这同时意味着变革已经开始了。"2

阿方索为道格提供了顿悟的瞬间。在亲眼看到不平等教育带来的后果后,他在脑海里就无法抹掉"不公平"一词。他开始越来越多地去思考阿方索的事情而搁置了考研的计划。道格最后一次见到阿方索的时候,阿方索正坐在计算机实验室里尽力写一篇论文。"他不知道如何向下翻页,论文标题中的字母也没有大写。"道格感叹道,"我想,他快要被开除了,他要回到布朗克斯了,然后他会对自己究竟犯了什么错误感到迷茫不解。"

是什么样的国家会不教给孩子们如何阅读?又是什么样的缺陷使一所公立高中让一个都不能写出完整句子的学生顺利毕业?如果来自布朗克斯的男孩们以及他们来自贝塞斯达的辅导老师接受的仍然是完全不同的教育,那么民权运动及"布朗诉教育委员会案"又有什么成就呢?

同女权主义一样,道格的顿悟时刻不是脱离实际的。按照奥莱丽的说法,举国上下,人们在亲历了美国公立学校体系的不公正待遇之后,都会"顿悟且怒不可遏"。杰伊·阿特曼意识到他就读的地处加州某偏远地方的高中欺骗了他,使得他在威廉姆斯学院里比大多数同学都要落后好多年。来自布鲁克林东弗莱特布什区的约翰·金在与一起长大的朋友们进行比较之后,意识到自己如果没有在纽约市公立学校遇到某位杰出的老师(该老师为他指了一条明路),他可能无法从高中毕业,更没有可能去哈佛读书。还有温迪·考普,亲眼看着她在普林斯顿的室友(来自南布朗克斯)竭力追赶同学们。[3]

在遇见阿方索之后,道格只是发动了少数几个朋友,那时他还不知道他的大学同班同学斯黛茜·博伊德同样受这个问题的困扰。斯黛茜住在波士顿,并计划在那里发起一个教育改革。仅仅数周之后,道格就决定移居到波士顿,并加入斯黛茜·博伊德的行动。他们将携手推翻教育领域的不公。他们需要知道怎么样才能做到这些。

他们想出的方法反映了那个时代的精神——尤其是两个新兴理论。这两个理论在后来逐渐为大众所认可,并成为传统智慧。首先是埃里克·哈努谢克的问责制理论。20世纪70年代,经济学家们开始撰写文章,抨击政府大力投资学校导致的弊病。然而,这些观点在当时并未得到认同,甚至被打上"偏激"的标签。但是到了90年代,哈努谢克的理论已经从教育层面延伸到所有的社会项目,并成为受到普遍认同的真理。造成愚昧、失业和疾病的根本原因并非政府投入过少,实际上恰恰相反。政府通过花钱济贫,加深了穷人有钱后的满足感,给了他们新的借口耽于现状,却没有提供给他们改变人生轨迹的机会。按照欧文·克里斯托尔的说法,政府努力解决的正是他们自己创造的问题。[4]

1994年,也就是道格遇到阿方索的那一年,民主党总统比尔·克林顿立誓要"终止现有的社会福利"。[5]民主党甚至决定,未来的扶贫投入将不得不依据成效而定。换句话说,这些项目不仅看投入——项目得到多少钱以及惠及多少人,还得看结果或者说是"产出",即这些项目是否带来了可量化的收益。

在教育界有一种猜测,缺乏问责制是导致学校运行出现障碍的原因。教育一直是林登·约翰逊①与贫穷作战的基石,他投入数十亿美元,通过新成立的"第一条款"(Title I)基金,帮助像阿方索一样的贫困学生。(约翰逊解释过:"导致贫困的因素有很多,但知识的贫瘠是根本原因。"[6])相应地,在1961到1991年之间,扣除通货膨胀的因素后,每个学生每年的实际补贴从2 835美元上涨到7 933美元,提高了近三倍。[7]但几乎同期,由国家教育进步评估机构测算的学生阅读成绩却基本保持不变。正如福利计划用不带附加条件的扶贫模式创建了一个永久的底层社会,联邦经费则支撑了一个学校系统——无论能否成功地培养学生,地方学校都能获得越来越多的补助。按照新的共识,这样的安排

---

① 译注:美国第36任总统,任期为1963—1969年。

使学校习惯于接受教育上的失败。学校像一个垄断者,不受自由市场检验,因而表现不佳。为什么阿方索就读的高中造成了他教育上的失败?根据问责制倡导者的说法,答案非常简单——因为这所学校不会因此受到任何惩罚。

风靡全国的定量数据浪潮是影响道格及其朋友们的第二个因素。数据度量的革命使一群刚刚崭露头角、不通人情世故的"数据分析员"们(就像迈克尔·刘易斯在其颇负影响力的著作《点球成金》里刻画的那些由奥克兰运动家队经理比利·比恩雇用的统计学家们)组成的新生阶层,一举超越了只会凭直觉和业务流程做事的保守派,因为这些人从来没有思考过:"在成堆的可用数据中是否还隐藏着一个更有效的方法?"在教育界,数据分析员是哈努谢克式的人物,他们作为局外人分析国家各个地区的新生数据,结果发现学校不知道如何有效使用资金。

问责制和数据度量引发了教育的全面改革,根据詹姆斯·斯蒂格勒的观察,这其中包括了大幅提升的标准、急剧增加的风险和要求更加严格的测评。教育改革在特许公立学校(指美国的一种在州政府帮助下运营,却有着不同管理层的学校)表现得最为典型。道格在大学里结交的朋友斯黛茜·博伊德想在波士顿开一所这样的中学。针对像阿方索这样生活在几乎都是黑人和西班牙裔社区的贫困学生,特许公立学校有一套不同的原则。在传统的公立学校中,资金投入只和学生数量有关,只要有当地学生去学校上课,学校就一定经营得下去。然而在特许公立学校,只有当学生的成绩达到一定的标准,学校才能获得资助。在斯黛茜和道格创立的环太平洋特许公立学校(the Academy of the Pacific Rim,简称 APR)中,如果学生无法达到既定的标准,学校就要面临关闭。斯黛茜进一步承诺,如果某个学生没有通过规定的国家十年级测试,她会把 APR 之后预计在该生身上投入的资金转给任意一所他

想去的学校,从本质上说这是一个退款保证。⁸

传统的公立学校一律只向一个运作迟缓又冗杂的官僚学区汇报。如果说传统公立学校像社区邮政局,相比之下,特许公立学校更像高效的联邦快递公司,用时下流行的话说,就像是那些与强大的微软对抗着的朝气蓬勃的网络公司。① 他们得到政府的支持,同时拥有自主掌控权。

最好的特许公立学校也对数据度量着迷。他们通过研究自己做的每件事并分析结果,希望找出什么有用、什么没用,然后进行相应的改进。在竞争激烈的教育市场,他们认为追求高效创新的学校会成为赢家,即使数据分析的结果与学校里一直沿用的方法之间有着巨大的分歧。

在 APR,斯黛茜和道格摒弃的第一个传统是旧式建筑。学校占据了"圣血教会学校"的二楼,整座楼沿着一个庭院建成,就像城里的希尔顿逸林酒店。这个建筑设计时没有考虑运动场,仅有的室外空间是一个停车场。因此,所有的体育课都在这里上,包括每日的太极拳课程。为符合最新的管理潮流,开员工会议时要求每个人都站着。⁹

APR 的创建者们对教育学院的一切采取拒不接受的态度,包括他们的教学理念。包括道格在内的很多人都没上过教育学院。但是那些上过教育学院的人带给其他人这样一种看法——学校里那些教育学教授们所倡导的恰恰是学生们最不需要的。就他们的理解,在教育学院

---

① 一些特许公立学校兑现了承诺,但是还有相当多的学校没有做到。针对特许公立学校教学表现的各种研究显示,特许公立学校和他们一心想要超越的那些公立学校表现得一样糟糕。在全国各地,特许公立学校和邻近的传统公立学校一样,饱受行事低效与腐败问题的困扰。

里，教学方法的通用标识就是"渐进"。这种"渐进式教学法"的目标是值得赞许的。通过推行渐进式教学法的老师们的教导，教室成了一个个小型民主国家，学生和老师一起制定规则；课堂守则相对宽松，这给学生提供了一个表现自我和追求兴趣的机会；老师制定了周密的课程计划来引导学生掌握较复杂的概念和观点，而不是靠死记硬背。①

但是，美好的设想往往屈服于无情的现实。斯黛茜和道格的工作伙伴曾讲述过他们之前在传统公立学校试行渐进教育的糟糕经历。渐进教育的观点非但没有激发学生的创造意识，提高他们的表达能力，反而使已经一团糟的学校陷入更混乱的境地，学生们也感到更加茫然、不知所措。他们的考试成绩比以往任何时候都低。斯科特·麦丘是一位很早就在 APR 任职的老师，他原先在纽约市一所非传统高中教书，而后才来到这里。他说他曾经在一节只有 50 分钟的课堂上花了整整 20 分钟来吸引学生的注意力。渐进教育听起来不错，但从实践来看并不乐观。

无论怎样，教育企业家们有着更为紧迫的担忧。他们的学生不需要民主，他们需要的是打下学业基础。在 APR，学生大多出身贫寒而且是黑人，他们的年纪通常也比家庭条件优越的同级学生来得大。他们需要学习读写和加减法。如果没有掌握这些基础知识，他们无法培养自己的批判性思维、想象力和创造力。一个连乘法都不懂的孩子怎么

---

① 当人们将德伯拉·伯尔和玛格德琳·兰伯特的教学法（TKOT）与渐进式教学法归于一类时，这两位女教师表示反对，并称其为"错误的二分法"。她们认为，就优质的教学而言，结构和自由一样重要，流畅和概念一样重要。但是，APR 的老师没有听说过德伯拉或是玛格德琳。德伯拉和玛格德琳两人也都正当地质疑了渐进式教学法的实质。尽管一些老师颇为自豪地给这样的方法贴上"以儿童为中心"的标签，但并没有哪所学校将这种"渐进"的教学理念一以贯之。从历史上看，"渐进教育"是一种提倡某一教育目标的政治运动，而非一种能够达成该目标的、落到实处的教学方法。

学习化学？一个没有阅读能力的人又怎么能引经据典写论述文？

APR的学生还需要学习一些学业上的基本技能，甚至包括流畅地拼写简单的数字和字母、集中注意力以及遵守并执行课堂指示。斯黛茜和道格想要彻底摆脱那些市内公立学校的混乱状况，比如走廊斗殴、不做作业还有挑战人类听觉极限的噪声污染。

在APR，为了严格规范学生们的行为，道格和斯黛茜放弃了民主理念和开放式项目。琳达·布朗是APR的支持者，她在一个闷热的七月清晨，同时也是学校开学的第一天打电话给斯黛茜时就看出了一点端倪。（学校举行了夏季训练营，旨在帮助那些有困难的学生进步。）布朗早上给她打电话时说道："斯黛茜，你期待的这天终于来了。学生来了，对吗？"斯黛茜回答说："是的，是的，他们已经来了，但我们不得不把一部分学生送回家。"布朗说："你说什么？"斯黛茜说："因为他们没穿制服。"布朗了解到，违反校规的孩子们已经按照要求穿戴好了卡其色裤子和标准的开领短袖，只是少了腰带而已。她想象着那些孩子顶着高温跋涉回家的画面。这究竟是什么样的学校？

但是斯黛茜解释，那些看起来难为人甚至残酷的做法，实际上是出于好意，只不过它们的表现形式比较极端。他们通过制定严格的规定，着眼于小事，建立起一所学生能遵守行为规范的学校，为他们心情安定但在学业上富有挑战的学习经历铺平道路，这才是真正的"渐进"。她引用了"破窗理论"——十年前两位社会科学家詹姆士·威尔逊和乔治·凯林提出的观点。该观点指出，上至暴力犯罪，下至酒鬼流浪汉惹出的小麻烦，灾难性的城市暴动都可以通过消除最小的无序迹象来减弱。当一扇破窗未修复，"其余的窗子将很快被打破"。[10]

"破窗理论"对于条件好和条件差的居住区都适用。破窗不一定会大规模发生，因为有些地方住着铁了心的破窗者，而其他地方则大部分是爱窗者。这个理论的核心在于一扇未修复的破窗即没人管的信号，因此打破再多的窗户也不必付出代价。

斯黛茜必须确保学生在进入APR的第一天就明白，打破窗户或是损毁学校里的其他财物和不系腰带一样，都是要付出代价的。布朗被说服了。"我意识到……如果你一开始没有把校园文化引到正确的方向，那么你将不会有下一次机会。"她说。

这个理念也说服了其他人，主要的原因是家长的反馈而不是所谓的学校管理理念。斯宾塞·布拉斯戴尔是在APR初创时期就加入的一位教师，同时还是教师中少有的拥有哈佛教育学硕士学历的。他曾回忆起斯黛茜在APR开办前的一系列家长咨询会上宣布"没有任何借口"方法时的场景。家长们每次都反对这个理念。而每一次斯黛茜都会坚持自己的观念。"有一件事我记得非常清楚，"斯宾塞说，"有一位母亲说，'我女儿有时会说几句粗话，她13岁了，是个青少年。如果她低声骂了几句话或是其他什么事，你真的会打电话到我家里，让我到学校去接她吗？'"斯黛茜回答："会的。"据斯宾塞回忆，斯黛茜说："我会给你打电话，你可能不喜欢这样，但我认为那是我们的工作。"

"教室里其他的所有家长，都起立并开始鼓掌。"斯宾塞说。APR吸引家长的因素有很多，从在十一年级教授金融课的计划，到针对每个学生的普通话课程（更不用说太极），再到建校者们闪闪发光的简历（斯黛茜从哈佛商学院毕业，道格在印第安纳大学获英语硕士学位，斯宾塞本科毕业于普林斯顿大学），最能抓住家长的是纪律：一个确保他们孩子安全的承诺。又一次，实际体验的数据战胜了美好的愿景。老师们看到他们的教学成效立见。现在，在注重纪律的APR，斯科特·麦丘可以在一节55分钟的课堂上花54分钟讲自己的教学内容,而不用浪费时间维持纪律。

APR的教员们知道他们这种狂热的教学方法会令很多老师感到不舒服。学生被勒令必须为其错误行为在全班面前道歉,这和给学生戴上"傻瓜帽"(为了惩罚犯错的学生而给他们戴上的一种圆锥形纸帽)已经只有一步之遥。这种不舒服的反应正是企业家们想要的,因为这种做法又颠覆了一个不被实际经验支持的浪漫想法和传统智慧,道格称之为"多拥抱他们才能上哈佛"原则,即贫困学生最需要的是温暖和善意。"他们会说,'哦,当那些孩子看到我们,看到我们有多爱他们,就没有什么行为问题了'。然后你应该反击说,怎么不想想你们的学生所面临的纪律问题和长期贫困带来的创伤?"道格说,"我们不要成为那些傻瓜。"除了拥抱以外,教员们认为APR的学生还需要规范的限制。

其他的特许学校也得出相同的结论。在波士顿的另一所名为罗克斯伯里预科学校的特许公立学校,学校的创建者之一约翰·金是一位来自东弗莱特布什的哈佛毕业生,他和学校的另一位创建者埃文·卢达尔辩论过关于纪律的执行力度问题。比方说在APR,他们有严格的着装规定,但是,课间时间呢?约翰认为应该允许孩子们在课间交流。埃文不同意这个观点。埃文曾经对约翰说:"我告诉你,如果我们不能保持走廊上的安静,这种吵闹的休息时间就会无休无止,对于课堂来说完全就是一个灾难。"

为解决这个争论,他们决定打电话给埃文的妻子。这是约翰的主意,因为他知道她会支持他更为温和的管理方法。结果确实如此。之后,学生们可以在课间时间交谈。然而,这个规定实行两天后,约翰就不得不放弃这个实验。正如埃文料想的那样,学生在教室之间的走动不仅超过了分配的时间,还大大增加了课堂纪律被破坏的概率,更浪费了有效的教学时间。当杰伊·阿特曼（他当时正在新奥尔良创办他自己的学校）几年后访问罗克斯伯里预科学校时，约翰已经成为寂静走廊的"沙皇"式人物。"他在这件事情上非常激进，"杰伊说道，"一整年来，在上课铃敲响前约两分钟的时候，他或其他的负责人会说，'老师们，上课铃要响了，请到走廊上去'。"按约翰的要求，校园广播响起的时候，老师们要加入到走廊巡逻队里。无一例外，在那个时段没课的老师都会出现在走廊里，随时盯着学生的一举一动。

很快，麦丘口中"反主流文化"的企业家教学法发展成了一个新的理念。它刻意地和"多拥抱他们才能上哈佛"原则唱反调，"没有任何借口"。①

被道格和其他支持"没有任何借口"的企业家们抛弃的第二个传统教育观念是"孤立"。

美国的教师在学校大楼里可能与多达几十个同事一起工作，但教育学者已经注意到，正如与德伯拉·伯尔在斯巴达村学校共事的明迪·爱默生提出的那样，他们像"孤独的流浪者"一样，基本上是单独工作。社会学家丹·洛尔蒂认为，在美国，教室就像一个单间的校舍。他把这种运作模式形容为"单指令"模型。[11] 尽管教员中有越来越多的专家级人物，但每个老师之间却很少互动。一些教育学的教授用"装鸡蛋的箱子"来比喻这些学校，因为它们把老师小心翼翼地隔离开来，好像生怕他们彼此接触。

---

① 和 TKOT 一样，我用"没有任何借口"来指代发起教育运动的企业家们的教学法。"没有任何借口"在塞缪尔·凯西·卡特的书中频繁出现，该书名为《没有任何借口：21 所优秀的贫困学校告诉了我们什么？》（华盛顿大学遗产基金会 2000 年出版）。恰如 TKOT 那样，"没有任何借口"这样的表述并未被所有的教育企业家们接受。正如我在本书第七章中提到的，道格·莱莫夫不喜欢该术语，且不使用它来描述他的工作。

这些教育企业家们没有读过太多的学术理论，但是仍然热衷于他们的工作。缺乏经验似乎反而鞭策着他们前进。大部分老师只有几年的教学经验（道格在研究生毕业前曾在新泽西普林斯顿一所私立日间学校教过三年英语），现在他们却要负责学校经营了。他们每天都面对一大串问题，"你知道的，教太极的老师没有来上课。"斯宾塞·布拉斯戴尔说。或者比如，"好吧，第一张报告卡是什么样的？我们的第一堂跳舞课要做些什么？太极老师已经缺席三堂课了，我们应该怎么办？"

对道格来说，当斯黛茜决定在第一年的年底离开时，他的麻烦大大增加了。"她说：'你知道吗？你现在是校长啦！这是你的学校了。去干好你的活儿吧！'"他那时 27 岁。之后不久的一天，一群会计师来找他解决一个他根本不知道的财会问题，如果他不作出回应，这将会危及学校的未来。"每天都有这样的问题，"道格说，"我们那时候非常非常脆弱。一方面，我们是一个小小的机构，没有基础设施。另一方面，因为缺乏经验和相关履历，没有人知道该怎么应对这些问题。这一切对我们来说都是陌生的。再者，我们的规则全是口头上的，这很可怕。"他认为，经营一家特许学校可以算是一个终极考验。你犯的每个错，都是在所有的同事和学生面前公开的。

换了是其他人可能会独自寻求解决方案。但道格和 APR 的其他教师的回应明显更"日本化"。因为没有任何的经验可以依靠，他们群策群力处理问题。APR 的老师们没有回归"蛋箱传统"，相反，他们敞开心扉，互相学习。

其实，顾名思义，APR 确实带有"太平洋"的运作基因。APR 的两名董事会成员读过詹姆斯·斯蒂格勒和哈罗德·史蒂文森关于亚洲学校的早期研究，自己也上过亚洲学校。他们把学校交给在日本教过书的斯黛茜，也授予了她融汇中西方教学精华的权力。

最终，道格自己发起了一个研究小组，带领大家阅读《日本的教与学》(Teaching and Learning in Japan)这本期刊上探讨日本学校管理方法的文献。虽然当初吸引斯蒂格勒研究课堂教学的 TIMSS 录像尚未发表，但支撑"课例研究"的深层次文化蕴含在"持续改善"这个术语中。"持续改善"这个术语后来也在哈佛商学院中流传开来，就像是在描述丰田汽车装配流水线的"持续改进"。由于道格和他的同事们将教育想象成了一条高效且反应迅速的汽车装配流水线，他们并没有在课堂教学上寻求突破。但是他们向前迈进了一步，主要体现为在教师会议上讨论学生作业系统的细节，并设计日程表以便教师之间能够到彼此的教室里定期观摩。（在 APR，许多老师很年轻，未婚，又没有孩子，有充沛的精力促进这个方案的实施。他们的工作日从每天早上 6 点开始，到晚上 7 点、8 点或有时 9 点才结束。）

学校的持续合作学习文化也源于道格本人。虽然道格长大后不再像小时候那样矮小，但他仍然很害羞。他有些强迫性的谦虚，非常容易自嘲，也喜欢放大自己的错误。在读大学的时候，他会在足球赛结束后的两周时间里将注意力集中在自己所犯的错误上，即使球队获胜也是如此。当他无意中发现一个他认为很好的想法时，他会把功劳算在同事身上。"你知道，这个主意确实好，但它不是我的。"他会这么说。他提建议时总是用一种不确定的疑问语气。他非常谦逊，总是在找自己的缺点，因此他身边的人有时会感到不太舒服。同事们和道格谈话时，过不了多久道格就会提到自己在一些私人问题上的不足，比如抚养孩子或是对妻子的支持。

道格认为世界上有两种人：一种是大师，不用怎么思考就会跑、会跳、会写、会做；另一种是奋斗者，通过点滴的学习，不断完善自己的技能以达到更高水平。道格确信他是一个奋斗者，一个需要通过模仿才能获得才华的人。

在APR出现挫折的时候，道格按照他一贯的行事风格解决：他寻找那些工作业绩出色的人，并且研究他们是怎么做的。他的员工们就是他最直接也是最优质的智囊团。他在观摩APR课堂教学的过程中，学会了怎样成为一名更好的老师。有些教师的课比较通俗易懂，比如莫莉·伍德，活泼的性格使得她的教学技巧表现为一种令人一目了然的、充满吸引力的融合——既有严谨的组织结构，又不失温情脉脉的情感维系。另一些教师的课较为神秘，比如安静又低调的凯特·格伦迪宁，当学生们在思考莎士比亚的时候她会把他们引入冥想的状态，她从不急于回答学生们的提问（道格也是这样做的），而是在作出最有效的回答之前停留几秒钟。

道格对这些课堂教学都做了研究，甚至有一天他带了摄像机到凯特的课堂里做进一步调查。不仅如此，他也留心APR外面的世界，包括波士顿及全国各地由倡导"没有任何借口"的特许学校领导者们发起的新运动。老师和校长们在电话里、咖啡馆或派对上，还有学校互访时一起交流看法，讨论各种各样的事情，话题从如何对付难缠的家长延伸到如何管理学校的预算。"要作出任何一个艰难的决定时，我都会拿起电话打给约翰、麦克、埃文或布雷特，然后问他们，身处此境时会如何处理，或者已经做了怎样的处理。我们总是派出老师，一整组的老师，在罗克斯伯里预科学校或波士顿预备校待上一整天。"斯宾塞·布拉斯戴尔说道，斯黛茜离开后他成为道格的校长助理。

小建议常常产生大变化。一天，看了道格的教学，一个同事给他提了一个简单的建议。为了节省时间，道格在教室周围一边走动分发材料，一边布置任务，但学生并没有集中注意力。"你如果要他们按你的指令做事，"那位同事建议，"你就站在那儿别动。如果你走来走去分发材料，会让人感觉你的指令没有你正在做的事重要。讲清楚你的指令是很重要的。站在那儿别动,学生才会按指令做事。"[12]道格尝试了之后感到很惊奇:"变化立竿见影。"

随着建议越来越多,一段时间后,每个人都更加有信心了。教学中的问题千姿百态,但通过一起工作,互相观摩,他和他的同事们能巧妙地解决问题。"身处逆境的好处就在于当你看见某件事有成效时,你马上就能意识到这一点。"道格说,"如果没有效果啊,那段时间将会特别难熬!'哦,上帝啊,起效果了!'就像在一个实验室一样,在观摩教学的过程中能看到有相当多的可视化的反馈。你得从中学习,不然就落伍了。"

并不是每一个"没有任何借口"运动的成员都像道格一样生性好学。不过其中和道格属于一类人的是:罗克斯伯里预科学校的约翰·金和埃文·卢达尔;新奥尔良的杰伊·阿特曼;布雷特·佩西,曾任教于布鲁克林,在波士顿开办了另一所特许学校;戴维·列文和麦克·费恩伯格,早期"为美国而教"(Teach For America)团体成员,他们在休斯敦和纽约市创办了"知识就是力量"(the Knowledge Is Power Program,简称KIPP)特许学校;以及达西亚·托尔,少有的女性创办者,耶鲁法学院的研究生,在康涅狄格州纽黑文创办了阿米斯特德学院,这所学校后来发展为"成就第一"(Achievement First)连锁特许学校。这些人组成了一个社群。他们确保每一所学校不仅学会解决自己的问题,而且受益于彼此发现的方法。

观摩完新泽西州纽瓦克市北星学院一位名叫朱莉·杰克逊的老师的五年级课堂后,杰伊·阿特曼决定回到新奥尔良后要拿出一整场教师专业发展会议的时间来再现朱莉的课堂。他将这个讲习班称为"杰克逊老师神奇的数学课"。"我要让所有的人都利用她的授课经验,并且学到所有的教学技巧。其中之一是数学课上的口头热身环节,好比在上语言课。"[13] 他让他的同事们站起来，并给他们提了一系列的问题，就像朱莉·杰克逊所做的那样。"比如，谁能指出这间屋子的两条平行线？300 乘以 30 加上 10 乘以 5 等于多少？"那么，如果一个孩子回答，她会说："好，谁同意这个答案？谁不同意？为什么？"用一个短短的练习，她让学生思考、交谈、锻炼表达的流畅度、使用数学词汇，同时让自己对于学生们明白及不明白之处有更多的心得体会。阿特曼要求所有的老师都能做到这样。

另一次观摩活动是由 APR 的支持者琳达·布朗组织的。从最初对 APR 的"腰带政策"感到困惑到后来被其打动，琳达组织的这次旅程造访的对象都是纽约市富于创新的学校。"我们租了一辆巴士，有 44 个人，来自马萨诸塞州的特许学校。"布朗说。[14] 那是在 1996 年，特许学校在全国开办的第二年，当时只开办了 22 所。[15]"大约 25 分钟，报名人数就满员了。"该旅行最终演变成为支持"没有任何借口"运动的校长们的正式培训项目——"建立优秀学校"（Building Excellent Schools）。

读着波·布朗森在《晚班裸男》（*The Nudist on the Late Shift*）中所描写的在网络公司热潮时期硅谷的生活状况时，一位名叫池昌（音）的 APR 老师感到自己与同事们和书中睡在桌子下的邋遢的电子邮件程序员如出一辙。之后，池昌通过电邮把自己介绍给布朗森。布朗森访问并记叙了 APR 的故事，称之为"教育创业"。[16]

由于奉行"没有任何借口"的特许学校数量激增，其招生的数量也不断攀升。正如斯黛茜曾承诺过的，第一届毕业班的所有学生都通过了国家考试（否则全额退还其学费！），而且所有的学生都考上了四年制大学。[17] 罗克斯伯里预科学校的学生精通数学和科学，其成绩在波士顿一马当先，把原先市郊的好学校都比了下去。[18] 杰伊·阿特曼创建的新奥尔良特许学校成为该市最好的中学。北极星中学、KIPP中学和阿米斯特德学院也都木秀于林。

观察家们解释了起初催生特许学校的问责制框架是如何取得成功的。奉行"没有任何借口"的特许学校一定会做得更好，因为他们更看重结果，用时髦的话来说，他们是"结果导向"的。他们没有繁文缛节的形式（如规定学时，以及那些令杰西·弗莱伊的努力毁于一旦的代课教师们），因而作出了应有的贡献，且最终得到了成功的激励。当时任州长的小布什在2000年访问北极星中学时开玩笑说："要是在联邦政府中提出创办北极星中学，现在这个计划仍在委员会听证会上呢。"[19]

道格·莱莫夫也同样信奉问责制。的确，他也正是因为对此制度的信仰，才会在APR开业三年后决定去哈佛商学院学习。他希望在哈佛学习到改善学校问责制的技能。虽然许多特许学校都为孩子们提供很好的服务，但是道格知道，有些特许学校就算升学率低也可以继续经营下去，这与当初制定特许学校法案的本意是相悖的。他心想，在商学院里或许可以找到如何在所有类型的学校中都能更好地实施问责制的方法。

最终，道格当上了管理纽约州特许学校问责制度的负责人，这个工作岗位十分理想，可以将他对问责制的见解付诸实践。再后来，他创办了自己的公司，建立诊断测试，以帮助学校达到他们的目标。在哈佛学习时，他就醉心于研究数据。他十分认真地学习数据，因为数据一方面能准确体现哪些公司（或学校）运作好，哪些不好，另一方面能提供工具来帮助它们变得更好。诊断测试就是一个例子。与道格合作的学校可以基于州制定的学业标准对学生的学习进度进行全年跟踪，记录下每个孩子的进度并发现疏漏之处：为什么凯拉能理解二维图形和时间，却搞不懂金额呢？为什么德斯蒂妮能解决几何中的全等关系，却不会看日历？仔细观察这些数据可以帮助老师们作决定。阿兹欧娜某个学科的得分只有总分的一半，她很可能需要安排一天的单独辅导；贾斯敏，她所有学科的得分低于总分的一半，每天都需要辅导；而肯德拉和阿米拉是全班分数最高的，已经准备好迎接新的挑战了。[20]

道格在这两个工作岗位上做的事情都赢得了赞扬。纽约的特许学校被誉为全国最好的中学，而道格所在的名为"学校绩效"（School Performance）的诊断测试公司获得了美国教育部的好评。教育部还请道格在2006年教育峰会上分享经验。[21]

但是，当道格作演讲的时候，他已经开始注意到问责制的局限性。一年前，他曾在锡拉丘兹的一所学校遇到了难题。在校内参观，并与教师和管理人员面谈时，道格发现这所学校被寄予过高的期望，正如同他曾在APR感受到的一样。这所学校采用了道格的诊断测试，且该校校长痴迷于设定目标，以至于将三大目标写在横幅上挂在门口公示：

1. 家长的参与度提升到100％
2. 目标的设定要勤练不辍
3. 提高阅读和数学成绩

道格可以看到楼里的每一个人都与校长有着相同的目标。老师们不是懒惰的垄断者，没有满足于终身教职或只是做些检查考勤，更没有虚报学生的成绩。相反，他们坐在地上，把书放在孩子们面前，几乎是在乞求他们去不断进取。

然而，道格在教室里待的时间一长，就看到了学校寄予的厚望虽然坚定不移，却没有在实践中取得成功。这里的失败和道格在大城市里看到的不一样，那里的学生骂教师混蛋，而辅导员也犯基本的事实性错误。(在某校,某老师在讲解宪法时郑重地将"起草人"一词写成了"农民"。①)在这里,失败更加隐蔽,而且据道格估计,这种失败也是普遍的。

学生遵守基本的指令,老师的教案有开头、中段和结尾,一切都照章办事。但前提是双方好像已经达成了停火协议:学生会创造小的混乱,希望老师睁一只眼闭一只眼。这是一个双输的妥协。课堂讨论勉强进行,有的学生总是举手,他们总是对严肃的学习发出微小的抗议。在一节课上,道格观察到,老师花了几分钟时间来询问一个学生为什么他没有铅笔。另一位老师将她的学生分成了两个小组一起练习乘法,眼睁睁地看着他们由练习转向更有意思的聊天。一个内向的学生坚持独自解决问题,而老师却看向另一边。道格实在看不下去了,走出门去。

教学不应该是这种如同慢性窒息的感觉。而高期望值应该不仅限于一个挂在天花板上的海报或在华盛顿特区签署的法律。为了保证有效学习的产生,必须在实际课堂上做出一些改变。

问题并不是出在缺乏榜样上。根据道格的老办法,即观摩更优秀的教师授课,该校去过最好的"没有任何借口"特许学校之一的纽约市的KIPP中学进行团体实地考察。KIPP中学是由戴维·列文和麦克·费恩伯格创建的,他们曾是"为美国而教"的团体成员。KIPP是一所集没有任何借口的纪律管理方法和说教式的励志文化于一体的学校。

然而,当道格问锡拉丘兹的教师关于这次旅行的事,他发现访问并没有什么教育意义。老师们看到了许多的东西,但都是走马观花,过目

---

① 原文意指该教师因为拼写错误,将"farmer"和"framer"两个词混为一谈。后者才是应该在讲解美国宪法时探讨的,即"the framers of the Constitution"——宪法的起草人。

就忘。他们像是参观玛格德琳·兰伯特和德伯拉·伯尔在斯巴达村学校教课的游客,并没有看到需要提升的地方。"我只记得我当时心想,'天啊!那就是你学习到的吗?'"他们学习到的东西是随机的。如果创建一所优秀学校最重要的因素有100条,他们也许只学习到了第63条、第84条和第47条,而不是按照第1、2、3条的顺序来学。

但是,第1、2、3条到底是什么呢?道格总是告诉他的客户学校,要想提升教学,他的数据报告只是一个开始而不是全部。他在国家首脑会议上对观众说:"我提供的这个数据诊断工具的优劣取决于它的实际应用。请实际行动起来。"教师们到底应该采取什么行动呢?

道格知道锡拉丘兹教师的困境,即便去了 KIPP 也不知道应该着重学什么。自从在城市里的学校工作以来,他看到过很多伟大的老师。但描述教师们的伟大就像尝试去描述一个梦想。他能阐明他们的教学方法给他的感受:舒适或不适、痛苦或难受。但他无法解释究竟发生了什么,以及如何化逆境为顺境。

他想到了从大学踢到现在的足球。如果他的队友希望他做得更好,他们不只是说"加把劲"或"更像贝克汉姆"这一类的词。他们将具体要做的事情细化了,告诉他"快跟上"或"及时出击"。也许他在描述或者思考教学时感受到的困境是因为能恰当描述教学的术语并不存在,又或者它们还没有被创造出来。至少现在还没有。

第六章　莱莫夫的分类法[1]

离开锡拉丘兹,道格·莱莫夫和同事凯伦·齐琼一起驱车回家。凯伦曾在天主教学校任教,现在就职于道格的"学校绩效"公司。路上,道格不停地思考足球术语带来的启发。身为一名教师,道格总是坚持用最清晰的课堂用语使学生明白老师到底要他们做什么。他一直反对美国教师只会在课堂上徒劳地喊着"嘘"的做法,认为那是一种最含糊的表达。他会这样问喊"嘘"的那些老师:"你到底是让孩子们闭口不言,还是让他们说话声音小一点儿?"老师同学生一样,在掌握教学方法的过程中需要学会使用具体的指令。

但是,这些明确的指令从哪儿来呢?道格想起了最近在罗克斯伯里预科学校的一次访问,当时他和学校里一个名叫乔希·菲利普斯的管理人员一起去听了一节课。课程进行到某个环节时,乔希拽着道格到大厅里。"你看到了吗?"他说,"那个老师让孩子们把手放下。"这样做是有违常理的。当孩子们在课上踊跃举手时,大部分老师会让积极举手的学生发言,以资鼓励,但这位老师却认为学生在这时的提问是多余的,所以他让学生们把手放下,继续讲课。"我们学校就是这么做的。"乔希告诉道格。

十年的教学工作经验最后归结为:"我们学校就是这么做的。"课堂管理是如此精细且复杂的工作,甚至精细到了一节课里应该在什么时候不再接受学生的提问。作为"没有任何借口"的倡导者,道格在跟老师们一块学习时已经准备要从零开始,一点点积累经验并最终形成系统的理论和实践方法。为了让所有造访者都能明白这些,道格所需要的是一种能够让教师之间相互交流愿景,并能凸显课堂细节,最终形成"没有任何借口"风格的具体方法。他需要更合适的术语。

  在返回奥尔巴尼的路上,凯伦驾车,道格坐在副驾驶上阐述他的观点。他们需要创造一种"通用术语"来描述优秀教学法中的元素。他想要达到这样的效果——锡拉丘兹学校的校长坐在教室后面一边听课,一边记着笔记,下课铃声响起时,就递给老师一张便条,上面写着:"及时出击了,非常好!下一次,再跟得紧一点。"①或者别的一些术语。

  要术语!

  坐在驾驶位上的凯伦过电影似的在脑子里回想今天他们在学校里看到的一切。突然,她想到一件事。当学生有不良行为时,老师们总是感到懊恼并抓住他们的不良行为不放,喋喋不休地抱怨学生的错误行为本身而忘了告诉他们怎样做才是正确的。这是一件小事,但看到有老师这样做凯伦就很抓狂,或许是因为在教书时,她也总犯同样的错误吧。

  假设有一个叫丹尼尔的男孩在课上不停地把铅笔扔向空中,落下来接住,再扔,结果一个不小心将笔甩到了教室的另一边。明智的老师会让他把笔收好,放在桌子上的小槽里,不许再玩,以便让班里同学们的注意力马上回到课堂上。基于这些目的,这个明智的老师可能会镇定地说:"丹尼尔,把笔放进铅笔盒,然后看着我。"但是在气头上的老师

---

① 译注:这里借用了第五章末尾提及的足球场上的用语,意指教学中也迫切需要类似的通用术语。

做出的行为往往是不理智的。看着铅笔飞着穿过教室,他们也许还会想象着铅笔扎进劳伦奈纱的眼球,或者插在那条叫但丁的金鱼的身上,抓狂的老师脱口而出的很可能是:"丹尼尔!我要把那支铅笔粘到你的手上!"这样一来,不仅没能纠正学生的错误,反而会引起原本认真听讲的学生对丹尼尔这种错误行为的注意,"好学生"也成了"坏学生"。

再比如,道格用老师的口吻说:"大卫,我让你坐直,都说了好几遍了,你怎么还没坐直?"顿了一下,他又用正常的语气说:"好了,我举这个例子就是为了清楚地展示学生并不会因为不服从老师管教而承担什么后果。这是老师在课堂上做的最大的无用功。"

道格和凯伦认为,校长发现有老师犯这种错误时,应该给出"一句话提示"。老师应该准确地指出学生应该做什么,而不是关注错误的行为本身。有的老师可能会这样讲:"约翰,这是你第三次离开座位了。"或是"安德鲁,你怎么总往洗手间跑,为什么不在午饭时间再去?"这两种做法都没有准确告诉学生"该做什么"。

凯伦和道格考虑问题也不仅仅停留在行为层面。那时,老师对学生都有较高的期望,没有哪个老师会承认对学生放任自流。然而在锡拉丘兹以及纽约北部扩建的其他学校里,都有老师不自觉地表现出对学生的期望值并不高。例如,老师提问后全班只有三个人没有举手,老师就会对班级学生的整体表现很满意,通常会忽略这三个没有举手的同学,而对于知道问题答案的同学,也不会趁此让他们解决稍难点的问题。

当学生给了个"差不多"但又不是很准确的答案时老师该怎么做?给出这类答案就够了吗?又或者当老师指定某个同学回答问题时,比如说是本杰明,他却耸耸肩,眼睛看着别处:"呃,我不会。"老师几乎很难让他再继续说下去了,特别是上课时间有限,且这个闷热的教室共有三十个学生,本杰明不过是三十分之一。这种情况下老师会继续讲课,本杰明也就一声不响地"逃"过了这次提问。

在对"该做什么"进行具体化的过程中,凯伦和道格总结出了多条原则,每条原则都有其特殊的含义:"全体原则"提醒老师要确保教室里的每名学生都参与课堂活动,跟着老师的思路走,并且理解老师所教的内容;"准确原则"鼓励老师要坚持让学生给出准确的答案,而非"差不多"的答案;"拓展原则"要求老师敦促那些能轻而易举给出正确答案的学生去挑战更深层次的问题。[2]

道格一直飞快地在笔记本上写下他们的想法,这会儿,他抬头看着汽车仪表盘,上面显示了续行里程:零公里。刚才他们一心只顾着这些原则,都没有注意到汽车已经没油了。

一个星期后,道格和凯伦再次动身,前往布鲁克林的一所小学。在教室后面听课做记录时,他们努力想出有建设性的反馈,以及可以落到实处的操作,这样他们就可以告诉老师并帮助他们提高教学水平了。和以往不同的是,他们这次有了一些术语可用。这种感觉好比一个一辈子都视物模糊的近视眼戴上了合适的眼镜:眼前一排模糊的线条瞬间变成了一个个清晰的字母,而原先只能看到模糊整体的大树现在也能看清叶子了。

一间教室里,老师在带领学生做校对练习。为了识记删除、插入和另起一段的修改符号,老师让同学们轮流到投影前在相应位置填上正确符号。一个学生站起来说需要删除一个词,但他记不清这个符号叫什么了,老师的回答是:"好的,你就大致说是哪个,我猜得到。"

"准确原则。"凯伦写道。

之后这位老师接着上词汇课。她从词汇表里选出几个单词,让同学们用这个词来造句。第一个单词是"享受"（enjoy）。一名学生说："我享受周末。（I enjoy my weekend.）"

"你能再补充一下吗？"老师说。

"我周末去了堂兄弟家，我很享受这个周末。（I enjoyed my weekend by going to my cousin's house.）"学生答道。

"好的，"老师追问道，"能描述下你的堂兄弟吗？"

凯伦和道格都在做记录。很显然，老师一直在引导学生，让他尽量去描述自己的堂兄弟，从而确定他理解了"享受"一词的含义。凯伦把这个不错的教学案例记在了本子上。

下一个单词是"毒药"（poison）。"一天我叔叔来了，（One day when my uncle came,）"一名学生回答道，"我做了一种毒药。（I made a poison.）"这时老师只是点点头，继续讲下一个词。

凯伦把这一段也记在了笔记本上，作为"拓展原则"的反例。学生造的句子没有语境，没有讲明为什么要在叔叔来的时候制造毒药，这表明这位同学还没有理解"毒药"的含义。不仅如此，整个过程中全班同学都在想该学生的叔叔，而没有去思考"毒药"这个词的意思，老师也没有采取任何措施把学生的注意力拉回正题。

后来，凯伦对本节课内容做了总结：从本节课的所有内容来看，哪些是重点掌握的词汇？仅靠造句能否真正判断用词的正确与否？如刚才的例句，如果造出的句子偏离了讲课重点，这18个孩子就会很想知道有关制造毒药的事情，从而忽略了接下来要讲的词的用法和意义。如果你浏览一下学生的家庭作业，就能从中发现很多可研究的东西。

目前，道格和凯伦创造的词条尽管简单且数量有限，仅代表了有限的教学手段，却可以帮助他们表达更多深层次的教学理念。

到 2010 年，道格已经走访了几十家学校。目的不是去解决问题，而是去寻找解决问题的途径，归纳更多的教学原则和技巧。在拜访一所学校前，他通常会请求校长提供一份报告，列出那些对学生最有帮助的老师。然后，道格带着一位摄像师同去听课。他带的第一个摄像师是通过朋友认识的婚礼摄像师。录下教学过程后，道格就可以仔细琢磨录像带，就像全美橄榄球联盟的教练反复回放对手的比赛视频一样，重复播放讲课时的重要环节。很快，这名婚礼摄像师就成了道格的全职摄像师，道格也全身心地投入到这项工作中。

几年前，道格就辞去数据公司的工作，开办了两所新的特许学校，分别在纽约州的罗契斯特和奥尔巴尼附近的特洛伊。这两所学校都是新型的"杰出学校特许联盟"（Uncommon Schools charter network）的一部分，道格和他的老朋友们通过这个机会可以再度合作。这些老朋友们分别是来自波士顿罗克斯伯里预科学校的约翰·金和埃文·卢达尔，来自纽瓦克北极星中学的诺曼·阿特金斯，以及来自新泽西州波士顿大学的布雷特·佩西，布雷特正在布鲁克林开办"杰出学校特许联盟"旗下的新学校。"杰出学校特许联盟"使这些老朋友们的非正式交流变得秩序井然。现在，道格、约翰、埃文、诺曼和布雷特会定期举行"常务董事"电话会议以制定政策，而不是有了问题才聚在一起。此外，他们现在不是随意地分享见解，而是针对课程、练习和测试，有计划地进行共享。

莱莫夫的分类法也是以同样的方式诞生的，从道格项目中一个次要的方面慢慢变成主要的。道格和他的伙伴们创立"杰出学校特许联盟"，原因之一是希望（这些经验）能够有助于他们自己学校的扩张。在个别学校获得成功后，来自投资人、家长，以及自身的压力都敦促他们创办更多高质量的特许学校。但是扩张带来了很多新问题，最突出的便是人才问题。为了寻找优秀教师，他们效仿企业猎头的做法，通过提高薪资、优化教学环境，挖掘其他学校的优秀教师。

就在"杰出学校特许联盟"增设学校的同时，同类特许学校也不甘示弱，如"成就第一"、KIPP和其他"没有任何借口"学校也开始建立学校网络，大家对优秀教师的争夺战愈演愈烈。

这次道格他们决定改变策略，与其去高薪挖人，不如自己打造优秀教师。道格此次思路的转变不啻一次"顿悟"，就像他在锡拉丘兹时发现数据分析和问责制都是有局限性的那样——靠物质上的激励吸引优秀教师同样也是有局限性的。为了扩大发展规模，他们需要培养自己的队伍，这需要一个"指南"来解释优秀教师所具备的素质，以便帮助一名普通教师变得更加优秀。这个"指南"就是莱莫夫的分类法。

那时教师们开始称这个教学术语项目为"道格·莱莫夫分类法"，它对课堂管理所有的细节都进行了系统分类，正是这些帮助优秀教师变得出类拔萃。很快，这个分类法成了道格正式工作的一部分。道格花了一半的时间专注于建立他的分类法，并招募了一个小团队帮他做视频分析，而不是和其他学校一样向纽约北边扩张建立新校。外界特许学校的支持者也许认为学校成功的关键因素是教学效果问责制，但是在"杰出学校特许联盟"内部，道格和同事们知道教师培训同样重要。

创建分类法的过程中，道格有效地利用了"杰出学校特许联盟"不断增长的学校资源，这为他提供了大量的教师储备以便开展研究。很快，他就研究出了49个教学术语。其中一些涉及治学态度，比如"准确原则"。而其他一些涉及纪律和注意力规则的术语最受瞩目，这类术语也是"没有任何借口"文化的精髓。

从本质上来讲，"没有任何借口"理念其实代表了目的而非手段。道格和凯伦的第一个规则被称作"全体原则"，它描述了这样一个目标——教室里全体学生在所有时间都会百分之百地达到老师的期望值——而不是实现这个目标的手段。那么，一名优秀教师是如何集中全班学生的注意力，使其动脑思考的呢？

外行人会认为让学生们听话的关键在于老师的个人魅力。观察员们经常说优秀的老师工作时"有魔法"，像是能把一顶帽子变成一只兔子似的。从某种程度上说，真是这样的。瞧！先前坐着的那些不听话的、行为不合规范的孩子们现在都变成了渴求知识的、聚精会神的、充满好奇心的学生。这类经验丰富的教师不论使用的是什么方法，都可称得上是"有魔法"。但道格仔细地观察老师的教学时，发现学生并没有真正转变，至少可以说不是全部的人都有转变。尽管讲课的教师魅力四射，但仍有同学开小差，不遵守课堂纪律。

重要的是老师在发现课上有学生走神后该怎么做。道格看的教学录像带越多，越发现这个问题的复杂性。学生的问题千奇百怪，因此没有一种"万能公式"可以帮助老师解决所有问题。但那种有丰富教学经验的老师好像都有意无意地遵循着一系列原则，根据这套原则，他们能随机应变，在关键时刻采取恰到好处的应对措施。

第一批为道格录课的老师里，有一位叫科琳·德里格斯，她也曾是"为美国而教"中的一员，在道格的一所位于罗契斯特的学校任教。科琳就是那种能让孩子转变为好学生的魔法般的老师，她拥有这种迷人的气质。有一天，当道格观看科琳讲解词汇的视频时，有了新的发现。科琳不仅能让学生与老师交流，也能激起同学之间的讨论，课堂上她看似沉着冷静，实际上使用了诸多实用而不显眼的手势。讲课时，她时不时伸出两根手指，像拍打苍蝇似的，双手快速下拍两下，或不作解释，简单地双手合十，像在做祈祷。道格数了数，在一个五分钟的视频片段里，讨论单词"缺乏的"（scarce）的意思时，科琳一共用了15个手势，每

20秒一个。

道格再次看录像时发现,科琳和学生们都懂得每个手势的意思。两根手指指向眼睛,意思是"目光跟随着发言的人",是请其他学生注意正在发言的学生。手在空中拍两下是针对举手的同学,意思是"我现在不回答问题"。而祈祷的手势则是提醒同学们要进入集中注意力的状态("没有任何借口"型的学校称之为 SLANT 或者 STAR[①]),即坐直,双手交错。

科琳说,使用这样的手势能在不影响上课的前提下,巧妙地纠正学生课堂上的违纪行为。在每一年的学期开始时,每次使用手势时她都会跟同学们解释其含义,但不久就能省去这些解释并将其融入课堂教学,恰如道格在录像里看到的那样。科琳说"德里格斯夫人冰箱里的食物所剩无几(scarce),因为有不为他人着想的客人突然来访,几乎吃光了所有的食物"时,只有一名学生注意到了科琳在"所剩无几"和"因为"之间做了祈祷的手势——就是那名走神的学生。这些几乎"隐性"的纠错手势是科琳拥有掌控课堂的"魔法"的原因。通过及时纠正学生的错误,她保证了每名学生都认真听讲。

采用手势成了"全体原则"里最核心的理念之一。当有学生扰乱课堂时,懂得教学法的老师是如何应对的呢?道格在分类法中写道:"他们把对课堂的干扰降到了最低。"

他在录像里找到了另一个类似的例子,录像里的任课老师叫帕特里克·帕斯托雷,也任教于罗契斯特预科学校。帕特里克为了引起全

[①] 虽然各学校的术语不尽相同,但总的来说,SLANT 即 Sit up(坐直),Listen(听),Ask questions(提问),Nod(点头),以及 Track the speaker with your eyes(眼睛看着发言的同学)。STAR 即 Sit up(坐直),Track the speaker(倾听),Ask and answer questions(提问、回答问题),以及 Respect those around you(尊敬你周围的人)。

班的注意力,用倒数的方法,数出班上哪些人没有听他讲课,当数到最后一名时,他并没有直接喊出这位学生的名字,而是说:"我还需要一双眼睛。"这个举动和科琳·德里格斯的技巧有异曲同工之妙。在碰到一个孩子没有跟着老师的思路走时,帕特里克纠正了他,但用的是几乎不被人察觉的方式。当然,帕特里克也可以选择直接点名道姓。"德韦恩,"帕特里克可以背着手说,"大家都在等你坐好。"但这种做法的后果可想而知。

后来,在波士顿举办的一次分类法讲习班上,道格举了这个例子,向各位老师解释:"所有人都会看着德韦恩,然后,德韦恩也会纠结,他是选择当着全班同学的面向老师低头认错,还是为了维护自己的面子,不计后果地跟老师对抗呢?"伴随着内心的强烈挣扎,事态很有可能会进一步升级,德韦恩和帕特里克互不相让,僵持不下。他们可能要浪费两分钟解决这个问题,也可能永远解不开这个心结。

帕特里克注意到德韦恩走神后,像是"精打细算"过一样,决定尽量避免正面冲突。这种不显眼的解决方式既减轻了教师的负担,也减轻了学生的负担。用最小的代价管好了课堂秩序。

道格知道,一般老师会选择第二种做法,后果也比第一种做法更严重。他认为这是个恶性循环。道格在波士顿讲习班上,走到安妮老师身边说:"假如我在讲课,安妮没精打采地坐着,我可以像这样走过来说:'同学们等一分钟,安妮你站起来!'"他转向其他人接着说:"当我走向安妮时,其他同学会怎么想?"他自问自答道:"原本没听讲的现在会等着看热闹。我停下来管一个学生,其他学生会因此而走神,我不得不再去管这几个。每当我在管教一个孩子时,都会有其他的孩子分神,我永远也纠正不完,永远也不能吸引所有孩子的注意。这就是恶性循环。"

如果不点名是不是就无法解决问题呢？这种情况下怎么办呢？科琳·德里格斯在学生看着她而没有倾听发言的人时，会指着自己的眼睛提醒他。同样的情况也适用于那些没有遵守SLANT的同学，还有那些在不合适的时间举手的同学。但是如果学生直勾勾地盯着天花板呢？如果手势或者匿名提示（"我们还需要一双眼睛"）不起作用呢？

道格将可选的对策分为六个递进选项，每个级别的做法对课堂的侵扰程度逐渐加强。第一级，也就是所谓的"非语言干预"，是指科琳·德里格斯用过的不显眼的手势。第二级称为"正面集体纠正"，道格所指的"正面的"意思是提供建设性的意见，即讲述正确的行为而非纠缠错误的做法。例如，老师可以这样说："我们在读课本。"老师心平气和地陈述这件事情，暗示学生不要东张西望。如果想把意思说得更明确些，老师可以对着一些同学说："跟着老师看课本。"第三级是"匿名个人纠正"，帕特里克用的就是这种方法，他只说还有几个人没有听讲。通常，这种上课有着某种"魔力"的老师不会讲具体的人数，他会把四五个人说成两三个，谎报数目是为了呈现一种假象，让学生们误认为已经有同学按照老师说的去做了，达到以假乱真的效果。

第四级类似于第三级，但又不完全一样。道格多次观察后，称之为"私下个体纠正"。他发现很多有"魔力"的老师会走到违纪的学生面前（假装走到那里是个巧合），蹲下身来小声提醒他。这样做的好处是不打扰其他学生，此外还能把这种有针对性的批评转化成善意的提醒。

罗契斯特预科学校的教师杰米·布里兰特的做法很特别，她先分散其他同学的注意力，如让全班学生抄笔记，当所有学生都埋头动笔的时候，她随意地朝正在走神的女生的方向走去，但并没有直接走到这个女孩子身边，而是悠闲地抽两张纸巾，轻轻地放到另一个女孩的桌上，又看了看另外一个女生。当她再多走几步，找到真正的目标时，没有人会注意她的举动，也没有人去听老师对这位同学的小声教导。

整个过程是需要策略的，特别值得注意的是，杰米一直都没有打断课堂。这也得益于杰米平时总会不时地从教室这边走到那边，而不是只有在发现有学生违纪时才走过去，这样她的走动就不会分散学生的注意力。

道格称下一级即第五级为"快速当众纠正"。这种方法也需要对症施治。道格在讲习班上给大家做了演示："安德鲁，听我讲课，看杰里米、安妮和大卫怎么做的。好的，现在我们大家都很棒了。"道格接着解释说："这样做的目的是当众让安德鲁改错，除此之外，我还马上把大家的目光从他身上转移到了其他的人或事上，而且是能起到积极作用的人或事。因此，若我只说安德鲁听我讲课，所有人都会盯着安德鲁看，而且作为老师，为了在全班同学面前维持权威，我就一定要安德鲁听话才行。"然而，使用"快速当众纠正"，他只是快速地点到了安德鲁的名字，然后迅速将焦点转移到杰里米、安妮和大卫身上，并强调"我们大家"（即一个整体）"都很棒了"。

第六级，也是最后一级——"惩罚"，是干预性最强的回应。但这与我们印象中的老师向学生发火的做法有区别。试想，哪个老师希望因学生的一件事让全班变乱，并且在解决一个问题时又引起其他问题呢？道格又给工作室的老师放了一遍原先放过的一段录像。在这一组让人愉悦的画面里，乔治·戴维斯，一位在布鲁克林的领导力预科学校任教的幼儿园教师，对全班学生说："我们还有一位朋友没有准备好。"然后他要求学生们按照 SLANT 的要求再一次调整坐姿。道格指出，学生调整坐姿这种行为就是之前行为失误的一个结果——由于行为上的小失误，要调整身姿。有"魔力"的老师有时还会用留校这一手段，或者说出最简单的那句话——"去教导主任的办公室,现在就去!"但是,他们只会在遇到最严重的情况时,才会用这些手段,而且即使在那时,他们也会保持冷静,想办法把对课堂的干扰程度降到最低。

道格最终总结出来的"高效教学实践的分类法"一共列有49项教学技巧,而上述这六个层级仅代表了其中一项技巧所蕴含的一个次级原则。除此之外,还有第43条教学技巧"正面心理框架"(给学生描述一个理想中的世界,即使实际上它还不够完美,而你也正在为之努力)。这一法则包括六条原则,其中一个就是"积极假设"(对待学生的错误,要相信不是学生有意为之,除非被证明是故意的);第26项技巧"每人都写"(老师通过让每位学生把自己的想法写在纸上的方式来追踪解决一个问题)[3];第44项技巧"精确表扬"(道格认为,一位成功的教师会将表扬和一般性的肯定区分开来,表扬是积极的正面的评价,而一般性的肯定仅表示学生的表现在老师的预期内。在表扬学生时也有两个"法则",一个是"大声表扬,小声批评",一个是真心实意表扬,并避免厚此薄彼)。[4]

但问题是,分类法在捕捉到"教学魔力"的同时,是否具有科学性呢?道格从鲍勃·兹莫里那里获得的经验表明这是具有一定科学性的。鲍勃是2005年道格面试的第一位教师,鲍勃申请的是罗克斯伯里预科学校创始团队中的职位,为此他准备了一节关于"位值"的课例。"那就像是看到了真理,"道格说,"鲍勃只带着一支铅笔走进教室,就像一束光从天而降。"道格清楚这所学校的学生没有高亢的学习激情,但听了鲍勃讲课后,他们像变了个人似的,都喜欢上了数学。道格立即请鲍勃再上一节示范课。那时,道格刚开始建立分类法,他想用摄像机把鲍勃的表现拍摄下来。他说:"我知道如果对此能一探究竟,就会有不可思议的收获。"

五年以后,第二节示范课的录像成为分类法中的典范。录像中,鲍勃站在一群他从未见过的孩子面前,开始上课时,学生们个个东张西望,就是不看站在黑板前的老师。这些孩子都上五年级,都是黑人而且大部分是男孩。其中一个男孩子摆弄耳机,另一个在慢慢地翻着活页夹。鲍勃西装革履,站在讲台上对学生说:"同学们好,今天在上课前,你们要做的是收好活页夹和手中的笔。"没有人理会他,但他仍坚持说:"请把桌上所有与上课无关的东西放进书包里。"说话的同时他悄悄地向前面的一位同学打了个手势,暗示这位学生按他说的去做,然后他指着前面这位把纸张收拾好的学生说:"看,就像这位同学这样做。"紧接着就又有一位学生的书桌收拾整洁了,鲍勃又指着另一位收拾书桌的学生说:"对,做得很好,谢谢。"就这样,到最后,刚刚摆在桌上的耳机不见了,所有的活页夹也合上了,每位同学都在听讲了。

鲍勃·兹莫里可能就是有"魔力"的教师的典范。作为一位教师兼牧师,他有着超凡的魅力。但当道格将录像与分类法研究结合在一起时,发现了新的观察视角。"试想一下,"展示完一个视频片段后,道格对波士顿的老师们说,"如果鲍勃的第一个指令是'为了不影响课堂请你把东西拿到外面去',后果会是什么?"鲍勃没有这么说,而是有效利用了由道格和凯伦命名的第 37 项技巧——"该做什么",该技巧是"积极假设"原则的拓展。道格发现,学生不听从老师指导,很多时候不是因为他们存在反抗心理,而是因为对老师有误解。为了避免这种情况发生,教学能力较强的老师会先把要求讲清楚,再让学生去做。[5]鲍勃也有效地利用了"正面心理框架"技巧的第 4 条原则——"形成惯性,正面鼓励"。他没有使学生们的注意力集中在耳机上或者活页夹上,而是特意指出听从老师指导的同学。道格说:"有了正面的示范,全班同学会慢慢地跟着做。"

道格第二次播放录像时,要求所有人注意摆弄活页夹的男同学的变化。一开始,他低着头,散漫地翻动活页夹。十秒后,他向左望了一眼,左边的同学已经准备好纸笔,正看着老师。这时,这个一直低着头的男孩子终于抬起了头,看了看老师,不再翻了。"他好像在思考,'好吧,这是在干什么?'"道格说,"然后决定'我想我也要这么做'。"过了三十秒,像鲍勃要求的那样,他悄悄地收起了活页夹。

分类法不仅仅为鲍勃带来了成功,也让他自己从中受益。和鲍勃一样,已有数十人证明了分类法的有效性。道格从一开始就分享他的想法,将分类法的内容写成篇幅颇长的 Word 文档,再附上相匹配的教学视频,通过电子邮件发给全国各地的同事。每次与新人交流分享后,道格都会有新发现,并把新的发现融入先前的文档中。

随着道格开始收集新的视频,分类法的影响力也随之加强。当道格和新雇用的数据分析团队一起浏览新的教学视频时,不仅从视频中发掘出新的观点,还见到了前期总结的各种教学技巧的广泛应用。其他教师看过鲍勃的"正面鼓励"法的教学视频后,竞相模仿,并且在使用这种方法过程中进一步将其完善,青出于蓝而胜于蓝。

早期有一位引人瞩目的老师,叫达瑞尔·威廉姆斯,是奥尔巴尼一所特许男子学校的一名老师,该校名为"更明智的选择"。他曾给道格看过第 39 条"再做一遍"法的教学案例。这是种最轻的惩罚措施,通过让学生重复练习达到目标。达瑞尔的这段教学录像传遍全国,很多老师采用这种方法,使得此教学法上升到了新的高度。

相较之下,达瑞尔一开始的做法就显得很普通了,甚至有些牵强——教学节奏慢,一成不变的做法也令人感到乏味,学生也会因此失去学习兴趣。新收集到的教学视频展现了如何在不浪费时间或精力的条件下,保持良好的练习效果。道格在分类法中写道:"尽管'再做一次'的目的是让学生们做到最好,但表达方法有两种,一种说法是'重新整队,展现出我们冠军的风采',第二种是'同学们,队伍太松散,站不好就重来,直到站整齐为止',显然第一种做法胜过第二种。"老师最好是在发现错误时就使用"再做一遍"法,而不是等学生做完一个完整的流程后使用。因为在刚发现问题时就及时改正会更节约时间。[6]分类法的形成变成了一个可动态循环的过程。道格和分析师们向老师们提供一种技巧,同时也收到了反馈,教师的教学技能就在这个过程中得到了提升。

也许分类法有效性的最有力的证据是道格本人。从刚开始工作时,他就认为自己并不优秀,当时他在新泽西的普林斯顿教英语。每次他倾注心血精心设计的课上起来总是虎头蛇尾,让他不得不数着课堂上剩下的时间煎熬度过。现在,他能亲自传授给同事们上课技能,跟当年在普林斯顿的自己相比,简直是天壤之别。

他在与学生交流时采用第 22 条"冷不防提问"法,不带个人情绪,不制造紧张氛围,在控制上课时间和保证学习方向的同时,建立自然和自发的对话。当他提出一个特别难的问题时("第一,这位视频里的老师在我们对非语言干涉的理解中添加了什么内容? 第二,你能找到有关'全体原则'的其他案例吗?"),道格会给参与者足够的时间写下自己的想法。到了午饭时间,他会通过讲笑话来分散大家的注意力。衡量一个老师好坏的最好标准就是其课堂效果。参加莱莫夫分类法讲习班的每个人,都能从中有所收获,有所启发,体会到学习的乐趣。

准确地讲,与"课例研究"不同的是,分类法是 21 世纪美国的"混血儿"。它不是由道格和他的团队独创的,而是通过会议的形式,和专家围坐在桌前,观看各种录像,摘录各种笔记,经过课后探讨,慎重而谨慎地创建的新的教学技巧术语。他们没有为老师增加专门的课程学习，而是把附有文档的教学录像发给老师们（后期发放的是 DVD 和书籍）。

然而，更重要的是，分类法与日本的课例研究殊途同归，都产生了同样的效果。首先，美国一些教师开始研究分类法，包括鲍勃·兹莫里、科琳·德里格斯、达瑞尔·威廉姆斯——他们成了美国的松山武、高桥昭彦、藤井裕久。如果说分类法的发展就是办学者对课堂的研究，那么"没有任何借口"学校就是他们的实验基地，就相当于昭彦学习和任教的附属学校，而且这类学校的排名也不断上升。琳达·布朗是波士顿的特许学校支持者，她一直在培训特许学校的校长。据她讲，在道格编写分类法时，"没有任何借口"型学校①的数量已经从大约 15 个增长至 100 多个。[7]

美国和日本的教学实验最大的不同不是如何研究教学，而是研究什么样的教学。道格和昭彦都否定"嘘"的作用，但是他们的理由不同。昭彦认为孩子们的学习过程中需要有讨论的机会，但对于道格来说，学习过程中首先最基本的要求是要学会安静，学会倾听。他认为"嘘"本身的意义很模糊（是让学生不说话，还是说话声音小一点？），因而不能有效地达到目的。因此，在日本的学校，课间休息时，突然迸发的乱糟糟的吵闹声会充斥整个校园，而在"没有任何借口"型的学校，课间学生在校园里走动都是安静的（且是自觉的）。

确实，当詹姆斯·斯蒂格勒和 TIMSS 的同事拿着照相机走进参与"没有任何借口"运动的教室时，他们会发现教学看起来没有一点日式的样子，而是体现着典型的美国的教学风格。道格和他的同事们的教学水平已经远远超越了普通城镇的学校，在他们创建的学校里有研究

---

① 这只是美国境内特许学校总数（2013 年时超过了 6 000 所）的一小部分。

氛围，而且重视成就——再小的成就也会得到认可。为了不打扰课堂，他们甚至取消了没有经过提前通知的校园广播。但是在其他很多方面，他们的课堂和美国其他的课堂没什么两样。就像他们的美国同行那样，"没有任何借口"学校的老师们在大部分的课堂时间里使用"我、我们、你"模式（我解释，我们一起学习一个例子，你们练习），平时也要求学生做些简单的问答，而非问学生"为什么""如何做"之类的高难度问题。学生花大部分的时间做练习，而不是像日本教学那样，注重进行"创新或思考"模式的课堂活动。这也是道格他们要求学生在课堂上保持安静，注重"看着老师"的一个原因。道格和他的同事以及很多美国老师都认为聆听是学习的关键。

讽刺的是，这个被普遍接受的观点，从某种程度上来讲起源于一个反主流文化的运动，即教育企业家对教育学院的反对。这些企业家看不上教育学院是有缘由（有确凿的数据支持）的。许多教育学院认为，教学是抽象的，学生的创造力和想法比教师的指导更重要，但这种观点在实际教学中却不适用。更可悲的是，研究表明，教育学院并没能帮助教师提升教学能力。

但是，在忽视教育学院教学的同时，道格和他的同事不知不觉地也疏远了在教育学院任教的有着真知灼见的教授们，比如玛格德琳·兰伯特和德伯拉·伯尔及她们在历史、英语和科学等领域的同事。（这些人对于流行的教学法也怀有与教育企业家们相同的看法，例如他们也认为新的加州数学教学框架弱化了练习的作用。）所以，莱莫夫的分类法和日本的课例研究总体上很相像，只遗漏了一点：美式理念。

当昭彦和他的同事们认真揣摩美国数学教师理事会的每项标准，以他们特有的方式钻研对玛格德琳·兰伯特的课堂的详尽描述，潜心研究德伯拉·伯尔教学的录像时，道格和"没有任何借口"型的教育专家们却不知不觉地忽视了自己国家里最好的教育创新。结果,当道格创造出了德伯拉渴求的教学术语时,他所创建的这些术语恰巧描述了德伯拉没有做过的事情。受日本教育界的启发,道格创建了一个专注于帮助老师进修的机构,但该机构里没有美国人的任何观点,一切想法都源自日本。

  对于其他行业的人来说,这种特殊情况可能会持续多年。但办学者们对教育现状的变动异常敏锐,他们对进步的渴望有着同样的热情。若道格这一代已经开启了教育创业的先河,打破了先前单一的模式,就会有人冒着打破"没有任何借口"学校最核心理念的风险,接受并改善新的观点。

第七章　遵守纪律的学问

卢梭·米泽加入特许学校的教育改革运动时，对改革是深信不疑的。[1]他是海地移民的后代，母亲是清洁工，父亲是出租车司机，这样的背景也让他切身体会到选择良好的学校教育对人生道路的影响。由于父母经常忙于工作，他第一次吃寿司还是老师带他去的。老师们还会花两个小时和他探讨历史、哲学以及宇宙中人类的位置，令他大开眼界。老师们还教会了他如何自然大方地与人握手。卢梭在老师的教导下认识到他最强有力的工具是他的头脑，也正是凭借自身的才智，他考上了威廉姆斯学院——该校是他去过的所有学校中学术氛围最好的。[2]

2000年卢梭刚上大一时，他的愿望是让其他孩子也有机会获得他所接受的良好教育。幸运的是，他赶上了教育改革运动，恰好有特许学校这样的学校联盟机制能够让他实现愿望。于是，他放弃了跟教授实习的机会，放弃了补觉的时间，放弃了其他学生在休息日做的一切，全身心投入到教育改革运动中去。某年夏天，卢梭在波士顿一所特许学校的院长办公室工作。第二年，他去了罗契斯特预科学校，跟着实践"莱莫夫分类法"最有名的老师学习，他们是帕特里克·帕斯托雷、科琳·德里格斯、鲍勃·兹莫里。对卢梭来说，他们都是现实中的英雄。

由于那个年代大家对特许学校存在质疑，对此笃信不疑的卢梭不得不处处维护它。2005年前后，"没有任何借口"运动受到广泛关注，随后又遭遇强烈的反对。当时刚刚在罗德岛的某所特许学校找到第一份工作的卢梭遇到另一个新入职的老师,该老师坚决反对这种"没有任何借口"式的教育方式,认为那就是"洗脑"——这些流水线似的队伍和整齐划一的口号形同监狱,扼杀了孩子们的独立思考。"不,伙计。"卢梭将该教育方式的核心理念告诉了他,并最后总结道,"看!学生学业上的进步是明摆着的!"

然而,在教学生涯的第二年,他开始思索学生到底都学到了什么。那年他在哈莱姆的一所特许学校教书。表面上看老师们做得都很好,"莱莫夫分类法"的地位堪比圣经,老师们都照此授课。但卢梭总觉得学校里有什么地方不对头,比如老师跟学生说话的方式。他们命令学生遵规守纪,但没有告诉他们为什么要这么做,甚至有时候语气近乎嘲讽。这些学生其实都是好孩子,幽默、聪明而且懂事,和卢梭接触过的其他孩子们没有区别。但一进课堂他们就变得桀骜不驯或者愠怒压抑、毫无生机、不快乐。卢梭说:"我们没把他们当成鲜活的人来对待。"

这种做法可不是"分类法"所倡导的。道格·莱莫夫在一条叫做"目的而非强权"的法则中说:"当你要求学生做一件事情的时候,你会对学生充满期待,但最终的结果其实跟你无关。""学生们服从命令不是因为你高高在上,也不是因为听从指挥让他们感觉良好,而是因为他们本身从中受益了。"[3]然而老师们的做法好像恰恰背道而驰。如果"没有任何借口"是为了让学生学会遵守纪律,且纪律指的是让学生生活更加快乐、养成良好高效的习惯的话,那么这些学生们为什么总是闷闷不乐呢?老师们的出发点是好的,道格·莱莫夫的出发点也是好的。问题是,这些"分类法"所倡导的在现实中并不能得以实现怎么办?

就在这一年的某一天,卢梭收到了一位同行寄来的一份关于加州弗雷斯诺市KIPP特许学校的耸人听闻的报告。在这份长达63页的调查报告中，弗雷斯诺联合学区教育局罗列了十几条"不恰当"的校规，这些校规都是由该校校长、一位三十多岁的名叫池昌的年轻人制定的。报告里讲述了许多处罚学生不当的事例，例如，让学生站在天寒地冻的室外，把整个班的学生锁在仅有两个隔间的厕所里，或把垃圾桶套在学生头上。池校长和他的老师们以及一部分学生反驳说，考虑到学校和所在学区长期不和，该报告内容大部分是假象或是误解。但不管怎样，整个事件还是令人震惊。[4]

很多人认为池校长事件仅仅是个案，不能代表教育改革运动的主流。这也是KIPP在此事件上表现出来的态度。池校长辞职后，KIPP拒绝发表声明为池正名。但其他人对此另有见解。德鲁·马丁是池校长和卢梭共同的朋友，也是新泽西州纽瓦克市一所KIPP学校的校长，他将此事写进了教工周例会备忘，该备忘敦促教师们阅读弗雷斯诺市的这份报告并要求他们思考这样一个问题：好的纪律是什么样的？

池昌可能走入了极端，但他也是借鉴了既定的传统，而传统本身也必须经过考验。德鲁·马丁想让他的老师们思考的问题不是池校长在追随"没有任何借口"这个理念的时候是否有些过火，而是该理念到底倡导什么。就报告里提到的那些做法来看，德鲁深知池校长事件不是个案，而是某一类做法的典型代表，只不过绝大多数人不愿意接受这个现实罢了。

对此，卢梭比任何人更清楚。他是APR 2004年第一届毕业生，那里的学习生活给他带来了翻天覆地的变化。池昌当时就在APR，并且是卢梭的历史老师。而对池昌和卢梭都产生重大影响的是当时的年轻校长——道格·莱莫夫。

当年APR的学生都有一个共识：他们痛恨上学。"上学无聊透顶。"卢梭这样评价道。学校规矩众多,管理森严,人人必须遵守。有学生曾这样跟调查人员描述当时的生活:"我们就是被鞭子不停抽打的陀螺。"[5]椅子必须推到桌子底下,衬衣必须塞在裤腰里,不能咂巴嘴,不能翻白眼,对所有命令要绝对服从。不然你就得到莱莫夫校长的办公室亲自向他证明下次打算怎样改进你的行为。当然,也有人热爱这所学校,为数还不少——但即使是这些深爱学校的人谈起上学的感受也是"爱恨交织",学校的一个模范学生米利森特·弗瑞·霍普金斯如是说。[6]

卢梭对 APR 的记忆始于开学第二天。那天,他被赶出了课堂,也是第一次被停了课。当时,老师在课堂上搞了一个"一分钟答数学题"的活动,一分钟之内谁解答的问题多谁就获胜。卢梭说:"我答出了所有的问题,我成功了,就开始得意地庆祝,我喊着'耶!拿满分了!'"结果他被老师送到了校长办公室,然后就因为扰乱课堂秩序而被早早地送回了家。

"我当时吓坏了。"他说。那时候的卢梭是个很健谈,也很调皮的学生,但绝不是个坏孩子。"请原谅我一次吧!"他请求道。但他确实在课堂上大声嚷嚷并影响了课堂秩序,所以被提早送回了家。规矩是不容打破的。之后,差不多每一天都有老师把卢梭送出教室,有时候会有三四次。他绝大多数的"犯规"行为和那堂数学课上的情形相似。不论他多么努力地尝试,他总是管不住自己的嘴,会在该安静的时候说话,在没有被点名时回答问题,或是在该认真的时候开了玩笑。他不断被勒令停课,有时候一周之内被停课三次。

斯黛茜·博伊德的"破窗理论"(将扰乱秩序的征兆扼杀在萌芽状态)的负面影响就是学生去校长办公室的概率大大增加。根据学校的年度报告,在卢梭上三年级的 2002—2003 学年,有 38% 的学生被勒令停课至少一次,比上一年度的58%要有所好转。[7]与此同时,在波士顿地区的传统公立学校中,全体学生停课和开除率相加后的平均值约为6%,其中单算黑人学生的平均值会略高,为8%,但都远远低于APR的数据。[8]

  APR的惩罚措施也有可能令人感到难堪。比如,未能将衬衫下摆塞进裤腰将被处以"塞衬衫操"的惩罚——即面对全体师生做一整套体操式的动作。"这套动作要求手碰脚尖,紧接着向上伸展手臂,跳跃,然后把衬衫下摆塞进裤腰。"凯文·泰说,他也是APR的第一届毕业生。每跳一下,衬衫下摆就会跑出来,就又构成一次犯规,就又得重做一遍"塞衬衫操"。此外,最轻微的违规行为有可能触发最严厉的惩罚。有一次,在六年级时,卢梭的朋友基梅尔·伊帝吉塔斯在校长办公室待了一整天,原因竟然只是弄掉了铅笔。另一个女生开玩笑说基梅尔用铅笔砸她,"恰巧这个时候我手里的铅笔掉到了地上,老师就说我是故意的"。[9]还有一次,凯文因为穿的运动裤颜色不对而受罚,老师要求大家穿海军蓝,他穿的是钴蓝色。[10]

  甚至有时候学生都不知道自己为什么受到严惩。有人曾对调查人员说:"学校就想让你成为一个机器人,叫你往东你不能往西。"[11]"都是糊弄人的,真实的社会根本不是这个样子……这都是些毫无意义的校规。"[12](当然,也多亏了严格的校规,凯文·泰才知道了什么是钴蓝色,才能进入大学并获得全额奖学金。)

  卢梭和他的朋友们对此都牢骚满腹——一起发牢骚也是APR的学生们增进友谊的方式。用研究员杰瑞·布劳菲和玛丽·麦卡斯林的话说,大家都是"心不甘情不愿地遵守"[13]着学校的规章制度。尽管校规严苛,老师们也是使出浑身解数营造快乐氛围。基梅尔·伊帝吉塔斯虽然对因不小心掉了铅笔而在校长办公室待一整天感到匪夷所思,但他很喜欢老师指导同学们表演的戏剧，喜欢在老师带领下出去实地考察（其中一次是去中国），也喜欢老师允许他和卢梭还有其他同学在餐厅里表演说唱歌曲。即便是道格·莱莫夫发明的"塞衬衫操"也融入了一些搞笑的元素——这套操原本是学校校规严格的标志，违规的学生成立"塞衬衫小队"，道格担任教练，而由最常犯错误的同学任队长。凯文·泰觉得做这套操很丢脸，但很多同学看到他们的校长跟着一起跳得像个傻瓜一样，他们也就乐在其中了。

即便是还在 APR 上学时，卢梭就为其辩护，坚定地支持该校。那些校规可能让他心有余悸，但他相信校规的力量。是他的老师们把他送进大学接受高等教育，也是这些严格的校规帮助他实现了这个愿望，因此他也尽可能去发现这些校规的价值。老师们很严厉，但他们也深爱着学生们。凯文·泰有段时间跟父母闹矛盾，池昌老师就曾经从中调停。还有一次池老师到晚上十一点才回家，为的就是给凯文回复邮件。后来，凯文自己也成为一名教师，他经常会想起自己在 APR 时的老师亚历山大·菲利普斯，想起他对学生的奉献精神，并以他为榜样。[14]

虽然 APR 给予了卢梭很多帮助，但他对于学校的一切并不是全盘接受。恰如凯文·泰把他的老师亚历山大·菲利普斯视为楷模，卢梭则把池昌老师看成榜样。走上教师岗位后，他曾说："好的历史老师就应该像池老师那样充分备课。"当然，跟池老师相比，卢梭常常感到自卑，用他自己的话说就是"自愧不如"。池老师经常提醒他的学生们，要想成功就必须有行动，没有行动就得接受现实，现实就是不努力就进不了大学，就实现不了梦想。这些话也是激励大学时期的卢梭渡过难关的法宝，每当低落的时候他就会想起池老师的教导。"我好像经常能听见池老师的声音，在威廉姆斯学院上大一的时候，我仿佛听到他批评我不配在这样的学校学习，不够努力，浪费了机会。"

池老师的影响一直延续到卢梭自己做了老师。像池老师一样，他认识到学生们面临的残酷社会，感觉自己有义务让他们也认清现实，因此常常语重心长地跟学生们说："不努力的后果就会是这样的。"当然，多年以后回想起来，他也会怀疑当年他说的话会对学生产生不好的影响。

学生们的恐惧情绪实际上是对"没有任何借口"原则的巨大讽刺。规定的制定和执行旨在教会学生们严于律己，走向成功。但事实上，这些能够确保他们成功的各种规章制度却让他们焦虑不安甚至愤怒狂躁。研究校规的学者们发现惩罚的结果常常是"愤懑、挑衅报复，或是其他完全不利于学习的情绪"。[15] APR 的一些惩罚措施甚至是在把学生往校外推。卢梭的很多朋友们毕业多年之后才明白学校用心良苦，甚至转而热爱起学校来，这其中就包括曾经对学校大放厥词的乔纳森·卡瑞亚，她后来成了校董事会成员。但卢梭深知，与此同时，学校也失去了一部分学生。

道格·莱莫夫和斯黛茜·博伊德教的一个七年级的班级原本有 55 名学生，可等到升入高中的时候班里只剩下了 11 人，这其中还有 3 人是在九年级的时候转来的。[16] 六年级的时候卢梭班里有 100 多名学生，但几经筛选，到了九年级，学生数就降到了 34 人。其中有 30 人高中毕业。[17] 相较之下，波士顿公立学校 2000 年进入九年级的那批学生的未毕业率只有 21.6%。[18]

其实学生数下降不能全归咎于学校。APR 从来没有开除或劝退学生，这是该校可炫耀的优势之一，尤其是跟其他特许学校和普通学校相比，这个特点更是突出。一些学生的确是没能合格毕业，但也有一些学生，比如卢梭的朋友基梅尔·伊帝吉塔斯，他转学去了更为著名的波士顿拉丁学院就读。后来 APR 也逐步采取措施帮助学生，学校的辍学率就开始下降了。

然而,就算设立严苛校规的出发点是好的,APR 和许多在高风险社区内的学校一样,都流失了一些他们想要帮助的学生。一些学生要么是受够了学校的规章制度,要么是受不了学校枯燥的生活,或是上述两者的综合,他们就另寻他路了。据退学学生的同学们回忆,那些因为受不了校规而退学的学生大多在家里得到的关爱和支持很不够。"他们凡事都是自己拿主意,"基梅尔说,"他们退学的时候父母不会劝阻,也不会告诉他们坚持下去会得到回报。"[19]"没人劝阻,他们自己也顶不住压力。"[20] 所以他们就退学了。①

"没有任何借口"这个规定是把双刃剑,有人因此受益终生,有人因此伤痕累累,也有人,像卢梭和池昌,他们对两者都感受到了。但问题是这把双刃剑产生的双重效果是否无可避免呢?那些老师们在激励了卢梭的同时是否一定要打击一下他的自尊心?就没有别的方式了吗?

对德鲁·马丁而言,他有很多次感受到了"真相时刻",他的老师兰泽那·雷迪称这样的时刻为"万物静止瞬间"。德鲁在他 2009 年 2 月 22 日的教学工作备忘录中提到,有关池昌的报告带来的就是这样一个"静止"的真相大白的瞬间。另一个真相时刻两周后出现了,当时德鲁在报告中记录了"挑战极限"号校车上的违规行为。[21]

德鲁任教的莱斯学院,是 KIPP 特许学校联盟的成员,位于新泽西州的纽瓦克市。该校一共有四条校车路线,这四辆班车均根据校规命名,分别叫"挑战极限"号、"天道酬勤"号、"杜绝借口"号和"机遇无限"

---

① 有证据指出特许学校对于生源是有选择性的,尽管其职责是面向全体生源。我自己的调查发现,某些特许学校采取了措施来精确地挑选生源,包括劝退申请人和在校学生。但我也发现某些学校积极反对这些挑选生源的做法,包括 APR 和莱斯学院(下文中会介绍)。

号。四辆校车上的纪律都非常严格。由于任何不当行为都可能导致严重的交通事故,莱斯学院严禁车上有任何分散司机注意力的行为发生。严禁走动,严禁交谈,违反者将受到严惩。第一次说话,叫家长,第二次还说,就停课。离开座位连想也别想,直接停课。

连续两年,这个校规颇有成效,学生们都能平安上下学。到了第三年中期,情况发生了变化,"挑战极限"号校车在行车过程中学生不但随意离开座位,而且互相推搡。莱斯学院对此提高了警惕,德鲁和其他学校领导不得不暂时停掉了"挑战极限"号校车。然而周五下午,他们正在筹备召开"挑战极限"号校车事件处理会议的时候,"机遇无限"号校车突然在送学生的中途返回,车上还有一半的学生未被送到家。司机再一次提交了令人不安的报告。德鲁将此事记录在了周末工作备忘录上:"原来,当天下午校车上发生了三起打架斗殴事件,还有学生说类似的情况已经持续了很长一段时间了。"

德鲁的记录有些言过其实,所谓的"打架斗殴"只不过是学生激烈争论的时候推推搡搡而已。莱斯学院的绝大多数学生还是快乐、努力且学有所成的。但德鲁还是忘不了他在莱斯学院第一次坐校车的经历——可爱的学生们背着颜色鲜艳的书包,闭口不言、一本正经地端坐在校车上,全程安安静静。这个景象让他在几年后看到同一拨学生时感到心痛。因为这些学生们长大了,到了青春期,不可避免地变得更加不守规矩,且自吹自擂,夸夸其谈。德鲁写道:"两年前,如果我看到上面的这段话我会既愤怒又伤心。"班车上的学生们不仅交谈了,还打了架。班长在汇报班级表现时,不仅瞒报此类事件,他们还会刻意撒谎。

像其他"没有任何借口"的学校一样,许多人提出,莱斯学院是建立在"行为(或文化)须是第一位"的主张之上的。"为美国而教"的校友中有许多是"没有任何借口"学校的老师,他们的执教始于那些混乱多过学习的城市学校,所以他们最紧迫的议程就是改变学校给人的印象。另外,正如德鲁和其他人所认识到的,人际交往技能与其他任何学科一样重要,甚至其本身就是一门科目:遵守规则的学问。和数学、阅读、科学、历史等学科一样,在这门学问中,衡量成功的尺度很简单,那就是学生们学会了吗。

"校车插曲"表明学生们还没有学会人际交往的技能。像德伯拉·伯尔教的五年级学生一样,今天学会了长除法,明天又要重新学起。莱斯学院的学生有个特点:即使现在学会了,以后他们又会忘记。在学习的时候他们会接受老师所有的指令,但不久后又会糊涂。

学生们这种前学后忘的失败经历令德鲁想起了几年前他读过的一本书:《进步简史》(A Short History of Progress)。该书作者罗纳德·赖特描述了这样一种他称为"进步陷阱"的现象。各种社团一味地追寻他们所认为的进步,最终却创造出了毁灭自己的机器。举例来说,武器虽然在发明伊始解决了眼前的问题——让人类更容易狩猎并获取食物,但同时也造成了长期的威胁,危及人类的生存。核能带来核战争的风险,能源产量的提高对环境产生破坏。赖特说:"一条诱人的成功之路最后可能会变成一个陷阱。"[22]

或许,"没有任何借口"的逻辑也是一种进步陷阱。安静的走廊就是最好的例子。德鲁说:"走在安静的走廊中,你会对所看到的一切印象深刻。这或许是因为你已经去过传统公立学校,那里的孩子们并不安静。所以,你会感到'哇!这表明我们控制住了局面。'"此外,安静的走廊也满足了显而易见的短期需要:孩子们从一间教室走到另一间教室的时候快速、安静且不受干扰,老师也就能把时间最大限度地用在教学上。

这种做法是建立在"没有任何借口"运动初期的典型理念之上的,

例如破窗理论——消除学生在短期内的不当行为,教师就能赢得长期的安定。兰泽那·雷迪说:"这就意味着如果教师给出了指令,但无人响应,课堂里的每个孩子就会认为指令不是必须遵循的,可以违反,且会长期地违反下去。"所以特许学校的创始人们对学生的任何细微的违规都要作出回应,这是他们所能做的最为重要的贡献。

但有事实表明,这种想法虽然在理论上是符合逻辑的,在实践中却是有缺陷的。最令人震惊的数据来源于非特许的公立学校,在 20 世纪 90 年代(也就是"没有任何借口"运动兴起的时期),与强调遵守校规齐名的另一种理念——"零容忍"①逐渐流行。像破窗理论一样,"零容忍"政策乍一听起来十分令人信服。然而,十五年后,越来越多的证据表明在实践中这种政策并没有奏效。这个看似显而易见的理念和全国各地教育工作者的经验息息相关——将学校的一些捣乱分子开除,就能够为剩余的学生营造一个更好的学习环境。事实上,正如美国心理学协会在 2008 年调查总结中汇报的那样,"有关校风的大量数据指标已经表明这样做的效果适得其反"。高停课率、高开除率的学校风气更差,并且在维持纪律上花费的时间更多。

这项政策所针对的对象中非白人学生占了大多数,尽管研究表明这部分学生并非典型的捣乱分子。对于违规学生越来越严重的惩罚措施导致学校将更多的学生移交少年司法系统,形成了一种"学校至监狱流水线"的现象。美国心理学协会声称,"零容忍政策可能导致、增加或加剧青少年的负面心理健康问题,因为它会在学生之间产生更多的疏远、焦虑和抗拒,并破坏与成人之间的积极的情感纽带"[23]。

在最好的特许学校里,教育工作者们在严惩违规行为的同时,也致

---

① 意指学生有违规行为后立即开除。

力于搞好和学生之间的关系。从一开始,他们的目的就不仅仅是使学生们顺从指令,而是让他们自发、自觉地做到遵守规则。在纽瓦克市的第一所 KIPP 连锁学校中,老师们明确地告知学生"道德品行发展的等级"(该等级由心理学家劳伦斯·科尔伯格命名),甚至将这些等级写在学校的楼梯台阶上以示强调。在这样的学校里,"没有任何借口"政策就一直在实施。如果按照兰泽那·雷迪当初理解的那样,即为学生服务的最好方式就是对任何违规的微小苗头都予以回应,那么极端的,甚至大男子主义式的粗暴回应就最应该得到赞颂。确实,不论好坏,教育工作者们所做的最异乎寻常的努力都成了传奇——恰如杰伊·马修斯所著的 KIPP 发展史《刻苦工作,友善待人》(Work Hard. Be Nice.)中所记述的 KIPP 联合创始人麦克·费恩伯格曾经是如何跑到学生家里去拆卸电视的。

可以说,这些故事也有积极的一面。在马修斯的书中,费恩伯格说当他不确定拆掉电视对不对的时候,他确实认为这将"给学生传递这样一个信息,即他将不惜一切代价来确保学生能有接受良好教育的时间和机会。"[24] 但这些故事也营造了一个有悖常情的压力,即教师须通过疯狂的行为来证明其对教育的全身心投入。当某位老师得知他在人们心目中是一个富有爱心、善解人意、宽容大度的老师时,他会觉得很不自在,并要刻意地分享一个看起来令人震惊的桥段——例如他曾经将学生拾取麦片的小小失败夸大成了"9·11"惨剧。[25]

教育工作者们极端的努力令访客们印象深刻,同时也明显地培养出了一批听话的学生。可是,德鲁说:"我认为有时候一些表面上看起来很伟大的做法却并不一定总是最合适的。"访客们的所见所闻并不重要,重要的是从长远来看,这种对学生的控制到底给孩子们带来了什么样的影响。在莱斯学院的例子中,当初在安静走廊长大成人的学生如今却不能守秩序地坐完一班校车。德鲁说:"如果那个算进步的话,我们就把一切都搞砸了,且自绝后路。"要想让莱斯学院的学生们改头换面,老师们必须找到新的办法来让学生遵守规则。他们只需弄清楚到底如何操作。

实际上,莱斯学院的老师们已经找到了另外一种工具。他们已经创立并发展了这种手段却浑然不知。该工具的理念演化自他们初期的挫折,即 KIPP 的一个传统做法——"长凳"——所带来的限制。

"长凳"这个名字叫得好听,其实是一种通过社会隔绝来惩罚违规学生的手段。受到"长凳"处罚的学生须穿着特殊颜色的 T 恤衫并被禁止与其他同学讲话。KIPP 的特别之处在于受到"长凳"处罚的学生并没有因此而被停课。他们依旧在课堂内,或是坐在教室的一角,或是坐在普通的座位上,且允许进行符合课程要求的正常讨论。

"长凳"起到了有效的威慑作用。在一个五年级学生看来,它就像是"你能经历的最糟糕的事"。莱斯学院七年级的学生马利克说:"五年级的学生走过这个大厅时十分恐惧,他们甚至害怕得不敢看我。"他们绝不想犯任何差错来让自己也坐上"长凳"。(有趣的是,从成年人的角度看,五年级的学生看起来是再开心不过的了,他们手拉着手,咧嘴笑着穿过走廊;在课堂上,也争先恐后地举手回答老师的问题。)但是"长凳"也有其负面效果。越是与他人相处有困难的同学,越是有可能坐在"长凳"上。曾任莱斯学院老师的兰泽那·雷迪说:"有些学生甚至要在'长凳'上待好几周,有严重行为问题的学生根本没有机会与其他学生进行社会交往。"[26]

这样具有讽刺意味的状况老师们并不是不了解。随着学生们渐渐长大,兰泽那和其他老师决定修改"长凳"的规则。不久后,莱斯学院七八年级的高年级学生有了新的"长凳"。老师们称之为"选择"。"选择"将原先"长凳"规则中立即执行的社会隔绝处罚换成相对较轻的课后留校或者"安静午餐"。（被罚"安静午餐"的学生们不在食堂吃饭，而是在教室里与其他违规的同学一起吃。）"选择"还增加了一个条件，犯错的学生必须在原先犯错的地方向同学们公开道歉，同学们同意接受其道歉才算完成处罚。

这样做的目标是为了改变学校教学生遵守纪律的方式。"长凳"预期让学生从违规行为的后果中得到教训——社会隔绝的惩罚足以教会他们不再犯同样的错误。对于五年级的学生来说这样的惩罚或许会有效果。但是对于七八年级的学生来说，老师们怀疑单凭惩罚是不够的，还有必要采取某种方法促进他们自我反思。关于"选择"，兰泽那说："关键在于最后的那个环节，即在道歉时有一个交流的机会，同学们可以就此提问。"这样的对话会迫使犯错的学生充分认识到自己的错误并认真反省。

当莱斯学院的老师们促成了越来越多这样的公开道歉的时候，他们也开始组织关于行为的自发对话。他们称之为"文化交谈"。好比"选择"，"文化交谈"的流程经过了精心的设计——老师们会通过读书或者播放电影片段来阐明他们想让学生了解的观点——以便更好地让学生明白制定校规的理由。但随着时间的推移，这种关于行为的对话就开始在上课时出现了。有些对话讨论的是小范围的小组事宜。例如，当看到两个学生故意不选对方做自己化学实验的同伴时，一位叫香农·格兰德的老师将这节课变成了讨论拉帮结派隐患的课。随后，在同一节课里，香农对一个崩溃的学生德斯蒂妮说："你要遵守秩序，保持安静！"而德斯蒂妮尖叫了一声，冲出了教室。香农老师就令全班停止学习并讨论当德斯蒂妮回来时应该如何回应她。

香农老师并不知道德伯拉·伯尔和玛格德琳·兰伯特的TKOT教学法，但"文化交谈"与之有异曲同工之妙。正如TKOT那样，他们并没有放弃讲座，讲座对于阐释重要概念和介绍新观点依然有重要作用，而是做了一个简单的补充，即对于学生在当时出现的误解作出回应。正如在TKOT中那样，"文化交谈"并非仅仅发生在一节课中，有时会延续几周、几个月，就像是学生们帮助彼此仔细地考量自己行为的准则——他们逐渐发现自己的一举一动依靠的不是所谓的"校规"，而是靠社会交往能力和情感情绪方面的成长。

例如，在香农的班里，一个名叫贾马尔的七年级男生经常控制不好自己的愤怒。一丁点儿的批评都会激怒他。同学告诉他，"你的衬衫没有掖好"，他就会尖叫起来并把书摔在地上。他会说："噢！你为什么总是跟我说这样的话？"还会说："我讨厌这个地方！"有时，他还会毫无缘由地在课堂上大哭起来。他还一度与一些好学生打架，通常对方是年级里行为规范最良好的学生。不胜其烦，一个女孩回击了，她告诉贾马尔，他很脏而且闻起来臭臭的。香农不敢相信会发生这样的事。"我拉了那个女孩一把，她说，'你看，事情因他而起！贾马尔先生气了，那我还能怎么说？'"香农说，或许你不应该告诉贾马尔他身上有气味。"然后女孩说，'但我说的是事实！'"

确实如此。香农知道贾马尔的个人卫生是个问题。他的家很杂乱，经常停水、停电。还有一次，房顶也陷进去一块。在妈妈去世以后，贾马尔和他的兄弟们经常自己做饭。他们根本无法经常洗澡，直到莱斯学院的一个员工为他们安排了一个私人浴室供他们在上学之前洗澡。

面对那个女生的合乎事实的评论——是的，贾马尔确实有时臭臭的——香农老师决定让女孩知道事情的来龙去脉，以便让自己的观点变得更具建设性。一天课间,香农老师带着那个女孩和其他三个表现良好的学生来到贾马尔的指导教室①旁。香农说:"我现在要与你们进行一次成年人间的对话。"她继续解释道:"贾马尔每天来上学都是非常不容易的,你们早上醒来会有人接出房门,准备早餐和干净的衣服,并确保你们能准时到校。但是这些贾马尔都没有。"他确实不应该控制不了愤怒的情绪,但却是可以理解的。而他需要的并不是感受到抨击,而是需要得到支持,以及如何才能做得更好的示范。香农最后呼吁道:"我希望你们能保守这些秘密,同时需要你们在指导教室里用自己的力量和影响去做出改变。"

女孩们惊呆了。原先回击贾马尔的学生说:"我不了解这些情况。"然后一个女生问了香农老师一个意想不到的问题:"我们能跟他谈谈吗?"一开始,香农老师犹豫了一下。她本只希望这些女孩们能够以身作则,在对待贾马尔的爆发时能更平静一些。她当然不想把局面变得使他更容易受到伤害。但是,思索了一分钟以后,香农老师决定让她们尝试一下。诚然,引发对行为规范问题更多的关注是有风险的。和德斯蒂妮的情况一样,最先令贾马尔崩溃的往往是同班同学们。给学生机会来分享自己的感受有可能会让分享者被同学们取笑,从而令贾马尔们感到更糟糕。但不管其他老师是否留意过,香农知道中学是社会关系的大熔炉。当德斯蒂妮冲出科学课的教室时,她只是暂时出去了,很快就必须回来,当她回来的时候同学们必须想清楚应该如何对待她。同样地,贾马尔和这些女孩每天都见面。他们一起上课、吃饭、休息。他们都有社交网站的账号。如果她们不在香农老师面前交流(这种交

---

① 译注:原文为 advisory,即莱斯学院对于 homeroom 的称谓。学生会在不同的教室上不同的科目,但 homeroom 即学生接受指导的本班教室,homeroom teacher 即班主任。

流在香农老师的调停下会更加有保障),也会在其他地方交流,所以香农老师才决定让她们尝试。

此外,正如德伯拉·伯尔和玛格德琳·兰伯特在 TKOT 中所发现的,冲突也提供了一个学习的机会,而违规行为就好比一个数学题的错误答案。公开贾马尔的行为问题让大家一起审视,或许能帮助他从另一个角度考虑问题。团队合作要比香农的一己之力更好。"解决社会问题"的研究员们也采用了类似的理念。

尽管如此,谈话开始时,香农还是很紧张。女孩们的话犹如投出了一颗重磅炸弹。"当你生气时,我们也会还以怒气。"她们说,"你还能指望我们说什么呢?"但是令香农吃惊的是,贾马尔没有发脾气,而是很平静地与她们谈话。很快,所有人(贾马尔和女孩们)都要求香农允许让他们私下里结束谈话。她决定让他们试试。所有的学生都在她的指导教室里,那一刻,她不仅与学生们一起进行"文化交谈",更让学生们自己主导了交谈。

无论他们说了什么,在接下来的一个月中,班里有了明显的变化。当贾马尔爆发的时候,其他的学生不再回击,而是与他谈话,提具体的建议来舒缓贾马尔的愤怒:写日记或者深呼吸抑或是在走廊里待一分钟。最有效的策略并不是任何一种技巧的单独使用,而是谈话本身。"即使他这一天过得很郁闷,我们也可以在指导教室开导他,让他把消极情绪发泄出来,以便继续学习。"香农说。[27]

对于贾马尔来说,他对学校的看法也变得不同了。之前,他感到莱斯学院所有疯狂的校规都是针对他而设计的一系列人身攻击,觉得自己的后半生都将活在这种压力中。但是当香农·格兰德老师和他的同班同学们开始和他一起改变时,贾马尔对莱斯学院产生了不一样的感觉,甚至可以说是有了一种安全感。这种新的感觉令他脱胎换骨。那一年,他说:"莱斯学院是我的转折点。"这种改变不是学业上的变化,而是更抽象的东西。贾马尔说,莱斯学院给予他的是"一种不同的人生观"。在来到学院之前,他总是消极地看待一切。他感到孤独,经常想到死亡。在莱斯学院,他学着去想象成功的样子,就像之前去想象失败时一样地真切。某天清晨,他醒来后回想起刚刚做的梦,而这个梦的内容是他之前从未经历过的:"我与家人一起住在一所大房子里,一切都是安静祥和的。没有叫喊,没有争吵。没有人会说有人偷东西。没有人死去。完全是一个平静的地方。"在这之前,他说:"我期待死亡的到来。"但是,"在莱斯学院,它给了我一个新的未来。它给了我希望。"

教育工作者们常常把守纪比作二选一的选择题:条例与自治,体制与自由,严厉和松懈——似乎他们只有这两个选择:制定详尽的行为规范(例如"长凳"),或者让学生们放任自由。在莱斯学院,改变学校施行校规的方式绝不意味着放手不管。事实恰恰相反。就像露丝·赫顿和西尔维娅·伦德奎斯特在斯巴达村学校发现的那样,让学生更加独立就意味着老师要做更多的工作,要建立更加复杂的体制,提供更多支持——老师们将此称为"脚手架"。他们依然很严格,只是改变了干预的手段。学校不再制定繁琐的条例来阻止不良行为的发生,一开始他们放宽要求,仅在学生们不可避免地越界时,老师们才逐步作出详细的回应。

除了"文化交谈",老师们还越来越多地向外界寻求帮助。正如保罗·图赫在《孩子该如何成功》(*How Children Succeed*)一书中解释的那样,经济学、心理学、神经科学的联合研究表明,特许学校招收的对象是家里祖辈都贫穷的孩子和有过种族歧视史的孩子,这些孩子要比更富裕的白人同学面对更多的挑战。[28] 为了帮助那些不断挣扎的学生,甚至最好的老师也常常需要心理学家和其他专业人员的协助。

有时，老师们也会采用更具针对性的方式。学校的联合创始人之一，现任教学院长的玛丽埃尔·埃尔格罗说："一个五年级的学生当着三十个孩子的面来给另一个五年级学生提建议真的有意义吗？""或许在某些情况下，有意义。而在另一些情况下，毫无意义。也许真正有意义的办法是让两个孩子一起坐在角落里，给他们工具，让他们自己想办法解决。"[29]

引入例如"文化交谈"这样比起"没有任何借口"更为复杂的措施并不能解决所有的违规问题，远远不够。虽然莱斯学院坚持从不劝退任何学生（这与任何其他特许学校或地方学校都不相同），但每一位老师都能快速地说出一些不顾学校费尽心力的劝阻而主动退学的学生：艾莎，两次被救护车带离学校，还曾经在学校的主办公区扬言要杀死自己的父母；德翁，一学年有两个月不上课，所有课程都不及格；阿卜杜勒，曾是莱斯学院最好的篮球运动员，但却是一名在学业上苦苦挣扎的学生，他妈妈拒绝让他留级复读。有时候，即使学生发生了转变，例如贾马尔，也很让人担心他会重蹈覆辙。德鲁说："我们有很多很多这样的孩子，这些方法对他们不起作用。我们也没有良方，只是尽自己最大的努力维持现有的局面。"

在 APR，"文化交谈"和 TKOT 都不是老师们所使用的术语。但是卢梭关于 APR 最深的记忆和莱斯学院的这些"交谈"惊人地相似。APR 的每一次惩罚都要求犯错的同学反省自己的错误。因此，学生们谈论自己违规行为的时间和抱怨学校规定的时间几乎一样多。

有时，APR 要求学生采取公开道歉的形式进行反省，这和莱斯学院的"选择"要求一致。对于更严重的违纪，APR 要求学生们将自己的道歉写成书面文章。"（具体过程是写下来）我所认为的停课是怎样的。"凯文·泰说,"每一次他们让我坐下的时候都会跟我说话,他们要弄清楚究竟是哪里出了差错,并尽力(帮助我)从经历中学习,而不是仅仅停我的课并让我回家。"[30]

每次卢梭被送进校长办公室的时候,他和道格·莱莫夫都要经历类似的程序。回首往事,刚刚犯了错和进行处罚之间的这几分钟交谈时间是卢梭最为感激的时刻。他们两人坐下来,讨论的不是发生了什么而是为什么发生。通常,道格首先会倾听:卢梭到底因为什么而难以遵守规则。是什么令他大喊大叫?为什么他没交家庭作业?然后再针对他的回答进行讨论:为什么对整个班级来说大喊大叫是有害的,或者为什么不尊敬老师使他无法与其他同学友好相处。

道格本人也曾经历过一系列的发展变化,这和德鲁·马丁在莱斯学院的经历非常相像,都是在不断强化这些有意义的时刻。这也是严峻的考验所带来的妙处。他说:"我们每周每月每年都不断地重建校规管理机制。"作为APR的第一届毕业生,卢梭和他的朋友们从APR毕业的时候,该校的境况早已不能和他们入学时同日而语。像德鲁一样,道格也曾怀疑过他所做的一切。而他曾经思索最多、改变也最多的就是守纪问题。

很多其他的"没有任何借口"的教育工作者也都有过类似的经历。莱斯学院的改进和许多其他学校的变化都是相似的。第一所KIPP的连锁学校位于布朗克斯南部,其联合创始人戴维·列文就从来不使用"长凳"。而位于休斯敦的KIPP的大本营则用更加隐性(也更加复杂)的结构取代了原来教条的规矩,以此给学生提供可以犯错的空间。在所有KIPP连锁学校中,管理者们将基于科研的研究成果与他们初期关于学校行为文化的直觉相结合,并创立了性格课程(character curriculum),以便给像香农·格兰德那样的老师提供一些观点和想法,

以此来充实"文化交谈"。³¹

上述的变化，简而言之，就是教育工作者们集体决定了不再跨越一些红线。但这只说对了一部分。事实上，每一位"没有任何借口"的教育工作者在决定做出改变的那一刻都是伴随着一个故事的。对于德鲁来说，他发觉自己在管教一个女生时，满心希望女孩的母亲不要突然出现——他那时意识到了自己并不愿意如此管教学生。而道格的故事是当他将一只狗赶出 APR 时，竟会有学生忠告他，"莱莫夫老师！它只是一只狗啊！"

池昌也有一个故事。那时候，他在 KIPP 弗雷斯诺市连锁学校的任期刚刚过半。他带着学生们实地考察，去参观雷夫·艾斯奎斯老师的课堂。作为加州的教育家和作家，雷夫影响了许多 KIPP 的领导人。在雷夫的学生们表演完莎士比亚的话剧后，所有的学生一起去吃饭。池昌说："我们意识到一件事，那就是雷夫的学生要比我们的学生表现得更好，更加训练有素，更加有想法，更健谈，考虑得也更周到。"他和一位同事在回程的大巴车上苦苦思索这种差异的原因何在："我们意识到，他们的学生比我们的要友善十倍，是因为雷夫比我们的老师要友善十倍。雷夫从来不大声吼叫学生。"从此，池校长和他的同事们都有所改变。³²

将学校管理变得更加人性化也还不够，现实情况要复杂得多。最有想法的学校（例如道格所领导的，或像莱斯学院的那些学校）从一开始就不只是想让学生们一味地顺从。为此，他们没有仅仅像钟摆一样在松懈和严格之间来回摇摆不定，而是像卢梭那样进行自我审问：现有的做法是否利大于弊，抑或弊端也是必不可少的？最终，他们断定在不搞垮学生们的前提下同样可能推动他们进步。教育工作者们需要的不仅是正当的动机，还得有正确的技能。守纪不是一项黑白分明的抉择——严格或松懈,体系化管理或放任自由。戴维·列文对纪律下的定义是"非结构化的结构"(unstructured structure)。[33]这样的规矩当然更难确立,需要技巧。但归根结底,这就是教改运动的倡导者们在长期的实践中得到的收获。这种收获不是新的抱负,而是那些能让他们的愿景得以充分实现的专业技能。

那么,又该怎样解释卢梭所任教的哈莱姆特许学校的情况呢?卢梭发现学校里的老师们都虔诚地相信且熟知"莱莫夫分类法",但具体做法却与之相悖。

颇具讽刺意味的是,道格撰写"分类法"的一个重要动机就是为了避免出现哈莱姆特许学校这样的情况,且该动机的重要性丝毫不亚于他在书中分享的诸多专业技能与术语。与池昌和德鲁一样,道格费尽艰辛地掌握了有关教学的经验教训,但他很清楚在这些经验的获取过程中,有很多的孩子充当了试验品。(事实上,他最终不仅否决了自己早先的一些观点,还完全摒弃了"没有任何借口"的标签。)那么其他的教育工作者也有必要这样做吗?道格的回答是"文化"(即他所谓的让学生遵守纪律的根基是营造一种"行为文化",这也是他研究最深入的教学问题之一)是根基,但这个根基也是最容易动摇的。

一线教师们,尤其是那些在校风不良的学校教书的教师对于可以用来维持纪律的工具趋之若鹜,就像猫遇到了"猫薄荷"那样欲罢不能。道格评价道:"(老师们)就像在实验室中的老鼠,即使胃已经撑得胀了,还是会不断地按下手柄来继续进食。"鉴于此,道格希望他的"分类法"中对授课细节一丝不苟的研究能给一线教师的课堂带来改变。例如,通过强调"目的而非强权"、"快乐因素"("分类法"书中的 46 号技巧)等授课法则,来帮助更多的学校掌握少数学校摸索出来的实践经验——

如何让学生不仅听话、顺从,还很投入、快乐。

在某些案例中,"分类法"确实达成了道格的期望。道格说:"八到十年以前,有着杰出'行为文化'的学校是极少见的。现在来说倒是很普遍了,甚至特许学校被普遍认为具有良好的'行为文化'。"如果说"分类法"不能在全部的案例中都奏效,概因作为一本书,它的作用也确实有限。

卢梭称校风好与差的学校之间的差异是"无形的一环"。这一环到底是什么呢?一些特许学校的老师指出是人际关系——那些能与学生建立稳固人际关系的老师才能真正让学生有所改变。莱斯学院的教学院长玛丽埃尔·埃尔格罗则探讨了期望值的重要性。早前,她指出:"我们曾认为五年级的同学在做引导练习(即课堂上由老师监督学生学习的课程部分)时不能相互交流。""他们肯定不能和睦相处,那时候老师们就是这么想的。"现在,"五年级学生当然可以互相合作,理所当然!我认为这种转变不过是将期望值提高了,要去相信之前你认为不可能发生的事情。"[34]道格认为,"无形的一环"说穿了很简单:爱心。他说:"在心中你必须这样想,我爱这些孩子们,并且想给他们最好的教育。"

当卢梭成为一名老师的时候,他尽力做到上述的一切:与孩子们建立良好的关系,对学生貌似做不到的事情也充满期望,并用爱心来教育学生。但是他发现那"无形的一环"仍旧缺失。依他之见,缺失的环节就像是他教历史课前的准备工作。为了做好课前准备,他必须强迫自己想象学生需要经历哪些思维步骤才能达到课标要求。他自己要先用"有声思维法"预演一遍课程的各个环节,这样才能处理好那些他自己意识不到但学生会犯难的知识点。

卢梭也将这种方法应用到了教授守纪上。他回想自己曾经最低迷的时期:"当我还是个孩子的时候,我是如何处理的? 现在的孩子们会怎么对待？现在我又会如何处理呢？曾经是什么让我突破瓶颈的呢？我如何用同样的方法去帮助一个孩子？"教授守纪与讲历史课需要同样多的脑力劳动，而前者还需要更多的勇气。

然而在头脑中预演与实际授课不能相提并论。即使卢梭了解到学生知识上的盲区，他依然需要找到具体的教学方法来讲授该知识点。他必须整理出一门似乎尚未被命名的知识来，它既不是普通意义上的教学法，也不是他所教授的学科知识，而是二者的结合。李·舒尔曼称之为"学科教学知识"，即教授学科所需的技巧。为了教授守纪，卢梭需要一种特殊的知识。

德伯拉·伯尔和玛格德琳·兰伯特在数学学科教学知识上的研究与其他学科有相通之处，从历史、科学到英语甚至是体育，均有共同点，但和守纪却没有可比性。

研究者们已经能够揭示守纪的一些动态特征。研究发现，许多教师在面对不听话的学生时，极度依赖于规则和惩罚。但这种"操作性条件反射"似乎只在短期内有效，且这种短期效应在老师们使用"莱莫夫分类法"的时候尤甚。如果用"分类法"中最不干扰课堂、最积极、最考虑学生个体差异的纠错方式，学生们就不会"不情愿地"顺从，而是会欣然接受。但是心理学家日益发现，单凭这样的干预，想要长期地帮助学生守纪是远远不够的。教师们必须培养学生"解决社会性问题"的能力，即正确运用心智和情感来处理人际关系挑战的能力。[35]

不过关于守纪的"学科教学知识"案例确实难寻。这方面取得最大突破的研究者是美国西北部的一位教师兼教育学教授，名叫卡罗尔·李，但她进行此类研究纯属偶然。她在某种程度上受到了玛格德琳和德伯拉的启发，决定将自己在市内的一所公立高中每天的授课情况录下来并持续三年,希望借此得到关于教授文学课的深层次的认识。但是,卡罗尔发现要想帮助学生们提升阅读能力,需要的不仅仅是学科专业知识。她在反思该项目的著述《文化、文学与学习》(Culture, Literacy, and Learning)中写道:"这个教学框架要同时满足学生们的发展和认知需求。""发展"一词指的是人们经历的如下三种过程:1)培养且维持幸福感和效能感的过程;2)培养人际关系的过程,该过程始于家庭环境,逐步推展到更广泛的社会交往当中;3)跨越阻碍的过程。[36] 三年间,卡罗尔同时研究了两种教学方式,一种与文学学科有关,另一种则关注守纪和发展。

卡罗尔在 1997 年的一段经历展示了第二种教学方式。在学生步入高年级的一开始,卡罗尔注意到有一位名叫塔奎莎的女孩[37]正在读当天早上的《芝加哥太阳时报》[38]。几分钟之前,卡罗尔向学生们展示了一个五分钟的电影片段,该片段她常用来作为一些作品解读前的铺垫,例如托尼·莫里森的小说《宠儿》。正当她准备问学生在影片中都看到了什么时,她注意到了塔奎莎在读报纸。

这一刻是个挑战。正如卡罗尔在她的书中记载的那样,"塔奎莎确实在她上课的时候读报纸了"。她也深知塔奎莎是"一个固执的女孩……是那种如果你没有必胜的把握和全力出击的决心就不要去和她争论的人"。

卡罗尔知道她可以用好几种应对的方式。"我本可以令她当众出丑,用额外的作业来惩罚她,给她低分,或者把她送到校长办公室。"卡罗尔知道有些惩罚可以让学生记住教训,但是在塔奎莎的案例中,将她送进校长办公室会正合她的意——"因为只要积极配合就会被免除所有责任"。那并不是卡罗尔的目标。

卡罗尔没有在课堂上公开挑明此事,而是用开玩笑的口气说:"还有其他问题吗?其他问题有没有?"卡罗尔在采取行动前平静地说道:

"塔奎莎，那份报纸上有你要问的问题吗？"

"是的！"塔奎莎口气坚决，一如既往地保持一副战斗的姿态，像是在说：是的，我在你的课上读《芝加哥太阳时报》了。这一举动是一个嘲讽，想再次挑起争论。卡罗尔并没有上套，她作出了回应，后来她将这一回应称为"打太极"。卡罗尔没有直接回应"是的"，而是将话题引向她所希望的方向，就像太极拳中的"顺其势而改其路"。

卡罗尔说："你的问题是什么？"

塔奎莎再次挑衅，她说她想知道刚刚播放的朱莉·黛许的这个短片《萨克斯，领唱者，即兴演奏》与我们要读的小说《宠儿》有什么关联？卡罗尔对此作出解读："从本质上说，塔奎莎这是公然对我的课程设计提出质疑。"

面对这第三次挑衅，其他的教师也许就要放弃了。但是卡罗尔下定决心要用她的太极理论和塔奎莎讨论一番。她说："我觉得，这或许还真是个问题。"毕竟，塔奎莎提出了一个合理的问题——他们为什么要看这段影片？目的究竟何在？——卡罗尔将该提问视作合理质疑。

"好，"塔奎莎在得到挑战老师的许可后继续说道，"这本书又与唱歌的女孩和男人有什么联系呢？"(《萨克斯，领唱者，即兴演奏》这个短片中有一个唱圣歌的非裔美国女孩和一个唱希伯来语歌曲的犹太男人)卡罗尔说："再说一遍，这是个很好的问题。"她没太听清塔奎莎的回答，其他的学生显然对同样的问题也很好奇，声音盖过了她。卡罗尔又问了一遍："女孩和什么有联系？"塔奎莎又重复了一遍："女孩[①]和唱歌的女孩、男人有什么联系呢？"

事后，在回看录像带里的这段师生对话时，卡罗尔对事情的发展感

---

① 译注：原文中标记了[sic]，即塔奎莎当时的话语虽然有误，但实际上就是这么说的。

到惊奇。在短短几分钟的时间里,塔奎莎从公开的反抗到质疑课堂计划,再到提出一个复杂的问题,这一步步正是卡罗尔在发起讨论时所希望达成的。

在电影中连续发生的两件事——一件是年轻的非裔美国女孩唱歌,另一件是犹太男人唱歌——是毫无关联的两个场景。看过视频的人肯定知道这两人甚至都没有见过彼此。但是塔奎莎作了两个重要的假设:第一,作者(在影片中即导演)是基于某种意图创作了这个作品;第二,她作为读者(这里指观众)需要在明显不同的场景里看到"某种连贯性"。

卡罗尔随即说:"这真是一个出色且合理的问题,你在《芝加哥太阳时报》中也发现了同样的问题,对吗?"

"是的!"塔奎莎说。只不过这次的回答口气变了。她不再反抗了。

在某种程度上,卡罗尔·李的"学科教学知识"是玛格德琳和德伯拉理论的一个成功的翻版。在教授英语的时候,卡罗尔发现她需要了解人们是如何学习的——新手读者和专家读者的差距到底在哪里?她还需要了解学生有可能犯难的地方——例如,错把"child"的复数形式写成"childs",这对于英语初学者来说是进步而非退步(此错误表明学生掌握了名词复数后通常加"s"这一概念)。此外,她还需掌握即便是出色的读者或是专业的作家都可能忽视的细节——例如讽刺、讥讽与虚假的叙述之间的差别,以及这三者是否有交集,如有,交集在哪里。[39]

但是卡罗尔的教学又增加了另一个维度,一个与她所谓的"发展"相匹配的维度。她称之为教学中的"伦理道德"。[40]她说:"作为一名教师,当学生进入课堂时,你必须了解他们每一个人,以及他们成长的环境。"这并不意味着要掌握全部的细节,那太不现实了,尤其对于每年要接触一百多名学生的高中老师而言。但是,学生在阅读或者数学中所犯的发展性错误是相对而言可以预料的,老师们可以对此类错误的应对方式成竹在胸。(卡罗尔将自己的亲身经历和芝加哥大学心理学家玛格丽特·比尔·斯宾塞的研究结合在一起,该心理学家将学生反抗的行为描述为"不适应性的应对策略"[41]。)那样的话,当教师遇到像塔奎莎一样的学生时,就能快速预计她的想法和行为,不用对每个学生都进行细致的研究。

特许学校将守纪和学科分开来教,而卡罗尔却将二者结合在一起。她不仅将二者混合在同一堂课里教,也将其运用在同一次讨论之中。在应对塔奎莎的反抗时,她没有找她单独谈话,而是在鉴赏影片的情境中巧妙地将其融入到了更富有成效的课堂讨论中——这同时也展现了遇到这种情况时应该如何更细心、更温和地应对。

同样,虽然玛格德琳·兰伯特没有运用上述"发展"框架,但她的确探讨过课堂管理。她称之为"教导学生成为在学校里学习的人",或者用更冠冕堂皇的说法来讲就是"学术性格教育"。她教授的也是如何守纪,只是将其具体化成了学好数学所必须养成的习惯(她认为这些习惯也同样适用于生活)——一种"归纳的态度","好奇心",并把自己看作"一个可以有想法的人"。[42] 就像卡罗尔·李一样,玛格德琳发现教授这些态度的最佳方式是将其与数学或其他学术活动相结合。

教学理念之间的差异与几位女老师所教的科目有关,该科目是她们关注的焦点,也是她们看待所教内容甚至学生行为的出发点。但除此之外,这种差异也很可能源于她们对教学本身的理解。一个关键性的差异是她们对学生的期望值。恰如詹姆斯·斯蒂格勒在他的TIMSS录像研究中发现的那样,美国课堂的主要特点是期望学生要集中注意力(就是盯着投影仪、老师和练习题的能力)。玛格德琳·兰伯特和卡罗尔·李胜出了,因为她们拔高了课堂的期望值。

与日本的老师们一样,卡罗尔在自己的课堂里需要更多精心设计的活动。让塔奎莎更好地参与课堂可不仅仅是丢掉报纸、盯着黑板那么简单,而是她必须提出一个有深刻见解的问题。同样的,在玛格德琳的班里,一个叫理查德的学生曾因"学术性格"不达标而挣扎,他需要做的也不仅仅是停止和朋友虚度时光那么简单,而是必须学会不去问玛格德琳该做什么,改为开始主动发现并解决问题。[43]他需要把数学看作是一项让他感到好奇的挑战,一个有意义的问题,而不是老师强加于他的一项任务。他还需要学会如何礼貌地针对数学概念或其他更私人的问题提出反对意见。

在卡罗尔和玛格德琳看来,让塔奎莎和理查德守规矩并不是为学习做铺垫——守纪行为本身就等于学习,这两者是同时发生的。这也是为什么在应对塔奎莎抵抗的时候,卡罗尔没对其挑衅展开讨论,而是提出了一系列有导向性的问题,旨在让她明白如何才能更有成效地参与课堂探讨。这也是为什么玛格德琳不仅仅通过讲道理来让理查德明白要主动去解决问题,而且给他换了新的位置,让他挨着"对他有帮助也不会令他感到尴尬的同学"。[44]只有这样,理查德才能学会在没有老师的帮助的时候首先向同学求助。

或许特许学校的创办者们将"守纪"与其他学科区别开来对待是正确的。通过给"文化交谈"创设一个独立的空间,他们对此给予了更多的期望与信任。而且该独立空间并没有将"发展"和学科教学排除在外,二者可以兼容并包、同时进行。

诚然,若想应用一个集成式的教学法,例如能同时教乘法和好奇心的方法,教师们就不能满足于仅改变守纪的培养方法,而是要考虑彻头彻尾地改变教学法了。以服从纪律为目标的培养方式并不能造就更专注的学习者,虽然对于特许学校的创办者们而言,服从常常是数学、阅读、科学课上所必需的。

玛格德琳·兰伯特有时会更进一步,她说,某些教学方式就是要比其他方式更容易引发抵触情绪。她还解释说,课堂管理中遇到的挑战某种程度上可以通过重新设计教学活动来解决。卡罗尔·李也在她的英语课堂上发现了类似的情况。正如报纸这一实例所示,在询问塔奎莎和她的同学一些问题时,开始会遭到一些抵触。但是随着时间的推移,这种方法就能慢慢地让他们敞开心扉。通过询问更多的学生,她也给学生们更多发言的机会。并且,在这种方式下,卡罗尔能让他们感到更安全。课堂属于卡罗尔,也同样属于学生们。

当初某些特许学校的创办者抵触师范学校的地方恰恰是"课堂管理中遇到的挑战有可能通过优秀的教案设计来解决"。但到了2010年,许多创办者们开始思考教育研究者的理论是否确实有效。在同年出版的"分类法"中,道格以畅销书(《像冠军一样教学》)的形式提出了自己的观点——他列举了建立积极课堂文化的五个准则。不出所料,前四个就是纪律、管理、控制、影响。但是第五个,道格称之为"投入",即让学生们参与到"更富有成效,更积极的工作"中的过程。[45]换言之,道格认为在教会学生守纪之后,教师必须转变工作重心,引导学生投入到新的学习活动中去。

对卢梭的第一次教学评估就说明了这种转变。他的校长,斯泰茜·伯塞尔·奥图尔在听了卢梭的课后这样评价:他擅长让学生们守纪律,但这么做的目的何在?她说:"卢梭是一位具有超凡魅力的教师,他的课堂管理方式令人叫绝。他让孩子们完全跟着他的思路走,完成他的教学指令。但我们应该去关注的是,'你让学生们所做的究竟是什么?'"

不久后,斯泰茜为"麦驰教师实习学校"(Match Teaching Residency)担任培训主管。该机构为波士顿秉持"没有任何借口"宗旨的特许学校(包括一所与该机构同名的特许学校)培训教师。斯泰茜发现卢梭的问题并不是特例,所有她参观过的特许学校都在探讨相同的问题。她也对自己的做法进行了诊断分析,发现:"学生们不违纪并不代表学习水平的提升。"他们已经知道了如何让孩子们举止得体,但是忘了一个非常重要的学术要素。他们称之为"严格性"(Rigor)。

第八章　内部玩笑的力量

2001年,赛内卡·罗森伯格加入"为美国而教"(Teach for America,简称TFA),彼时距温迪·柯普创立该组织已有十一年,而道格·莱莫夫的"分类法"将在五年后问世。开学两周前,赛内卡被分配到圣何塞市东部的卡塞尔小学。初为人师的她一开始经历了一系列的试炼。首先是尘土问题。她班里每个角落都覆盖了一层厚厚的灰尘。虽然学校雇了一位清洁工,但看起来他并不负责清洁教室的桌椅。紧接着是不停的人员调动。该学年的第二天,在赛内卡尽职尽责地将她所带的四年级班上所有学生的名字记住之后,学校竟分给她一个全新的班级。她记住了新班级几十位学生的名字后,只过了一个月就再一次被调班了。她说:"这回分给我的班级当然不是最初的那个,而又是新的四年级班。"[1]

然而,使赛内卡最诧异的并不是班级分配的混乱状况,而是她在TFA中的同事们迥然不同的教学经验。她尤为强烈地注意到这个问题是在三年后,那时她被TFA任命为"学习小组组长",负责协调TFA组织中遍布整个洛杉矶南湾的教师。

这些教师的客观条件几乎完全相同。他们在相同的项目中受训(加入TFA之后在圣何塞州立大学的速成班学习);他们的学生也基本来自同一个地区(都是住在城市中的贫民区的四五年级学生,其中很多孩子在家里讲多种语言）；他们按照相同的州标准（加利福尼亚州标准）、在相同的区域（明矾岩初等教育联合学区）教学；他们的教龄也大致相同（一到三年）。但是，赛内卡在不同的学校旁听这些教师的课或在月例会上调研学生的学习成果时，发现这些教师的教学方式差异很大。从组织课堂的方式，到布置作业的种类、挂在教室墙上的材料，教学方式几乎没有一致的地方。

而在学生的作文中，这种不一致表现得最为明显。"作文字数、论据的说服力和清晰度、句子结构的复杂性和多样性、词汇类型、习惯用法的准确度"——不同的老师教出来的学生习作的方方面面都不尽相同。赛内卡回忆："尽管我们接受同样的师训，秉持相同的标准和信仰，但事实上，我们的学习成果却差异巨大，这对我们所教学生的学习也有深远的影响。"

赛内卡最初认为，教师们彼此不同的唯一原因是天赋上的差异。一些教师知道如何帮助学生，而其他教师并无此天赋。但她不久便意识到这个解释并未抓住问题的关键。至少对她的同事来说，最重要的因素不是意愿或天生的能力，而是运气。这位教师碰巧参加过什么研讨会？隔壁碰巧是哪位老师的班级？哪位导师碰巧对她的工作产生了兴趣？赛内卡回想时意识到，她自己的发展轨道依赖于为数不多的几次偶然事件。若她没有参加某个研讨会，没有遇见她的良师益友劳拉，或者没有担任组长，她的教学生涯将朝着不同的方向演化。很可能会变得更糟，谁知道呢？也有可能变得更好。

赛内卡说，这似乎"完全不合理"。像教学这样重要的事情，怎么可以由偶然因素决定呢？于是她上网寻找答案。无疑，她不是第一个对这种随机性感到吃惊的人。一定有教育研究者研究过这个问题，甚至可能已经给出了一些建议。然而，她找到的政策性文件非但没有给出答案，反而回避了这个问题。

某所顶级教育学院的网站上有这样一个典型的研究，该研究对父母进行了测试——尤其测试了孩子升入新年级时，父母对新教师的要求。研究发现，家庭的背景不同，父母对教师的偏好也不同。比起教师在学生中的受欢迎程度，低收入、有色人种的父母更关心教师的学历。较富裕家庭的父母则相反，他们更关心前者。在所有的研究对象中，如果有这个机会的话，30%的父母将会挑选特定的某位教师。研究者指出该发现蕴含的意义非常深刻。有更多的学校可供选择已成为一种趋势，但如果不同种族、不同阶层的家长在选择教师时的着眼点不同的话，该趋势最终可能只会加深种族隔阂。[2]

另一项研究则采用了一种新奇的方法对教师人才流动进行调查。研究者们并未收集离开岗位的教师数据，而是研究那些返回教学岗位的教师。他们认为通过调查这些教师返回岗位的原因，可以找到方法在第一时间避免教师离岗。数据的确表明，离开后又返回岗位的教师数量巨大。在研究中，超过40%的教师离职后又返回岗位。该数据还揭示了一种有趣的现象：很多教师，尤其是女教师，离职前没有孩子；返回教师岗位后，他们的孩子已到了上学的年龄。这表明，学区有关部门可投资建设一些便捷的儿童看护设施，使教师们不会因为照顾孩子而离职，还可以省去离职教师返岗再培训的花费。[3]

以上研究提出了很重要的问题。然而，即使父母偏好、教师流动与人们如何学习教学的方式有关，这些从根本上讲也还是不同的主题。一天，赛内卡偶然间浏览了密歇根大学网站上一位教授的页面。这位教授也提出了赛内卡一直以来的疑问，只是语言较为正式。赛内卡用"随机"来描述同事们所学的东西，而教授称之为"教学指导"的"不一致性"。[4]她将老师们各式各样的学习经历诊断为"杂乱无章"，而教授则将其定义为"大量不同且往往互相矛盾的观点"导致的"多变",或者也可以更直白地用"前后不一致"来概括。[5]他们的说法虽不尽相同,但都指的是同一难题。

更重要的是,教授解释了这个问题的源头。赛内卡之后了解到,教授的学生以他的名字命名了这个难题——"戴维·柯恩一致性问题"。

1993年,戴维和妻子玛格德琳·兰伯特离开密歇根州后,一直在思考问题出在哪。这个问题不仅存在于东兰辛市,还存在于加利福尼亚州以及整个美国。为什么美国做出的每一次改善教育的努力似乎都以失败告终呢?斯巴达村学校慢慢解散,加利福尼亚州的改革并未奏效。这些尝试的结果令人失望,是不是有共同的原因呢?

随着时间的推移,戴维从他最初研究的学科(历史)中找到了答案。更确切地说,他意识到美国人对改革的抵制情绪可以追溯到美国建国时期,那个时候开国元勋们就已经在反对改革和中央集权了。掌握最高权力的应该是联邦政府还是各州政府呢?这一辩论预示了教育上后来出现的很多问题。制宪会议后近两个半世纪,学校的控制权归属问题仍然悬而未决。

美国教育就如同戴维的老朋友李·舒尔曼讲的故事。故事中一名拉比(犹太教律法权威)就一块鸡肉的归属权问题为两个人进行调解。第一个人说鸡肉是他的并给出理由后,拉比肯定地点头并说:"你是对的,鸡肉是你的。"第二个人讲完证言后,拉比又点头,说:"你是对的,鸡肉一定是你的。"拉比的妻子对此感到很疑惑,便问道:"亲爱的,两个人的话不可能都是对的。"拉比再次回答:"你说的也很对!"[6]

同样,对很多美国学校,联邦政府和州政府兼有控制权。若你认为这种情况不能持续,那么你也是对的。

美国的学校没有得到引导,反而经受着极大的困扰。校长会收到联邦政府、州政府以及地方政府的指令,这些指令有时一致,有时冲突(且其中只有少数是提供经费的)。老师们得到的建议和命令就像他们的领导收到的指示一样互相抵触。地方课程设置说的是一回事,教育学院说的却是另一回事。若有教科书,那么教科书讲的又是另一套东西。五十个州的一万四千多个学区[7]里有将近十万所学校[8],各地均有不同的标准,所以说教育领域的总法则就是"不一致性"。

这种不一致有损教育质量。若教学是人们要掌握的一项技能,那么教师同时也是学徒。教师与学生一样,必须要么自己掌握学习材料,要么需要别人教授。而不一致性则意味着学生没能跟着一位真正的好老师学习,而是听了十七位差劲老师的课,且每个人的说法都不尽相同。

然而,也有幸运的人在这样的逆境中进步。就像秩序混乱的学校中那些用功的学生一样,他们善于随机应变,当清晰的指导出现时会果断跟随并忽视其他混乱的东西。同时,大部分人会采取务实的措施使自己适应混乱。在面对矛盾的指令时,他们会以教育家洛夫利·比罗普斯提出的"美国教师信条"来回应:"一切都会过去的",并礼貌地向那些州、区政府和师训专家、教授点头致意,感谢他们的建议。之后便像比罗普斯在一次演讲中描述的那样,"关上门,继续坚持你所相信的东西"[9]。那些仍然愿意改变的人,最后的下场常常像加州的欧碧莲老师①一样,其教学"改革"只是表面上的而已。这些教师在获取了新观点后便将其生搬硬套到了他们从别处学来的与之迥异的教学方法之中。

赛内卡非常欣赏戴维·柯恩和他的研究工作,于是决定跟随这位

---

① 译注:关于欧碧莲老师的事例可参照本书第三章相关内容。

教授攻读研究生。在接下来的八年里,"一致性"的缺失令她格外受挫——所有的事情缺了一致性都无法存在,学校机构和人们都认为缺乏一致性会阻碍美国学校的建设工作。戴维称一致性为"基础设施"。字典将"基础设施"定义为"社区或社会正常运转所必需的设施、服务和装置",例如道路、桥梁和输电线。[10]而"教育基础设施",正如戴维所定义的那样,是与学校系统同等重要的无形设施,是所有教学和学习活动的基础。它主要包含三个要素:共同的课程设置,划定学生应该学习的内容;共同的考试,考查学生对课程的掌握程度;教师教育,使教师掌握教授学生必修内容的方法。[11]

由于大环境的不一致性,美国政府从未建成"教育基础设施"。没有"基础设施",学校也无法开发其他重要资源。在戴维与政治学家苏珊·莫菲特合著的一本书中,他解释道:"其中首要的,是关于教学、学习和学科内容的共同语言。"[12]医生们有《医师案头参考》,书中有医学专业术语和常见问题及其治疗的发展历史。电工、水管工、飞行员都有不断更新的"标准操作流程"[13],其中指出什么是最好的操作。相较之下,教师们只有一堆问号。没有一致的意见来规定他们的授课内容,没有共同的术语来描述他们的授课方式,没有标准的规范来衡量他们是否成功。

难怪赛内卡和TFA的同事们进入同一个学区,经历却大相径庭!由于缺乏"基础设施",他们就像杂技演员,蒙着双眼在晃动的绳索上行走——没有观察员,没有安全网,没有地图。很多人因此摔倒在地上也是意料之中。

赛内卡2004年进入研究生院,那时候《不让一个孩子落后》(No Child Left Behind,简称NCLB)这一里程碑式的教育法案已经实行了两年。该法案将标准化运动推广至全国,要求各州设立学习目标,并根据目标的达成情况对学校进行评价。很多年以来,这一教学效果考核制度似乎完美地解决了"戴维·柯恩一致性问题"。NCLB 的实行体现出历史性的大联合,参与方包括工会和商界领导、共和党人和民主党人、多个政府部门代表(不仅包括国会议员和参议员,还包括各州学校负责人)。这一法案证明在学校教育方面,美国人是可以共同行动的。NCLB 要求各州将学生的学习内容形成书面标准,使美国教育向一致性迈进一步。

但是,赛内卡观察了 NCLB 在全国实行的效果后,发现该法案并没有创建"基础设施",而"基础设施"是一致性本应促成的结果。NCLB 设立了标准、测试、教学效果考核制度来代替一般的课程设置、测试、教师教育。两者唯一的重叠部分——测试——也绝非如戴维·柯恩所想象的那样。首先,新的州测试几乎从不与一个能够清晰列出学生学习内容的课程设置相结合。考虑到大多数州确实没有共同的课程设置,这也不足为奇。但是 NCLB 所倡导的标准也未能解决这一问题。标准本身规定了学习目标,而用一个作家的话说,课程设置则应提供"达到这些目标每日、每周、每年的路线图"[14]。制定该路线图的责任人仍然是单个学区,或在很多情况下,是教师。

教学效果考核制度在实施的过程中可能也充当了一种教师教育,至少通过对于不达标学校的惩罚来给教师何时需要提升提出了建议。测试或许也可起到同样的作用,因为测试成绩可以让教师明白学生已掌握和未掌握的知识。但是正如戴维在加利福尼亚的研究中了解到的(也正如赛内卡在圣何塞市经历的那样),标准和配套测试虽然开了个好头,但仍然无法保证教师能学会用更好的、至少是一致的方式授课。

若教育离不开的是"基础设施",NCLB 的"最多能算是表面的外壳"[15],戴维在书中写道。该法案列出了目标,并明确了未能达到目标的后果,但这仅仅是蜻蜓点水,并未触及学校的核心工作——那些严峻的、真正带来变化的日常考验。教学效果考核制度提供了一个基准,但未指明需要怎么做才能达到该基准。据戴维所知,美国各校仍然使用与之前大同小异的教学方式,只是增加了更多考试而已。

作为戴维的学生,赛内卡没有理由持不同意见。但在 2005 年的某一天,赛内卡发现了美国"教育基础设施"蓬勃发展的一个案例。这个发现对她来说如同"晴天霹雳"。当时,她与几百个 TFA 的毕业生坐在华盛顿特区的一个礼堂内,庆祝该组织成立十五周年(彼时,该组织已培训了超过一万名教师[16])。当台上的主讲人讲了一个关于 TFA 组织的内部笑话时,所有的观众都笑了。这是一个十分平常的时刻,却给了赛内卡这样的启示:这群观众代表了十五年来所有的毕业生,他们此时正为了同一个笑话在笑。

她说:"我当时正好在阅读其他职业关于职业标志的文章,也在思考教师这一行所缺乏的共同语言,以及教师之间无法进行实质性或深度交流的境况。"但是在那个礼堂,一群陌生人——有着不同经验的教育从业者——因为同一个笑话在笑。这就是那道灵感火花。她想:"哦!TFA!"

正是 TFA 这个组织促使她开始研究一致性问题,但如今,这个组织已经为其成员建立了一个优秀的社群,群内共享有内部笑话和不断扩展的课程设置。但这都无法与其校友建立的东西相提并论——他们建立了一个新的公共教育系统的并行系统。该系统主要由特许学校组成,越来越多地使用道格·莱莫夫的"分类法"作为行内的共同语言。

赛内卡的朋友向她介绍了特许学校这种具有创业精神的学校类型。这些特许学校的名字听起来就像童子军徽章上的口号:"知识就是力量项目"（KIPP），"非凡学校"（Uncommon Schools），"成就第一"（Achievement First），"有志公共学校"（Aspire Public Schools）。然而那时，她虽惊叹于它们所做的实际工作——古怪却深思熟虑的校训，军事化的、"没有任何借口"的严苛要求，以及那些 TFA 培养的精力充沛却大部分尚未生育的年轻教师们——但也没有想太多这一切意味着什么。

现在，赛内卡用新的视角来看待这些特许学校的创办者们。她过去的研究一直在审视"教育基础设施"缺失的现状，但她的老朋友们已经在将"教育基础设施"实体化了。这是真的吗？

戴维喜欢与赛内卡一起做研究。赛内卡是他最好的合作者之一。若他是屹耳①，赛内卡就是小熊维尼，她矢志不渝地相信会有变化发生，这正好平衡了戴维在教育上无休止的愤世嫉俗的心态。但是，当赛内卡向他表达自己关于 TFA 和这些"没有任何借口"的创业者们的想法时，他却持怀疑态度。"若这些组织能做出些改变，我会感到非常震惊、不可思议。"赛内卡回忆戴维如是说。

确实有很多理由质疑赛内卡的假设——戴维就花了整个职业生涯来阐明妨碍美国"教育基础设施"自发出现的诸多因素。举个例子，TFA 和那些"没有任何借口"的学校的主要特色似乎不是他们的具体运作方式，而是他们的教师人才构成。TFA 公开招聘成绩优秀的大学生，他们很多来自常青藤学校。引入优秀大学生，其目的不仅仅是培养教师，更是培养新一代领导者，从而解决教育不公问题。然而，批评家认为，此举仅仅是将较为聪明的人放在一个破碎了的系统之上，而非脱

---

① 译注：屹耳（英文名 Eeyore），卡通人物，是维尼熊的朋友，较为冷静和悲观。

胎换骨的变化。

此外，TFA 似乎回避了对教学技巧的磨炼，仅通过五周的夏季培训就将这些优秀的年轻人送入课堂。批评家们认为，名校学历和较高的期望值并不能弥补培训和经验方面的不足。的确，即便是抱有最乐观态度的研究者也发现 TFA 培养的教师对学生学习产生的影响并不均衡。研究表明这些教师对学生的数学成绩产生了积极影响。该影响换算成课外辅导的时间的话，有人估计相当于一个月[17]；还有人估计相当于超过两个半月[18]。至于阅读科目，只能说这些老师没有对学生产生坏的影响。[19]

还有一个事实是，经过多年的寻找，戴维只在国外发现过稳固且一致的教育基础设施。在日本、法国、新加坡等国家，国家教育部门有足够的权威来制定明晰的课程设置，而构成教育系统的其他因素（学校、教科书、测试）也都与之密切配合。然而，对于美国而言，人们对联邦权力的由来已久的情绪阻碍了一致性的发展。戴维在给吉姆·斯皮兰的信中写道："这种冲突根深蒂固，若能轻易或很快得到解决一定会令人感到震惊。"[20]

在美国，戴维只发现了两个近似于"教育基础设施"的项目。这两个均是全校性改革项目，名叫"美国的选择"（America's Choice）和"一同成功"（Success for All）。虽然提供了实实在在的课程、配套的测试和教师培训（即"教育基础设施"），但是这两个项目必须在现存学校系统的基础上开展，直接导致了项目的进展步履维艰。[21]

但"美国的选择"和"一同成功"是颇具前景的。若赛内卡的假设正确，那么 TFA 和特许学校可能代表了他们这种模式下一步的发展方向。特许学校的运作独立于传统的学区系统之外，且不依赖于该系统，这样，特许学校就可以从头做起，建立"基础设施"。这些特许学校办学者们自命不凡的态度令戴维的一些同事十分厌恶——这些傲慢的、自以为是的"改革运动"型的企业家们进军公共教育领域,就好像他们是第一个发现该领域存在问题的人,尤为令人反感的是他们将前辈们也视作问题的一部分。然而,这些教育企业家们已找到一条从头开始做的路,这毫无疑问是个优势。

另一个问题是,这个运动规模太小,尤其是与庞大的美国学校系统相比。在 2005 年,TFA 在学校工作的教师总数仅有 7 000 人[22],在美国全部学校的 360 万教师中所占比例少于 1‰[23]。同年,有 100 万学生进入特许学校,而进入传统公共学校的学生有将近 4 800 万人。[24] 只有一部分特许学校遵循了道格·莱莫夫和其同事所塑造的学习文化。即使这样,戴维仍然愿意相信建设"基础设施"是有希望的。赛内卡的研究很可能会令她失望,但为什么不试试看呢?

赛内卡的研究始于一组"人员很杂"的采访,对象是她个人社交圈中那些"没有任何借口"运动的教师。在研究的最后阶段,她对其中的 41 名教师进行了正式采访。[25] 她也分析了自她离开后,TFA 实施的新项目。她说:"我一直把这个当作一个实证性的问题:他们真的在做不一样的事情吗?"随着研究的深入,她愈发认为他们的做法确实有新意。

有一个项目与道格·莱莫夫的"分类法"类似。TFA 在对该组织教学效果最好的教师进行二十年的观察、采访和调查之后,将他们的共同属性归纳在一个框架内,这个框架叫做"像领袖一样教学"(Teaching as Leadership)。该框架已成为一个试金石,用 TFA 的行话来说就是该组织的"智力中枢"。这个框架为 TFA 提供各种参照与指导,从招聘新成员到不断加大投入的教师培训,包括提供赛内卡曾经梦寐以求的跟着经验丰富的老师学习的机会。[26]

赛内卡对各个特许学校网络的研究兴趣尤为浓厚。她挑选了纽约和康涅狄格州的"成就第一"（Achievement First，简称 AF）特许学校做进一步研究，发现了"基础设施"发展的更多证据，主要包括：1）采用标准的"高效教学周期"来组织教学工作，设定教学目标和教案设计，并不断进行修正以满足学生日益变化的需求；2）在"范围和顺序"文件中概括阶段性学习目标；3）进行定期测试，也叫"临时考核"，旨在帮助教师判断学生的进步情况；4）在"高效教学的要领"文件中从该组织的角度出发，列出了教好课所需要的 24 个因素；5）提供一系列与其他"基础设施"直接相关的培训课程，包括每周"课例研究"式的教师会议。[27]

上述举措不仅为 AF 的教师们提供了标准，还提供了"基础设施"；不仅给予他们支持，更保证了支持的一致性："高效教学周期"、"范围和顺序"文件，以及"临时考核"等环节环环相扣，前者为后者提供了铺垫和依据。此外，定期的专业发展会议旨在为整个架构提供支持，内容涵盖研究临时考核结果的"数据日"到正式的一对一指导（将每位教师和校长与某位专门选定的指导教师相配对，辅助他们进行专业提升）。[28]

"基础设施"意味着，在其他人只有四堵墙、一扇锁着的门时，AF 的教师们感受到了集体的关爱。AF 的一位教师告诉赛内卡，她原来的学校秉持着"想怎么教就怎么教"的态度。当她不知道如何就特定主题上课时（她尤其不知道如何教授数学课），她往往会付诸仅有的方法，告诉学生："我们再练习一次乘法吧。"和大多数美国教师（就好比赛内卡在圣何塞教书时）一样，这位老师的教学全靠自己。但在 AF，教师们有一个框架，每天的课程都围绕这个框架来安排：用预先设计好的"临时考核"来定期判断学生学到什么程度；专门指定的"数据日"可以对结果进行研究；同事们可以帮助她思考教学中出现的问题。作为一名小学教师，她不必自己独立地去备四门主要科目的课。相反，AF 模仿了日本小学的普遍做法，在"年级教研组"中共同计划相关教学工作，其中，经验较为丰富的教师负责备最难的课，新手则负责较为简单的。这位老师还告诉赛内卡，当她对某个特定的主题无所适从，不知道怎么教时，指派的教练就会与她一起站在课堂上。教练会说："看，你应该这样做。"[29]

随着赛内卡田野调查笔记中的新内容的增加，戴维的怀疑减少了。他说："AF正在建立新的教育体制，这确实令人无比兴奋……该团队正在建立美国从来没有过，或者说很少见的一种教育体制。"[30]

赛内卡发现的是一个能够改善教学活动的体制，且该体制并不只是针对一两个有教学天赋的教师，而是为了整个学区。

2012年，赛内卡发表了硕士论文，其中对AF的最终评价非常积极。她写道："这个学校提供了一个内容翔实且颇具成效的新模式，该模式会引发大家思考在美国的大环境下，高质量的教学和学习组织形式是怎样的。"[31]但是，她也描述了一些可能会阻碍该组织成功的挑战，其中之一与该模式被复制的可能性有关。AF的"基础设施"无疑可以发展壮大以服务更多学生，但另一个关键因素——AF中非常有才能且勤奋的教师——则难以被大规模复制。还有一个挑战就是"严格性"①的问题。

AF学校的一些领导，与卢梭·米泽之前学校的校长斯泰茜·伯塞尔·奥图尔一样，担心学生的学习缺乏深度，尤其是数学学习。学生在州立标准考试中表现不错——事实上，比起英语测试，数学测试的成绩更好。但他们真的理解了吗？他们会继续学习，为最终的大学入学考试做好准备吗？

---

① 译注：此处的"严格性"与第七章末相呼应。

在采访中,一位三年级教师这样告诉赛内卡:"我发现学生是一个一个地数着物品,之后将其加在一起。"也就是说,当学生拿到共计 5 件的一组物品时,他们不得不数"1、2、3……",然而他们本应能一看就明白这是 5 件物品。在数 10 的时候,有排列整齐的两排物体,每排各 5 个,他们不会只数第一排然后将其加倍,而是从第一排数到第二排,从 1 数到 10。这位教师说:"我认为他们在二年级期末就应该牢固掌握这些内容,但是他们没有。"

学生没能在二年级学扎实就升到了三年级,他们的二年级老师为此感到自责,而三年级的老师同样会为此类问题感到自责。学生在三年级时理应掌握分数,但三年级教师发现根本没有足够的时间让学生真正理解分数。32 学生升入四年级时通过了州立考试,但他们其实并不理解分数实际表示的是什么。

赛内卡认为,这种学习深度的缺乏或许是因为学校过于强调州立考试的结果。州立考试设立了相对较低的学习门槛,所考查的知识范围较广,但深度很浅,不要求考生以对知识的深刻理解为基础而稳步提高。很多教师认为,州立考试并未检测出学生是否掌握了考入大学以及在大学学习中所必需的"高阶思维能力"①。一位教学院长告诉赛内卡,虽然她和她学校的老师们更喜欢加深学生理解力的课程(例如使用 TKOT 风格的数学教科书,书名《调查》),但这门课程与学生需要在州立考试中取得好成绩的学习内容是冲突的,因此 AF 学校的"范围与顺序"文件是针对州立考试而制定的。

对于特许学校网络,测试成绩是关键。成绩不仅决定学校能否维持下去,还决定了学校能否继续得到私人捐赠者的支持,这些捐赠者通

---

① 译注:即 higher-order skills,提法来源于布鲁姆的教育目标分类法。

常会将测试成绩作为衡量学校成功与否的标志。这些支持使 AF 学校能够为教学活动建立强大的"基础设施",也使得该"基础设施"中的教学活动全盘应试化。

赛内卡观察到,AF 学校培训教师的方法跟教学生的方法差别巨大。教师与指定的指导教师一起工作时,一次只专注于一两个学习目标。但是,在给学生上课时,就算教师们想花更多的时间专注于一个复杂的学习目标——如让学生理解分数——州立考试却成了拦路虎。如果花更多的时间理解分数,就意味着学习下一单元(如货币)的时间变少了。一位教育工作者告诉赛内卡:"到州立考试的时候,你知道会有三道关于货币的题目,但若你没有讲到货币……你就不知道学生们该怎么办了。"[33]

当然,有"基础设施"总比没有好。但问题是,美国的"基础设施"能大规模地支持"高阶思维能力"教学活动吗?赛内卡反复地思考这个问题,这一次她没有找戴维咨询,而是向戴维的妻子玛格德琳·兰伯特寻求帮助。

玛格德琳与戴维自离开密歇根州之后,一直很抑郁。对于戴维来说,这种失望是个学术难题,是另一个需要分析的失败的教育案例。而玛格德琳的沮丧来源于她在密歇根州时曾忘我地投身工作,使自己成为新型数学教师和新型教育学院教授的样板,甚至国家改革小组也将她(以及她的得意门生德伯拉·伯尔)作为美国教师的楷模,向人们展示该改革的可行性。但随着密歇根州试验和数学改革的相继失败,玛格德琳感到自己也失败了。

玛格德琳在 1991 年的一段经历就是这种失败之痛的例证。当时,为了给计划在 2000 年之前推行的新的教育标准提供建议,她被要求去华盛顿特区面对乔治·布什总统的一个顾问委员会进行讲演。她的讲演内容是她常用的一些说辞:为了突出教师和学生必须经历的改变,她描述了在斯巴达村学校给五年级学生上课的一天,直言不讳地说明了实际中会遇到的种种困难。她说:"不幸的是,美国人——要认知到美国教师只是美国人的一个子集——几乎不了解数学界或数学猜想,也不知道如何进行数学推理。大多数人从来没有做过这些。"她继续说:"让所有的学生到了某一年(2000年、2061年或者任何一年)时能够理解目前大部分美国人(更别说很多老师)不知道的东西,这个目标似乎相当宏大。"

玛格德琳并不是说美国不应该去尝试,而只是得出了一个明确的结论:改变——真正的改变——将需要大量的学习、大量的支持和大量的时间。

然而,顾问委员会没有欣然接受玛格德琳提出的这些挑战,而是抨击了她的观点。该委员会的主席罗伊·罗默是科罗拉多市的市长,他有着方下巴,说话语气强硬。他说:"我来打个比方。在沙漠风暴军事行动中,若总统想要采取行动,他会召回在沙特阿拉伯的将军们。他会说,给我个计划。"但是,若将军们给出的计划成本太高,筹备花费时间太久(例如一整年),总统就会要求换个计划,将军们怎么做呢?"他们会提出另一项切实可行的计划。"[34]这番话的意味很明确,若玛格德琳提出的方案会花费太多时间,那么她就得提出其他方案。

之后,玛格德琳出版了她的研究,该研究也是她在面对顾问委员会时所做讲演的背景。这本书叫做《带着问题教学以及教学的问题》(Teaching Problems and the Problems of Teaching),共有500多页,详细记录了她在斯巴达村学校一年的课堂教学情况。读者的反响与罗默市长的反应如出一辙。玛格德琳说:"公众最初的反应是,这个方法实在是太复杂了。如果这种方法需要500页才能说清楚,那么虽然我的工作确实令人惊叹,但任何读这本书的新教师都会认为自己永远做不到书中那样,而有经验的教师则会说没有时间。"

她一直致力于自己的事业,以使其他教师能够受益于她的工作,但读者仍然拒绝接受,他们认为这太难了,太过复杂,不可能实现。她打算休假,并选择了所能想到的最远的度假地:罗马。她计划在那里学习三个月的意大利语。她说:"我所需要的,就是离开这场争论,休息一阵子。"

但玛格德琳在一个名叫"意大利理念"的新语言学校学了几周后,发现自己还在考虑教学的问题——不由自主地就会朝这方面去想。她的意大利语课堂也让她感到惊人的熟悉。首先,课堂的流程总是以某种问题开始(如何用菜单点餐?如何礼貌地投诉?);之后让学生假设会发生的情景,教师将其写在黑板上;最后以讨论结束。她说:"在我们结结巴巴说意大利语的时候——结巴是因为那个学校不允许我们讲英语——我们要思考每个假设,并说出假设成立或不成立的原因。我当时就想,这不就是我教数学的方式嘛!虽然我不想以一名教育研究者的身份听课,但是我开始思考,他们是从哪里学来的?"

在一天刚开始上课时,玛格德琳突然又想到了这个问题。那次课间休息之后,她注意到课桌上有了新的资料(一篇报纸文章的复印件),而非他们休息前一直进行的任务。老师要求他们在文章中所有的人称代词下边画线。这个任务明显具有策略性。在课间休息前,老师在教室里走来走去,观察学生的表现。他看到很多学生被同一个问题所困扰,即人称代词和相应的动词之间的搭配。这个新任务有助于他们纠正错误。

不上课的时候,玛格德琳就会坐在罗马的咖啡馆里,修改自己书的校样,这本书用了相当大的篇幅来定义上述的那种教学活动——她称之为"学生独立学习时的教学工作"[35]。她说："我仍旧认为这是相当复杂的。这些教学任务来自哪里？只有我的老师在这样做吗？他读过我的书吗？"

最初，她没有问那么多。毕竟她只是在那里学意大利语，而非做调查研究。而且，因为"意大利理念"学校不准讲英语的规定，她就是想用英语提问也不行。她说："我既不知道怎么问，应该也无法理解他的回答！"

但是，几周过后，她观察到了学校运作的一些模式。"意大利理念"每个月会换一名新教师上课。玛格德琳用笔记记下了每个教师的风格。课堂程序是相同的——相同的课程结构，学生独立学习时采用相同的教学方式，课程中期定期修改教学计划的习惯也是相同的。她的第一位老师不是特例，在这所学校里，遵循的是校规。

这对她之前的工作产生了深刻的影响。"意大利理念"的学生都是自愿报名上课的，但是他们有着不同的学历和阶层背景。教师的情况也一样多样化，有全职的，也有兼职的，有的有经验，有的是新手。教师的薪水不是特别高，工作也不是非常卖力，也并非具备改革意识。若罗马的一所普通的意大利语学校都可以有如此常规且高水平的教学活动，为什么美国的学校不能有呢？

休假结束后，玛格德琳专门以研究者的身份返回罗马，研究"意大利理念"的教学活动。她认识到，该校的成功不仅依赖于其丰富的资源库（选出人称代词的那篇报纸文章只是冰山一角），还取决于一个教师教育计划，该计划让学校以自己独特的方式，认真地培训教师。

玛格德琳去意大利之前，她知道戴维的"一致性"从技术上来讲是可能的——日本等国家就实现了。"一致性"使这些国家的教师能够在教大量学生的同时保持较高的教学水准。但是，直到她亲眼看到"意大利理念"的教学模式时,才真正理解了"一致性"对她和美国的学校意味着什么。约翰·杜威曾幻想能避免优秀教师的离开,因为他认为"优秀教师的成功往往是天生的,也会因其死去而消亡",造成一种"浪费与损失"。现在凭借科学的体制,可以教会很多人如何去教学且不用刻意简化教学流程,这就意味着卓越的教学能力不必随着人的去世而消失,杜威的梦想有可能成真。

赛内卡将 AF 正在进行的工作告知了玛格德琳·兰伯特之后,玛格德琳就敏锐地注意到了 AF 与"意大利理念"学校之间的相似之处。与那所语言学校一样,AF 开发了一套详尽的资源供教师们参考,此外,这两个机构本身的设计理念就是同时帮助学生和教师。他们也都建立了"基础设施",唯一的区别是教学水平。AF 具备了"意大利理念"学校所能提供的全部支持,但缺乏 TKOT 式的严格性。

玛格德琳在 2009 年接触了赛内卡所做的研究。几乎同时,她的同事,社会学家托尼·布雷克,邀请她在"新学校创投基金会"(NewSchools Venture Fund,简称 NVF)主办的大会上发言。NVF 是一家慈善机构,其捐助促成了教育创业的事业。(NVF 创建于 1998 年,到 2012 年,共投资了 2.48 亿美元[36]。其中 AF 获得 600 多万美元[37],"非凡学校"获得 700 多万美元[38],KIPP 获得 600 多万美元[39]。)该大会意在应对特许学校网络最新的挑战——一个"痛点",NVF 如是说。

在工作坊、会谈和董事会议中,教育企业家们都描述了相同的问题。一些人称之为"人力资本"问题。道格·莱莫夫称之为"创建之/购买之"挑战。不管是哪种叫法,观点是一样的。在特许学校发展早期,教育企业家们雇用了能够找到的最好的教师。但是随着学校发展,他们无法继续依赖于雇用精英人才("购买之"),他们必须"创建之"——

教会教师们教学。该大会是一系列重大活动其中之一,旨在推出新的项目融资"计划包",以解决教师培训问题。

从玛格德琳的角度来讲,在 NVF 大会上发言是个冒险行为。她知道教育企业家们可能会与其他教育学院的教授一起来质疑她——这只是问题的一部分。但她与赛内卡谈过 AF 的教学情况之后,她急迫地想要面见他们。并且,托尼·布雷克指出,她在大部分职业生涯里一直在思考培训教师的最好方法;在她研究了"意大利理念"之后,她在密歇根大学建立的新模式也使她比以往更加乐观。她还基于在"意大利理念"学到的经验为教师们设计出了一个夏季培训项目。所以她才答应了托尼·布雷克的邀请来参会。

在大会上,一些企业家叫嚷着,明显对玛格德琳的观点表示反对,这正是她所担心的。当然,其他人还是很友好的。还有一个人站起来,提到了她的那本 500 页的描述她在斯巴达村学校教学一年的书,他说:"我读了你的书,很棒。"[40] 这让她感到震惊。

这个人的名字是耶西·所罗门,据玛格德琳所知,他之前在波士顿公立学校教数学,后来在本市最早成立的特许学校之一(校名为"山上之城")任教。在同样遇到了道格·莱莫夫的"创建之/购买之"问题之后,他就在这所学校创办了一个叫做"教师学院"的项目,以培训新教师。该项目后来不断发展壮大,不仅服务于"山上之城",还服务于整个波士顿公立学校系统。项目也有了新名字,即"波士顿教师实习学校"(Boston Teacher Residency,简称 BTR)。

耶西在参与运营 BTR 八年后,遇到了与 AF 相同的挑战(事实证明,与会的大部分企业家遇到了同样的挑战),即学术严格性。对于耶西,这个问题尤为急迫。哈佛大学的一名教授对 BTR 进行了一项历时多年的研究,结果令人担忧。虽然 BTR 的毕业生与其他同类项目的毕业生相比更有可能继续留在教学岗位,但是与有同等经验的普通教师相比,他们也不能提升学生的英语测试成绩,教学效果一样差劲。在数学上,甚至更差。[41] 一定是哪个环节出了问题,耶西需要做出改变。

于是,在他看了玛格德琳展示的"意大利理念"的教学情况后,萌生了托尼·布雷克一直希望看到的心理变化。耶西意识到,BTR 需要玛格德琳·兰伯特。

第九章　圣杯

耶西·所罗门对教学活动(instructional activities,简称 IAs)这一概念尤为感兴趣,这是玛格德琳·兰伯特在"意大利理念"发现的一个核心思想。

玛格德琳解释道,教师进行"高阶思维能力"教学的难点在于既要照顾知识的易懂性,又不能牺牲其复杂性。这无异于帮助几乎不懂数学的学生去领会这门学科蕴含的深意——学生们不仅要记忆,还要会推理、猜想、证明并理解。这并不容易,但如果老师的问题选择得当,即使教学对象是小孩子,也可以使这门课中的宏伟思想生动起来。同样的道理也适用于教师培训,如果只是关注教学的简单环节,老师们就只能学到表面的授课技巧。成败的关键在于让新老师从一开始就用最有挑战性的方式进行教学。

在"意大利理念"的培训学校迪利特,教师培训者们将语言教学分为 14 种核心教学活动。每一种都像是一道内容灵活丰富的数学题,既可以让新手老师有所发挥,又可以经改编以适用于任何年龄和能力水平的学生,这样的题目同时保证了易懂性和严格性。

以"重建对话"这一教学活动为例。该活动的常见形式类似于画图猜词游戏。一开始,老师用肢体动作表演对话,只做动作和画图,不说话。然后,老师让学生们只说意大利语,猜他刚刚说了什么。比如一个人在饭店点餐,想让服务员给他拿酒水单时他会说什么? 如果酒水单到手,他会如何反应? 要是他还是不确定自己想喝什么呢?[1] 随着这些问题的给出,学生们也提出了假设,老师这时候就会帮助并引导他们去理解这样的对话在实际情况下如何进行。(如果假设成立,老师打手势让所有的同学复述一遍;如果不成立,老师会说"不好意思",再重复刚才的动作,让学生们重新猜。[2])在这一过程中,学生不仅学到了词汇和语法,还学到了如何培养语感以及实际交流。

  在课堂里引导学生进行对话对新老师来说是有挑战性的,需要一系列复杂的演练,但在迪利特他们将其简化成一条条的教学步骤并让老师们进行尝试。开始进行授课演练时,学生是由教师培训者和受训老师们扮演的——师训者会有意地去犯学生可能犯的普遍错误——然后才给真的学生上课。授课演练的过程中,师训者们会当场给出建议。他们提醒新老师不要忘了教学活动的几个关键点,比如坚持让学生重复正确的答案。然后,当参训老师进入高级阶段时,他们开始学着分析学生的想法,忽略学生可能犯的小错误,并引导他们不断作出精确的回答。授课演练的最后阶段,所有人都开始发表意见,彼此之间对接下来如何教学给出提示和建议。[3]

  在到波士顿工作之前,玛格德琳一直在她创办的位于安阿伯市的"夏季学习机构"尝试做同样的事。她说,教学活动就像"容器",它让新老师在其中学习他们所需的知识。这种学习的一部分就是实战演练,这也是帮助孩子们学习所必需的。例如,在"共同数数"这一教学活动中,老师们要学习如何指导一组学生大声地数出一个特定的数字(比如说,2 或者 10 的倍数);学习怎么在黑板上写数字的顺序(例如,如果用纵列排序的话,那么个位数是 2 的数字,2,12,22,32 就会上下挨着,这样可以帮助学生们看清规律);怎么在数数时有意地停下来并提问题,如"下一个数字是什么?"怎样能让学生自己发现规律?以及如何通过讨论得出重要的数学概念?[4]

教学活动还让新老师学习他们教学所需的核心数学知识——德伯拉·伯尔和海曼·巴斯称之为"面向教学的数学知识"(Mathematical Knowledge for Teaching,简称 MKT)。(例如,在"共同数数"的教学活动中,MKT 包括对数学规律的理解,使学生理解数字的常用方法,以及老师怎样讲解可以促进学生的理解。)按照迪利特模式,"夏季学习机构"在演练中会组织小组讨论,互相给出反馈意见,并在如何提高学生数字意识方面提供想法和教学技巧。最后,他们将这套方法用到了夏季项目招收的当地学生身上。

耶西·所罗门想要将教学活动融入 BTR 中。在不到一年的时间,BTR 的其他领导人到密歇根对"夏季学习机构"的教学进行了两次现场观摩。2011 年,他们聘请玛格德琳在 BTR 做全职工作,负责重新设计整个 BTR 的教学项目。

BTR 项目的挑战比安阿伯市的夏季项目要大。从 BTR 毕业的老师们都被分配到了波士顿最差的学校任教,包括几个"转向"①学校。这些学校都是美国 5 000 所最差的学校[5]的代表。虽然玛格德琳在密歇根教过的学生也来自不同的种族,有着不同的文化背景,但波士顿的学生们家境更加贫寒且刚开始学说英语,还处在语言学习的过程中,很有可能正面临学习障碍和心理问题(波士顿公立学校里有 20% 的学生需要提供特殊教育)。

然而,在玛格德琳参观了波士顿的学校并亲自坐在秩序混乱的教室里听课后,她心中的念头一直没变。她认为所看到的这些问题和挑

---

① 译注:指反向发展的不良学校,所以需要转向。

战确实有难度，但是是可以解决的。她知道 BTR 培训的老师们可以让学生们学习，他们只是需要培训罢了。所以，当耶西请求玛格德琳离开密歇根到 BTR 做全职工作的时候，她答应了。

两年以后，玛格德琳·兰伯特站在 BTR 的培训生萨宾·费迪南老师的一年级课堂里。玛格德琳手里拿着 iPad 摄录这堂课的每一个环节，以此评估是否颁给萨宾毕业证，以便让这位老师有资格在马萨诸塞州教书。实际上这个班级原本由艾琳·卡弗负责，她是一位有着十五年丰富教学经验的老师。[6]但这一年来，萨宾分担的教学任务越来越多，在学生们看来，萨宾已经渐渐地成了和艾琳一样的老师。那天，萨宾引导学生们做了一个叫"图片速记"的活动，这个活动就是从波士顿地区小学数学课经常使用的教学活动改编过来的。

这节课在萨宾的倒数中开始了，"8，7，6……"。而与此同时学生们要自行落座。[7]写有他们名字的 X 形胶带粘在长方形的地毯上。"3，2，1。"萨宾每念一个数字都耐心地停顿一下，"我希望你们拿着铅笔坐在地毯的指定位置上。"

萨宾坐在了老师经常坐的位子上：那是个靠近门口的角落，旁边的墙上悬挂着布艺日历，上面写着"MARCH"（三月），日历上的日期用鲜艳的红白两色来呈现。

"坐在地毯上，双腿交叉。"她亲切地说道，"不要再让老师提醒了哦，谢谢。"

然后她回到正题。"谁还记得我们之前做过的'图片速记'？点状图的那个？"孩子们迅速地举起了小手。一个女生非常兴奋，甚至激动得坐不住了，改为跪在地上。

他们复习了一下规则：老师只让每张图片闪现两次，每次时间都很短。图片展示完毕后,学生写下他们所看到的。但当图片正在展示时,学生只能默记,不能动笔。

在那节课上他们要学的是几何,所以萨宾给学生看的图形不是要数的点,而是要画的图形。"准备好了吗?"她问,"1,2,3。"学生们深吸一口气,萨宾转着圈地展示给每个人看到——这是瓦娜·怀特①的风格。萨宾拿在手里的是一张白纸,上面画了一个正方形。

看了两遍以后,她把图纸钉在了左边的黑板架上。"好了,"她说,"问题是,我们怎么描述这个形状呢?"很多学生又迅速举起了手,但是萨宾耐心地等着,给更多的学生思考的机会。"我们怎么描述这个形状呢?"她重复着问题,"拉斐尔?"

"呃。"拉斐尔若有所思地说。他长得很敦实,脸上带着局促不安的微笑。"这是一个正方形。"萨宾本可以到此为止——"是的,正方形"——然后继续讲下一个图形。但玛格德琳在看着她,她决定继续问下去。

"谁同意拉斐尔的答案?"她问道。她把一个大拇指的模型拿到胸前,用来提示学生可以用拇指竖起或朝下的办法来表示自己的想法。"斯蒂芬妮,"她问,"你有什么可以补充的吗?你会怎么描述这个图形呢?"

斯蒂芬妮是一个精力充沛的女孩,此时正坐在地毯边一个特殊的椅子上,大概是为了让她保持注意力。她仔细地思考这个问题。"呃,"她顿了一下,然后大声说道,"它不长!"

"能再说清楚一点吗,"萨宾问,"什么不长?"

---

① 译注:瓦娜·怀特是美国著名节目命运之轮(wheel of fortune)智力答题游戏的模特,她的招牌动作就是举牌子。

"边不长。"斯蒂芬妮说。

马尔科姆也举起了手。"马尔科姆，你想说什么？"萨宾问。"它有，"他数了一数，"四条边！"

他们的描述越来越具体了，但是萨宾觉得他们还可以说得更多。"现在，"她说，"大家看看这些边有什么特点呢？"

"它们是中等长度。"奥斯卡答道，他坐在后面。

"对。"萨宾说。"达尼卡，"她继续转向另外一个同学，"你从这几条边上观察到了什么？"

"我想补充奥斯卡说的。"达尼卡若有所思地说。玛格德琳记下了她的话——这是一年级的学生在讨论数学问题，在一年级老师的课堂上。真是非比寻常！

"它们很长，"达尼卡接着说，"它的上边，很长——但是它的左边和右边，更长一些。"达尼卡的描述很显然并不准确，因为这个图形是正方形，它的四边实际上是等长的。但她毕竟是班里第一个比较长短的，而这使得讨论转向了一个重要的方向。萨宾指着黑板上的图形，重复了达尼卡的观察：达尼卡认为左右两边长于上边和下边。"很有意思。"萨宾说。

学生们正在慢慢地走进重要的数学领域，而且正处于发展的重要阶段。到第一学年的春季，学生们已经清楚地掌握了广义的几何图形分类，如三角形和正方形。但他们在做更细致的区分，例如正三角形和等腰三角形的区别，或者像这次，长方形和正方形的区分时，就遇到了不小的挑战。孩子们的想法表明他们对区别（边与边的关系）有一定的理解，但描述起来有点困难。左右边到底是比上下边长呢，还是它们都一样长呢？

讨论现在进入了一个重要的领域：这是一个从"万物有灵论"到抽

象理解的转变。"万物有灵论"是心理学家让·皮亚杰提出的,这一概念的意思是孩子们会认为物体有它们自己的意识,像人一样,并非稳定且守恒,而是可以移动并变化的。而抽象理解则是将正方形描述成一个具有四边等长性质的形状类别。孩子们会习惯从"万物有灵论"的角度思考,认为正方形不是稳定不变的,而是可以按照自己的意愿向任何方向延伸的物体。

在达尼卡发表了正方形竖边较长的错误看法后不久,一个叫路易莎的女孩用自己的观察将课堂拉回正轨。她说,实际上这个图形四条边是相等的。

"路易莎,"萨宾问道,她要抓住机会强调一个重要的观点,"你为什么这么确定四条边相等呢?那是什么意思?"为了让其他的学生明白,路易莎回答说"相等"的意思就是"和其他的一样"。

然而一些学生似乎还是很困惑。坐在后排的男孩奥斯卡急得跪了起来,要说说他对达尼卡的观察的想法。"如果你把它往上拉一点,再往上拉一点,"他说,比划着示意怎样把上边和下边分得更开,然后他解释道,"它就会变长,因为你把它往上拉了一点。"如果左边和右边变长了,上边和下边就变短了,他认为。

"所以你的意思是说如果我们要挤扁这个形状的话?"萨宾确认道。"是的。"奥斯卡点了点头。

玛格德琳知道在学校教授数学的目的之一,就是帮助孩子们努力克服奥斯卡刚刚的想法。正方形真的可以自己挤压自己吗?或者说,它要比孩子们想的要稳定?

"但是,"萨宾问,"路易莎告诉了我们关于这个形状的什么?马尔科姆?"

"她说这是四个相等的部分。"马尔科姆说。

"相等的部分，"萨宾重复道，"相等的边。"

作为一个更加有经验的老师，玛格德琳知道萨宾可以用其他方法帮助学生们解决这些问题。例如，要让他们深入理解长方形和正方形的区别，她可以用达尼卡对边长的不正确的观察作为一个契机。"我可以拿出一张画有长方形的图，然后问：'它们是相同的还是不同的？它们什么地方相同？什么地方不同？'"

但是这样的随堂反应需要长时间的培养（这得从弄明白这个奇怪的挤压问题的来龙去脉开始——这可不是一件容易的事），而且她也没指望一个只有一年教龄的老师能够在匆忙中弄明白。萨宾的做法正是玛格德琳所期望的。采用之前演练过许多次的常规教法，她能够让学生们集中注意力，而且与此同时，她也能聆听学生们对数学的想法。她的准备不仅能让她学会该做什么（如一起数数的步骤），也能让学生明白他们学的数学到底是怎么一回事。结果，她成功地让孩子们开始思考几何中的根本问题，而且当错误的想法出现的时候，她并没有把这些想法压制下去，而是把问题明明白白地摆出来让同学们去摸索。最终，她试图通过路易莎关于四边长度的想法来引出关键的内容。所以当奥斯卡提出他的"万物有灵论"想法，认为形状可以挤压时，萨宾就可以将其与路易莎的更准确的推测相对比，从而帮助奥斯卡重新思考什么是正方形。

即使学生们在这一讨论后并没有完全掌握长方形和正方形的区别，或是认识到抽象的物体跟现实中可伸缩的物体有什么区别，但相对来说，他们已经取得了重大的进步。"他们尽力地去理解一个基础性的概念，而且他们应该这样。"玛格德琳说道。这比很多一年级的课堂的表现都要好。这真是令人兴奋。

然后，在他们完成"图片速记"的教学活动以后，萨宾提出了一个加法问题。她给学生们看一个拼图,然后给他们一张表格,上面记录着组成拼图的各种形状:2 个六边形、0 个梯形、1 个蓝色的菱形、0 个正方形、3 个棕褐色的菱形和 7 个绿色的三角形。现在学生们的任务就是算出所有图形的总数。

玛格德琳知道萨宾故意选了一些总和大于 10 的数字(这里的总和达到了 13)。他们一直在用较复杂的方法算加法,如从最大的数字"往上加"或是把一个不熟悉的问题拆成熟悉的问题,或用数轴一个个地数。一个结果大于 10 的问题让学生们不得不自己寻找新的方法,而不是用现在许多人更喜欢的方法:数自己的手指。

事实上,正如萨宾希望的那样,学生们用了各种各样新的组合方法来解决这个问题。玛格德琳看到一个女孩趴在地上,写出两个算式——$3+3=6$ 和 $6+7=\square$——然后从 7 开始往后又画了 6 条竖线来算方框里的数字:

$$7 \mid \mid \mid \mid \mid \mid$$
$$8\ \ 9\ \ 10\ 11\ 12\ 13$$

她还看到另一个学生写出了不同的数学算式:

$$2+1=3$$
$$3+7=10$$

另一个学生费斯用了相似的方法。在费斯炫耀她的做法的时候,玛格德琳告诉她:"这个太酷了。"

$$2+1=3$$
$$3+7=10$$
$$2+1+3+7=\boxed{13}$$

然后,当课堂形式从个人独立解题转为小组讨论时,萨宾请一个不怎么爱发言的名叫凯文的男生分享他的方法。

"我先算 3 加 7 等于 10，然后——"他开始说，然后被萨宾打断了。

"你怎么知道 3 加 7 等于 10？"她问。

"因为我知道加起来等于 10 的数字组合。"凯文回答。

"所以 3 加 7 只是等于 10 的组合中的一个。"萨宾重复了一遍，她转向其他的学生，确保他们都理解了凯文的方法。"你可以用你已经知道的知识来做这道题。所以他知道 3 加 7 等于 10。"她转向凯文，"继续。"

凯文描述了他下一步的做法。还剩下 2 和 1，而他知道 2 + 1 = 3，所以他最后把 10 和 3 这两个数字加起来。"所以你得出了？"萨宾问。"13。"他说。萨宾把这一步写到了黑板上，她一直在上面记录每个同学的解题步骤：

$$3 + 7 = 10$$
$$2 + 1 = 3$$
$$10 + 3 = 13$$

萨宾准备总结这个重要知识点，即凯文再一次用他已经知道的数字组合得出了最终答案。这时，另一个男生脱口而出了他的想法。在那之前，他一直不好好地坐着，总是爱插嘴。但是现在，他是在观察了凯文的方法后才插嘴的。"如果你把零拿走，"他边说边指向数字 10，"然后把 3 放上去，就会得到 13！"

萨宾看着玛格德琳。通常小孩子在看到"3 + 10"的时候会错误地把 3 和 1 加在一起，得出 4。然后，不知道拿零怎么办，也没有完全掌握十位跟个位的区别，他们就会把零写在 4 的旁边：3 + 10 = 40。但这个男生，还只是一年级，就一下子得出了正确的答案：三个 1 和一个 10 是指 3 可以代替 0,最后得出 13。他凭着直觉搞明白了什么是数位。

萨宾和玛格德琳相视一笑。"老师明白你的意思。"萨宾告诉这个男孩。课堂继续进行。

耶西·所罗门不是第一个向专业学者求助的教育企业家。希瑟·柯克帕特里克是加利福尼亚有志公共学校的领导人,他跟其他来到"学会教学峰会"(Learning to Teach Summit)的人一样关注着一个问题。"我们似乎很擅长纸上谈兵,文案写得无与伦比。"希瑟说,"但是我们都感觉到,哎,当我们走进教室的时候,这并不是我们想去的地方。"[8]

他们想要的是更严格的要求——具体而言,就是他们称之为"学术语篇"(academic discourse)的东西。对他们来说,"语篇"包括四点。第一,老师不能在课堂上搞"一言堂",不给学生发言和思考的机会。第二,学生必须就课堂中的学术概念进行讨论。第三,学生之间必须用学术词汇进行交流。最后,他们必须做到说的话有"证据来支持"——在英语课上引用文本,在历史课上引用第一手资料,在数学课上通过证据来推理证明,在科学课上关注实验依据。

"就是这四点。我们应该在数学、科学、英语和历史课上实现这四点。这就是我们要追求的圣杯。"希瑟说道,"我们怎样才能做到呢?"

在希瑟为这个问题发愁的时候,有人建议她跟帕姆·格罗斯曼谈一谈。帕姆是斯坦福教育学院的一名教授,也是李·舒尔曼离开密歇根州到斯坦福后的第一批学生之一。在读研究生之前,帕姆有着将近十年的高中英语教学经历。李指派帕姆和她的同学们去研究单个学科的教学,帕姆选择了英语。随着时间的推移,李的学生就像家人一样。由于李是他们共同的导师,德伯拉·伯尔和其他的学生们就像帕姆学术上的"表亲"。大家研究相同的问题,只是所任职的大学和研究的学科不同而已。对帕姆来说还有一点不同：她选择了研究别的老师的教学而不是自己的。

一段录像记录了在加利福尼亚圣洛伦佐一所条件较差的城市高中，七个学生正在讨论《黄色墙纸》，夏洛特·珀金斯·吉尔曼的一篇短篇小说。视频中看不到老师，但是学生们表现得仿佛老师就在那儿上课一样，他们翻阅着面前的复印材料，甚至互相鼓励对方发言。

"你要说什么呢，吉姆？"录像片段一开始，一个叫艾米的金发女孩问她对面的男孩。"我对这个的理解，"吉姆说，"要回到麦克威廉斯小姐（他们的实习老师）在我们读这个故事前所说的，它为什么让她觉得毛骨悚然。"吉姆戴着眼镜，他对戏剧性停顿很在行。"而且，事实上，我的理解是她（叙述者）在第 30 页的最后就已经死了。"

其他学生停止了阅读，抬起头来。这个故事是一位女士的日记，她正饱受焦虑的折磨。故事里只用了一次"死"字，而且是用来描写她写日记用的纸的。女人的丈夫是一名医生，在他命令她放下工作并与社会隔离后，她在日记里记下了自己越来越糟的病情，日记中从未提到过她是不是活着。现在吉姆说她从第 30 页时就死了。"什么？"一个学生问。

"（第 30 页的）对话，"吉姆说，"最后一行写道：'我现在已用那条藏好的绳子把自己系牢了——你休想把我拽到那条路上去！'"这句话描述了叙述者在感觉自己被困在房间的墙纸后面时，是怎么利用绳子逃脱的。吉姆继续说："我觉得那个时候，她已经死了。这是她作为一个鬼魂在跟约翰（她丈夫）说话。"

"啊！"杰德大叫一声，这个穿着牛仔服的女孩一直在安静地听着，一会儿看着文章一会儿看着吉姆。她猛地站起来，一只手捂住了嘴。她旁边的女孩，萨莉亚，也张大了嘴巴。

"她在房间里是自由的,"吉姆继续说,"但是她也是不自由的——"

"在房间外!"杰德和萨莉亚一起喊道,而其他的学生们热烈地讨论起来。

但是艾米,那个一开始问吉姆问题的女孩,对吉姆的看法并不买账。"等一下,等一下。"她指向另一段,那一段似乎跟吉姆的推断不符。"系牢了"的绳子前面还有一句,暗指另一个女人可能跟叙述者用了同样的方法逃跑。

"这里,"艾米说,"书里说,'我怀疑她们是否和我一样都是从这张墙纸里钻出来的?'"这一描述跟吉姆的理解怎么能一致呢?吉姆还没有来得及回应,就有几个学生说道:"这是不是指死在她之前的某个人?还是死去的另一些人?""我猜这是不是代表社会,"吉姆说,"因为她在让自己解脱,而且她在想,所有的女人都在这么做吗?"

"所以她让自己解脱的方式就是自杀。"艾米复述了吉姆的观点。吉姆的意思是可以把两段联系起来,把所有女人从令人窒息的墙纸后面的逃跑都看作自杀。

很快杰德就有了一个新疑问。"那这个房间呢?"她问道,"这个房间!这个房间!这个房间一定也代表了什么。"艾米抓住机会说出自己对故事的理解:"也许……也许房间和这个区域代表生活,对不对?生活有很多部分,你想去的地方,你想做的事,对不对?她提到了她想要的房间,但是她的丈夫说不行。"

杰德点点头。她也被这一解释说服了,插嘴道:"不同的房间可能代表的是不同的生活方式!"艾米说:"或者是她可以或不可以做的不同事情。"吉姆轻轻地说:"或者是她生活的不同部分。""是的。"艾米说,用铅笔指向吉姆并点着头。他们有着不同的理解,但是看的都是同一篇文章。

视频呈现的对话正是希瑟和她的团队想要在有志公共学校培养的——一个"学术语篇"的原始范例。皮特·威廉姆森老师可能并没有出现在屏幕上,但是就像帕姆说的,他的工作却贯穿了整堂课。具体来说,他为学生们设计了一场富有成效的讨论——先让学生们写出两种问题,字面问题和理解性问题;然后让他们互相询问这些问题,并通过反馈来完善问题;最后,讨论结束后,他们要围绕怎么通过讨论得出更多结论做一个汇报。(这也是后来成为旧金山大学教育专业教授的皮特记录下这个片段的一个原因——这样学生们就可以观看视频然后思考他们下次怎么能做得更好。)

上述这些步骤只是皮特为《黄色墙纸》这一节课所准备的,为了让学生们有这样的表现他其实做了更多工作。最后,帕姆和她的研究生们将英语教学分成了重要的几部分——帕姆称之为"核心练习",相当于玛格德琳教学活动的英语课版本。

在各项练习中,帕姆简要介绍了"示范"练习。"示范"是最优秀的英语教师应掌握的核心技能,是带领学生们完成课堂上的英语学习流程的重要方法。"示范"不只涉及阅读和写作,还包括这些基本语言技能本身的组成部分,例如为了理解文章或引证推论而给课文做批注。要想教会学生们这些技能,老师不仅要带领学生们学习什么是批注或释义,他必须还要把这个活动划分成几个隐性的心理步骤。帕姆称之为"让你的思想可视化"。

最能发挥"示范"教学作用的课文是那些能引起学生共鸣的文章。如果要想效果更好,老师甚至可以用学生的习作。例如,老师可以拿学生的一篇议论文作为范例,解读作者如何阐述观点,一步步进行论证,并利用证据来支持其论点的。"'那又怎样呢?'是我要问学生的问题。"老师可以这样跟学生讲,"我的答案应该让大家明白……噢,这就是这

个证据重要的原因。"⁹

帕姆·格罗斯曼英语教学分类法的另一个类别是"课堂话语"。它能帮助老师引导学生进行思考。课堂上的讨论不应该是完全天马行空的,也不是真正使用语言前的消遣练习。最好的讨论可以当作写作训练的第一步,学生们在一同推敲措辞的过程中发掘文章的新意。文章的字面意思是什么?它的象征意义又是什么?如果讨论进行得顺利,那么在课堂最后,班上30位学生原本平淡无奇的论调将转变为30种观点鲜明的见解。

帕姆还在读研究生的时候,英语教学领域的学者就曾经阐述过讨论在文学课上的重要性。通过研究美国的课堂教学,学者们发现课堂讨论很罕见,但却很少有人想过怎么能帮助老师们做更多、更好的课堂讨论。帕姆和她的学生们分解了讨论过程,把这一活动划分成了具备"可教性"的几个部分。

帕姆等人发现,成功的讨论并不是偶然发生的,而是需要严密、精心的设计。帕姆的指导对象中有一位老师名叫伊冯娜·迪旺·哈钦森。伊冯娜任教于洛杉矶联合学区的一所高中,该校位于瓦茨和康普顿之间。¹⁰她发给学生们一个叫做"常备应答策略"的详细表单,上面列出了学生在讨论中可能用得到的沟通方法:

- 如果你不知道答案,可以试着说:"我不知道,但是我会努力找到答案,然后回复你。"
- 如果你没有准备好要说什么,可以说:"我很抱歉我没有准备好。"
- 如果你没听懂问题,可以说:"请你复述一遍(或者重新解释一下)问题好吗?"
- 如果你做了作业并理解问题,但还是没有想出答案,可以试试说:"请等会儿再问我,我还在思考。"

"常备应答策略"可能看起来有点强人所难,但如果不这样就根本无法保证学生会开口。"你不是天生就知道该怎么讨论《宠儿》的,"帕姆说,"实际上,你可以慢慢学会一些东西,而且老师们确实可以用一些方法帮助学生成功地进行讨论。"

伊冯娜还写了一些怎么让学生开口发言的建议。譬如要表达反对,可以先说"我尊重但不同意这个观点",然后再表达并证明你的反对意见。要表达同意并想补充,就说:"我想补充××(人名)所说的。"[11]

还有其他的一些规定让课堂讨论显得愈加灵活多变。为了确保更多的学生开口并尽可能地得出答案,伊冯娜利用学生之间的影响,让学生们互相提问。她发现,青少年们更愿意回答同龄人而不是老师的问题。如果学生开不了口,说不出什么来,伊冯娜也准备好了对策。她经常提醒学生们暂停一下,给学生一段"沉默"时间,让他们有更多的时间整理自己的思路。通过她的示范,学生们还学会了怎么指导对方,甚至能让最寡言少语的学生开口发言。

这还仅仅是个开始。在伊冯娜的课堂上,每一项讨论都以"预期性引导"开始。在讨论之前,她给学生们设计好一系列问题,让他们开始思考文章的主题。然后是每个学生都要单独回答的"阅读反馈激发"环节。老师会给出关于最佳阅读方式的指导,例如"用自己的方式标记课文","如何使用荧光笔和利用元认知思维来进行标记",还包括让学生自己撰写问题。(在伊冯娜的课堂上,连问题都有仔细的分类,从基于基本事实的"眼前的"问题[一级]到概括并引申文章主旨的"全局性"问题[三级]。每个反馈环节,学生要写两个一级问题、三个两级问题和一到两个三级问题。)最后,在集体讨论前,他们会先小组讨论几分钟。

"如果参与讨论时学生已经建立了自己的参考框架,那么他们就会更投入。"伊冯娜解释道。[12]

上述准备工作将学生们送到了开展讨论的起跑线上,但要想让讨论富有成效,伊冯娜还得随机应变。帕姆和她的另外一个研究生丽萨·贝克一起,根据伊冯娜和其他老师的课堂录像,将引导讨论的艺术分解成了几部分。帕姆和丽萨把伊冯娜经常使用的一项活动称为"吸收"。这是早期研究课堂讨论的学者们创造的术语,是指老师听了学生的发言,然后用某种方式复述该发言,通过总结该观点(例如本章上文中学生讨论时提到的"所以她让自己解脱的方式就是自杀"),对其进行详细解读,或者鼓励该学生来进行自我剖析。

丽萨跟帕姆一起将"吸收"分成了九个部分,代表了教师在不同的时候所采用的不同方法。最简单的是"复述",指总结一个学生的发言,但是复述要加入学术语言,比如更准确的语法或更精确的术语。"重述",是复述的分支,指为了某个特殊的目的而总结学生的发言,如把它归为具体的某一类——艾米重述吉姆的观点是为了支持他的理解,那个女人是一个鬼魂。

"吸收"的其他做法要求老师鼓励学生们更好地发言。其中,"挑战"是指为了辩论的需要,对某一观点持相反的立场。"施压"是指从发言的同学那里获取更多的信息——可能是某一论点的证据或是对某意义的澄清。"公告"是指提出一个学生的论点然后引导学生们讨论——"谁觉得自己可以表达清楚吉姆想说的话?"[13]

布置《黄色墙纸》任务的皮特·威廉姆森老师不仅自己精通课堂用语,还通过给学生们示范,从而让学生们能够自行运用"吸收"方法来讨论这个故事。艾米知道要求吉姆解释清楚;杰德知道重复吉姆的观点,以确保自己理解了他的观点,当她想挑战吉姆的观点时,她向吉姆施压,让他详细地解释该观点;最后,当艾米提出她自己的理解时,吉姆知道怎么使用"吸收",并以此为基础,听她描述房间的象征意义,然后帮她润色自己的观点。故事里的房间不仅代表"她可以或不可以做的不同事情",还代表"她生活的不同部分"。

希瑟·柯克帕特里克很喜欢这段录像。她跟帕姆进行了交流,很快帕姆和丽萨就都来到了有志公共学校的夏令营教书。

对于学者们给办学者带来了什么,看法之一就是"学科知识"。像道格·莱莫夫这样的教育企业家看待教学的视角是宏观的,涵盖所有学科,而玛格德琳·兰伯特只研究数学,帕姆·格罗斯曼只关注英语。

但是和"学科知识"同等或更加重要的是学者们提出的学习理论。具有讽刺意味的是,促进学习理论产生的理论架构(指教育研究和心理学的密切关系)历史上曾阻碍过教学研究。正如李·舒尔曼的前辈纳特·盖奇所发现的,教学研究并不是学习研究的对立面。但其推论也是成立的,即不理解学习就不可能理解教学。

也许并非有意为之,但特许学校采用的是"线性学习模式"。他们认为,学习者需要熟练掌握基本技能才能完成他们称为"高阶思维能力"的学习。这在数学学科中是指解决问题前要先记住乘法口诀,在英语学科中是指表述论点前先要掌握基本的词汇。他们把学习看作建筑:没有建筑材料,再厉害的设计也毫无用处。不掌握基本的常识,就无法成就那些复杂且美好的东西。

事实是概念的基础这一观点是基本的行为主义学习理论。如果了解事实是学习的开端,那么记忆就是了解事实的开端——因为记忆(或"熟练度")跟概念("批判性思维")是分开的——那么教孩子学习的最佳模式跟爱德华·桑代克对他的猫所做的并没有什么不同。练习,练习,练习,加上有规律的惩罚和奖赏。之后再考虑更高的要求。

在这种理论引导下产生的教学风格在处理犯错时体现得尤为明显。在行为主义模式中,每个错误都应该得到迅速且严格的纠正。不然的话,学生们就不知道他们犯了错。最优秀的特许学校的老师们也都认同这一准则。KIPP一名最杰出的数学老师决定绝不给他的学生们任何机会在家练习没有教过的问题。他解释道,因为在家没有老师制止他们,他们就会一直练习错误的方式。如果没有老师纠正或确认他们的步骤,他们犯的错误就可能会成为根深蒂固的错误认识。

道格·莱莫夫分类法中的好几个教学技巧(例如,"再做一次")也是基于这一观点。在他的分类法中,教学行为常常被归结为对每个不正确行为的及时反应。老师必须要对每一个错误给出快速正确的回应。在写到怎么教会学生"解码"(指将一连串的字母解码成一个可以读出的单词)时,他强调不要放过任何一个错误。"考虑到解码在各个年级的重要性,"他写道,"老师应该努力随时纠正解码错误,无论他们教的是什么科目、几年级。"他把迅速提示学生所犯的错误这一技巧命名为"猛击错误"。[14]

但是当帕姆、德伯拉和玛格德琳在20世纪80年代开始研究教学时,人们开始揭示出这一行为主义观点的局限性。心理学家发现,人类的学习是不断探索的过程,而不只是熟练的刺激反应。概念也并不是由事实堆砌而成的,两者之间是互相渗透的。

例如,那些记忆力强的人会通过将他们的学习内容融入更为抽象的思维地图中来记忆。心理学家在研究一名代号为"S. F."的大学生时,发现该生通过给数字赋予更多的意义可以记住一大串的数字。作为一名赛跑选手,S. F. 把数字转换成比赛时间来记忆。例如,3 492变成了"3分49.2秒,接近一英里世界纪录的时间"。也就是说,对 S. F.

而言仅仅是数字 3.492 是不够的,他会把该数字放在对他有意义的情景中来加强记忆。在练习一年半以后,S. F. 可以记住的数字从 7 位增加到了 79 位。他仅有的失误都是因为他没办法将那些数字和某个著名的赛跑纪录时间相匹配。[15]

同样,孩子们学习加减法,是基于他们直觉上的数字意识,而不是老师告诉他们什么是正确的。就像巴西街道上卖水果的孩子们,如果他们想要在脑子里进行数字混合运算,他们会通过数数,分类再分类,直到他们想到一种跟他们已知的数字法则一致的方法。[16]

人类基本上从出生就开始练习这种思考——教育企业家可能称作"批判性思维"或"严格性"。在一次又一次的实验后,研究婴儿的心理学家发现孩子们并不是通过奖励和惩罚系统来观察社会的,而是通过基于观察而得出的一整套普遍规律与规则。

在一次实验中,心理学家们先把一个蓝色的桶推下斜坡让它撞击一只玩具虫。他们六个半月大的研究对象看着蓝桶推着玩具虫向前走,一直滚到水平轨道的中间。然后研究者们又推下了两个桶,一个大点的黄桶和一个小点的橙桶。和预想的一样,黄桶把玩具推出了更远,一直推到了轨道末。奇怪的是,橙桶虽然比另外两个桶小,却也把玩具虫推到了轨道末端。把这一现象给成年人看,研究者们发现他们会很吃惊。没有学过物理规律的婴儿们也会这样吗?

事实上,婴儿也会。相较于对照组的婴儿们在看到未违反物理规律的一系列事件时注视的时长,实验组的婴儿们看到橙桶推动玩具虫的距离更远这一奇怪现象时注视的时间更长。这些婴儿还不到一周岁,很显然没有因为知道大桶比小桶推力大而受到过奖励,但在获取了周遭环境的数据后(即所有情况下大物体都比小物体推东西远),他们就形成了合理的抽象心智模式。[17]

上述案例并不是想表明概念化的理解比记忆更重要,而是说这两者之间是不可分割的,任何将其一分为二的理论都是不成立的。玛格德琳用一个词对此做了总结:儿童是"意义创造者"。就像盯着桶看的婴儿,他们以自身不断发展的对事物运作方式的理解为基础来接受并分析看到的信息。那些认为记忆不需要以概念和规则为基础,或相信单凭重复性奖励和惩罚足以让人学会知识的教育工作者们最终只会自食其果。孩子们会试着去理解规则,即使规则本身并不合理。当不可避免地出现例外现象时,他们仍会去套用规则,就像那个过度强调减法要重组的加州老师,当她的学生得知了借位的重要性时,就开始在做每一道题时都借位,无论减数是比被减数大还是小。

玛格德琳、帕姆和德伯拉的教学方式(即 TKOT)在学术上更为严格的原因不是她们的问题更难,期望值更高,或评分更严,而是她们看待学习的视角更准确。她们不仅研读了有关学习的一般性研究,还为了所教的各个学科学习了认知的具体规则——认识论。每个学科领域都有其对"什么才叫掌握了相关知识"的具体定义,例如在数学中是将猜想转为证明,或者在文学中是发掘证据、解释并最后形成理解。

由于定义并不是一成不变的,其所代表的教学法也不是放之四海而皆准。例如,数学中的"你,你们,我们"课堂模式在日本很受欢迎(在玛格德琳和德伯拉的数学课上也是),它为研究较抽象的概念提供了教学框架,比如讲解分数和负数的含义。同样,在英语课上,学生们需要学习具体的阅读和写作技巧,例如怎么弄清生词的意思,或如何在写作中铺陈观点——这时候"我,我们,你们"的教学模式,再加上引导性练习就更合适了。而且,不同学科中的不同知识点也需要采用不同的教学模式。

利用这些具体的方法,虽然对学术严格性的追求是一样的,但玛格德琳、帕姆和德伯拉以及她们的同事们就要比奉行"没有任何借口"学校的老师们更容易达成目标。她们通过帮助学生们从不同的视角看待世界，让他们的直觉性知识更接近数学家（或是科学家、历史学家、文学理论家等）多个世纪以来总结出来的概念和具体操作规则宝库。这样看来，教学是以聆听为开端的。"与儿童交流的重要一环，"玛格德琳说，"就是推测他们的水平，然后思考给他们什么样的体验会挑战他们的世界观。"

不同的学习方法也让玛格德琳、帕姆和德伯拉区别对待儿童的错误。在 TKOT 中，犯错不是令人担忧的、需要及时消灭的疾病，而是慢慢纠正错误理解的宝贵机会。她们认为，教学的目的之一就是发掘错误。帕姆见过的最好的英语老师，通过给学生展示待提高的学生作品，然后将差的跟好的相比较，告诉学生们具体应该怎么做来提高写作水平。同样，玛格德琳和德伯拉课堂上的提问也是以发掘和澄清学生的误解为核心来构建的。

一些日本老师将这一概念进一步延伸。玛格德琳称为"在学生独立学习时的教学"的课程部分实际上有两个相互矛盾的日语名称："期间提示"和"期间巡视"。其中，"期间提示"描述的是观察学生解题时做出的努力，在必要的时候进行干预（例如给予提示或其他的指导）以解决他们的困惑。但是第二个名称，"期间巡视"被一群纯粹主义者采纳，指的是只观察不评论。当一个学生犯错或困惑时，老师只是简单地记下错误（也许在一沓纸上或者只是在他的脑子里），点点头，然后继续巡视。这两个术语的英语翻译澄清了差别："期间提示"是指"在课桌间指导"（between desks instruction），而"期间巡视"是指"在课桌间巡视"（between desks patrolling）。

赞同"期间巡视"的纯粹主义者们认为，学生们在自行发现错误时会学得更好。而老师则确保学生们在教学流程中"我们"这一环节的小组讨论时真的能发现自己的错误。

这样看来,道格·莱莫夫的"分类法"似乎自相矛盾了。一方面,以"猛击错误"为例,他的大多数教学技巧是建立在消灭错误的基础上的。然而,道格还写过文章讨论让课堂成为犯错的安全空间的重要性。实际上,"让错误正常化"是他的第 49 个技巧,也是"分类法"中的最后一个。它描述了老师怎样能让学生不排斥犯错。而且,在《像冠军一样教学》一书中,道格在同一页上既强调了改正错误"越快越好"的重要性,也称错误为"学习过程中正常且健康的一部分"。[18]

这种矛盾在道格针对成年人的教学工作中就不那么明显。在这一点上,教育企业家和学者们采取的方法惊人地相似。在"分类法"研讨会上,参会者在观摩课上采用的技巧和意大利迪利特所使用的技巧几乎完全一样。道格总是强调使用这些不断演化的教学技巧的大前提必须是它们得合情合理。同时,管理人员的工作不是惩罚那些教得不好的参会者,而是为他们提供学习的机会来教导他们。

久而久之,即使没有学者的干预,教育企业家们教儿童的方法也开始越来越趋近于他们教成年人的方法。在 2013 年,道格开始设计"分类法 2.0 版",即《像冠军一样教学》的第二版,在这本书中他修改了大部分对待犯错的方法。新书试图教老师们把错误变成学习机会,而不是关注出现错误时如何快速地将其消灭,同时书中也提出了新的教学技巧来让学生不排斥犯错。

既然道格的观念可以转变,最大的问题就不再是教育企业家们是否会故步自封了,因为即便没有学者们的帮助,他们的教学也已经在发展。那么最大的难题就是美国其他学校的教学是否会改变。像帕姆、玛格德琳和德伯拉这样的学者仍然只是教育学教授中的少数派。

与此同时,特许学校的数量在不断增加,虽然到了 2011 年,特许学校的学生总数也只占了美国公立学校的 4%。[19] 而且,尽管外界更关注特许学校,观察家们关注的课程并不一定反映学校内部的真实情况。相反,一如既往,观察家们关注的是当初催生特许学校的教学效果考核制度。

第十章　怀抱希望的职业

2004年,道格·莱莫夫开始筹划他的"分类法",德伯拉·伯尔则和她的两位导师(戴维·柯恩和密歇根大学的教务长保罗·库兰特)探讨她的未来。

自从1996年随戴维和玛格德琳·兰伯特来到了安阿伯市的密歇根大学,德伯拉已在密歇根州工作生活了八年之久。在那里,她的事业得以蓬勃发展。她录制的关于肖恩、梅以及她班里其他学生的授课录像得到了越来越多的学者和数学教师同行的认同与支持。她与戴维合写的几篇关于教育基础设施的论文也同样得到了关注。此外,她还与数学家海曼·巴斯共同建立了一个有关"面向教学的数学知识"的语料库,旨在将人们对学科知识的关注扩大到与之相配套的练习上来。

那一年,另一所知名大学向她伸出了橄榄枝。当她和戴维讨论应当如何抉择时,戴维问她:"你真正想做的是什么?不是考虑你想在哪里居住,而是你到底想做什么。"[1]

德伯拉不假思索地回答:"我想彻底改变这个国家的教师教育。"在过去的20年里,德伯拉一直在学习如何教学,但从宏观来看教育的状况几乎没有改变。特许学校的出现算是令人欣喜的例外,但他们只能惠及美国学生中的极少数。绝大部分老师的状态还像德伯拉当初刚到斯巴达村学校时一样,不知道该怎么去教课。而大学的教育学院也不思创新，仍旧采用 20 世纪 70 年代李·舒尔曼在密歇根大学授课时的那种 500 人同堂听讲座的形式来培养胸怀抱负的教育工作者们。就算 TFA 已经做了很多改善，也难以保证其教师能帮助学生利用"高阶思维能力"进行学习。

教师教育现状如此，课堂教学的状况也一样糟。各州、各学区，甚至每个学校的课程设置均不尽相同。测试非但不能作为现有课程设置的有益补充，反而让学生觉得思维更加混乱，甚至颠覆了原有的课程体系。教师的专业发展至少是缺乏规划的。戴维·柯恩提出的一致性问题仍旧存在，但却广遭忽略：关于学生到底应该学什么，美国对此依旧莫衷一是。教师们孤立无援，依旧只能靠自己摸索如何帮助学生。整个教育界每天都面临着这种不一致带来的困境，而那些真正理解教育基础设施的老师屈指可数，且几乎都在安阿伯市的同一所学校共事。

德伯拉到底想做什么？她是想建立教育基础设施来为"尽责的教学"（即 responsible teaching，比起 TKOT，她更喜欢这个术语）提供支持——这不仅仅是为了她在密歇根的学生，同时也是为了全国的老师和学生。根据戴维的定义，教育基础设施有三个关键要素：第一，共同的课程设置，划定学生应该学习的内容；第二，共同的考试，考查学生对课程的掌握程度；第三，教师教育，使教师掌握教授学生必修内容的方法。[2]由于德伯拉的专长在第三点，她决定从教师教育入手。

德伯拉开始规划未来，当时是 2004 年。在 2007—2008 学年，大约有 20 万名新教师第一次走进教室，而在 20 年前这个数字只有 6.5 万。[3]到 2011 年，将有 370 万人进入教师行业。与教师数量的增幅形成鲜明对比的是教师教学经验的下降，1987 年教师平均有 15 年教龄，而现在的老师却只有一年。[4]如果这些新教师要胸有成竹地走进教室，必须有人来帮他们做好准备。

德伯拉设计了一套模板来为教师们上好课提供知识和技能两方面的支持。如果这套模板在密歇根州的实践能达到预期效果，就可能被推广到全国。

戴维和保罗都全力支持德伯拉的想法。如果德伯拉想做的事情是去改变教师教育的现状，他们会说："这正是你应该做的事。"此后，她决定继续留在安阿伯市并出任密歇根大学教师教育项目的主任，同时教务长也给了她相当丰厚的经费来重新打造该项目。翌年，她升任该校教育学院的院长。

德伯拉的项目（她称其为"教师教育倡议"）恰逢其时。

德伯拉选择了戴维·柯恩提出的教育基础设施三要素中的第三点，一方面是因为其重要性，另一方面是因为这恰好是她的专长，但很快另外两个要素（即共同的课程设置和考试）也慢慢地在实现了。这里的驱动力就是《共同核心标准》（the Common Core Standards，简称 CCS）——一个为全体美国学生制定全国性教育目标的新尝试。CCS 本身并不是课程设置，也不是测试，但是它为这两者的实施铺平了道路。刚开始时，CCS 所有的努力似乎像德伯拉的"教师教育倡议"一样不切实际，此前的每一次撰写国家标准的努力也都以失败告终。这类国家标准总是会引发争议。批评家们不是认为阅读内容比重不合理（太多哈丽特·塔布曼①而太少罗伯特·爱德华·李②）[5]，就是认为三年级的阅读目标写到了一年级的设计里[6]。砰！支持该标准的联盟就瓦解了。

---

① 译注：哈丽特·塔布曼是废奴主义者。
② 译注：罗伯特·爱德华·李在美国南北战争时任南方联盟总司令。

但是 CCS 的倡导者们已经从他们的前辈们那里学到了一些经验。CCS 的撰写过程是相对孤立的，并没有大肆宣传。他们有计划地获取各州的信息，但获取信息的渠道并不是联邦政府机构，而是"全美州长协会"，从而避免了被认为是联邦政府在实施干预。他们也在时机上占有优势：经历了 20 世纪八九十年代数学和阅读学科的几轮"战争"之后，两派之间的战火也渐渐熄灭了。阅读专家现在普遍认可自然拼读教学和强调文意理解是同等重要的。[7]而核心的数学家团队也开始接受教师用"模糊数学"（fuzzy math）的方法来授课。当然反对意见也是不可避免的，尤其是针对组织化程度较低的初高中英语课。[8]尽管如此，到 2010 年 7 月，即 CCS 颁布还不到两个月时，已经有 27 个州宣布要采用此标准。[9]截至 2013 年底，采用 CCS 的州总数达到了 45 个（外加华盛顿特区）。有这么多州同意采用 CCS，共同的课程和共同的考试的出台也就指日可待了。

教育基础设施三要素中的第三点，即教师教育，很可能是最难创立的。毕竟，改革者花了几十年试图振兴教师教育，但是收效甚微。但对德伯拉而言，她推行这个项目的时机给了她一个独特的机遇。到了 2004 年"教师教育倡议"刚启动时，学界比以往更清楚如何指导教学。很大程度上，这要归功于朱迪·莱利尔。虽然朱迪的改革项目在密歇根州遭遇失败，但是她和李·舒尔曼 25 年前指导过的教师这些年总结出了大量的教学实操经验，并开始将"教师的智慧"落实成文字。这意味着他们能够展示出一个新教师需要掌握的全部细节。当玛格德琳·兰伯特和帕姆·格罗斯曼展示她们的教学活动和关键步骤时，她们也着手开发将这些"智慧"传授给新教师的途径了。

朱迪·莱利尔的团队当年仅有宏观的总体目标，例如"将教师教育与课堂教学联系得更加紧密"或"使教师的学术知识储备更具合理性"。[10]德伯拉和她的团队设定了更具体的目标。他们基于朱迪·莱利尔的研究成果,草拟了培训新教师的课程设置,其中就包括一个专门介绍教学技巧的课程,称为"高杠杆效应的教学技巧"(high-leverage pratices,简称HLPs)。

譬如,第一条技巧是"通过解释、示范、举例、陈述等手段使内容变得清晰明白"。该技巧吸收了帕姆·格罗斯曼和其他研究者的经验。同时,帕姆和玛格德琳的研究工作又促生了第二条(即"带领全班讨论")以及第三条("引发和解读单个学生的思考")。而德伯拉的数学教学知识则促成了第五条和第六条:"在某一学科中识别出特定的学生共有的思维模式"(例如小学生会倾向于用R来表示小数点,把1.5写成1R5)和"发现学生共有的思维模式并实施教学反馈"(例如帮助五年级学生在学习分数时理解整体的重要性)。

德伯拉与密歇根大学的毕业生弗朗西斯卡·弗扎尼合作开发这个项目。弗朗西斯卡也是TFA的毕业生并曾在该机构执教,所以德伯拉做开发时也从教育创业运动中取经。其实教育企业家们和学者一样,都致力于将高效教学落实成文字。特别值得一提的是,德伯拉借鉴了麦驰教师实习学校的课程设置,该机构也是卢梭·米泽的前任校长斯泰茜·伯塞尔·奥图尔工作过的地方。

麦驰的教师培训项目受到了该校的创始人兼校长查尔斯·斯波萨托的启发。查尔斯2007年罹患癌症逝世,但他的教学智慧得以注入该项目,令教师培训的"可教性"成为现实。其中一个关键就是有计划地建立起学校与学生以及家长之间的紧密联系。每年八月,这位老校长都会在开学前给每个学生家里打电话以建立他所谓的"关系资本"。他会在接下来的一学年里与他们保持电话联系,同时确保通话内容多样而不只是告知坏消息。相应地,麦驰师训项目要求每一位参训教师操练六种不同的打电话技巧,从"快速赞扬"到"正式会谈"应有尽有。该项目还要求老师每周和不同的家长通话数小时:工作日每晚一小时,周末每晚两小时。

"当他打来电话时,你不知道通话的目的是什么。"贝内西亚·芒福德说。贝内西亚是两个麦驰毕业生的妈妈,她保留了斯波萨托逝世前不久发给她的一封语音邮件。该语音邮件中,老校长说:"嘿!贝内西亚,爱德华令我无比骄傲!(贝内西亚的儿子爱德华在弗吉尼亚州立大学学习的第一年进入了优等生名单。)请转达我对他的祝贺,希望他继续努力。也谢谢你总是关心我们,我爱你们。"[11]

斯波萨托的这种系统地建立关系的做法引起了德伯拉的共鸣,她在斯巴达村学校时也常常与学生家长联系,并发现这么做非常有帮助。因此,十九条"高杠杆效应的教学技巧"中还包括"与学生进行战略性的建设关系的对话"和"与家长或监护人就学生问题进行联络"。

没有一项技巧是容易掌握的,都要求勤奋、细心、思考和一定的勇气,但它们确实具有超凡的效果。如果一位老师愿意投入精力做某事,那么最好就投入到这十九项技巧的练习中。而且如果教师从在教育学院学习的第一天就被激励并养成了良好的教学习惯,这些习惯将伴随他们的整个职业生涯。

德伯拉遭遇的最后一桩幸事,出乎意料地不是来自她的导师李·舒尔曼创立的教学研究院,而是来自经济学家埃里克·哈努谢克。

在埃里克·哈努谢克 1972 年首次提出"考核制"时,他主张教育拨款必须与期望值相匹配。该观点并不被人接受,而他也因此遭人诟病,得了"邻家疯汉"的恶名。但在 21 世纪的第一个十年末,共和党人和民主党人开始认同他的观点。随着《不让一个孩子落后》法案的通过,哈努谢克这个"疯汉"成了权威。[12]

但哈努谢克的第二个观点花费了较长的时间才被大家接受。这就是他所说的"教学效果考核制"。通过早期对加利福尼亚教师的研究，他发现最好和最差的教师的教学效果一直有很大的差别。甚至在他借鉴了工业厂房里计算生产效率的统计方法并进一步完善了他提出的"附加值评估法"后，这种差别依旧存在。其后的每一个新发现都印证了靠附加值评估来奖惩教师（奖励最好的、解聘最差的）将有可能从根本上改变美国教育。

哈努谢克的一项算法是把美国学生的学业表现和加拿大同龄人的相比。他发现在国际化测试中，加拿大学生的平均分要比美国学生高半个标准差。（加拿大学生的表现要高于平均水平，在经济合作与发展组织成员国中位列前十，而美国学生的表现只是勉强没排进倒数十名。）哈努谢克意识到这个差距是可以弥补的：即通过附加值评估得出分值，淘汰末位的那6%到10%的教师，如果一个学校有30位教师，就要解聘末位的两三位教师。[13]

在早期对附加值评估法持怀疑态度的人群中有一位叫汤姆·凯恩的经济学家。他也研究教育，但他不认可附加值评估得出的数据，至少他不认为这些数据值得严肃对待。在2002年，波士顿联邦储备银行邀请凯恩对哈努谢克的新论文作出回应，他公开表示了担忧。他说："附加值或许是一个有用的概念，但这种评估方法本身干扰因素太多了，难以想象它会是一个有效的测量工具。"[14]

凯恩有充分的理由对此保持怀疑。一年前，当国会开始考虑小布什总统提出的教育法案（即《不让一个孩子落后》的预案）时，凯恩和另外一位经济学家道格拉斯·施泰格对过去每一年用于给各校定奖惩措施的测试结果作了分析。他们发现这些测试结果存在普遍的不稳定性。例如,一个总体发展状况良好的学校也会有成绩糟糕的一年。如果以法案的标准来评判,该校就成了失败的案例。凯恩和施泰格将他们的发现刊登在了《纽约时报》的专栏上,他们写道:"由于小学每个年级平均有68名学生,如果招收的某一批学生较乖巧而下一批却自由散漫,那么这种生源质量的波动也将导致学校测试结果的波动,即便学校整体的发展是在正轨上的。"

这种波动是如此普遍,如若《不让一个孩子落后》法案在北卡罗来纳州和德克萨斯州都得以立法通过,那将只有2%的学校能达到该法案所要求的持续进步的标准——要知道那时候这两个州的教育水平正处于明显的上升期。"对于普通的学校而言,向前进两步总是伴随着向后退一步。"如果该法案不予更动,他们认为"它很可能将以失败告终"。[15]

在波士顿联邦储备银行,凯恩对教师的评论也反映了他研究学校的经验。如果学校每年测试的结果有如此大的波动,那么单个教师的教学效果肯定更加不稳定。毕竟,造成测试结果波动的核心原因在于他们每年测试学生的样本量较小,而教师每年教的新生数量一定少于学校招的新生,这就几乎确定了评估结果存在更大的不稳定性。毋庸置疑,教师的附加值评估数据比起学校的统计数据更加不可信。

在凯恩和施泰格的研究吸引了公众的注意之后,国会修订了法案中"适当逐年提高"的定义,大大减少了不稳定性对年度测试结果的影响。受到研究产生的巨大影响的激励,凯恩和施泰格准备顺理成章地转向下一个研究课题——教师。凯恩说:"我们认为,从教师层面来说,测试结果应该会更糟,因为样本人数更少。"他们准备在洛杉矶联合学区开始自行收集数据。

收上来的数据让他们大吃一惊。正如他们所预测的那样,与学校测试的结果相仿,教师们的附加值评估得分也会在每年都发生波动。

但是这些波动的幅度并不像凯恩所预料的那样具有任意性。实际上,虽然学生的样本更小,但是教师的评估结果像学校的得分一样是具备预测能力的。凯恩说:"从教师的数据中能观察到更多的信息。"换言之,单个教师的影响要强于学校对学生的影响,这种影响大到能够弥补生源质量上的差距。事实上,教师的影响要强于任何一个凯恩和施泰格所发现的教育易变性因素。他们发现,如果让一位一流的老师教一个学生,那么这个学生的成绩会比一位中等水平老师所教学生的成绩要高出5个百分点。如果让一位水平最差的老师教这位学生,他的成绩也会出现相同幅度的逆向波动。

凯恩和施泰格进行了一些测算,结果令人震惊。他们得知黑人和白人学生学业成绩的差距约为34个百分点。他们估算:"因此,如果个体教师的影响力持续累加的话,连续四年让教学水平位于前25%的教师(而不是排名倒数25%的教师)给黑人学生上课,这个学业差距是完全可以弥补的。"[16]

这个发现与哈努谢克30年前的发现几乎完全吻合。凯恩不得不承认哈努谢克的研究也有正确的地方。他认为,哈努谢克的算法自身的干扰因素或许确实影响了最终结果,但他表示:如果测量对象的潜在影响足够大,甚至盖过了不稳定性带来的问题,该算法就仍旧是有用的。就拿烟雾报警器来说,它可能会发出一些错误的警报,但是"我们不能完全忽视它,因为它能挽救我们的生命"[17]。

与哈努谢克在1972年首次提出附加值算法时的境况不同的是,当凯恩、戈登和施泰格在2006年发表他们的研究发现时,大家似乎都在虚心倾听。那时,教学效果考核制不仅已经被公众所承认,特许学校(如"知识就是力量")所取得的成功也被用来证明这一制度是行之有效的。而且观察家们逐渐得出结论,"知识就是力量"等学校成功的关键除了对学校的期望值,还在于对教师的绩效考核。摆脱了工会的限制后,特殊学校就能够按照哈努谢克的建议,基于教师的表现来实施雇佣和解聘,他们通过坚持教学效果考核制这一理念提高了教育水平,这是前所未有的。

随着凯恩和施泰格的研究成果(该成果由布鲁金斯学会的汉密尔顿项目结集并出版)进入了大众的视野,哈努谢克提出的曾经饱受质疑的教学效果考核制终于成为主流观点。实际上,与研究《不让一个孩子落后》的发现相比,凯恩、施泰格与罗伯特·戈登合写的汉密尔顿项目论文有着更加引人瞩目的成果。2007年,总统候选人贝拉克·奥巴马在他关于教育的重要演讲中引述了汉密尔顿项目的科研结果,他说:"从学生进入教室那一刻起,决定他们学业成就的最重要的一个因素不是他们的肤色或出身,也不是父母或财富,而是他们的老师。"[18]

两年后,《纽约时报》专栏作家尼古拉斯·克里斯托弗援引上述的研究数据并评论说:"也许,我们应该和学校一起'向贫困宣战'——或者,应该和教师们一起。"[19]

对于德伯拉·伯尔而言,这种突如其来的对于教师的关注为她的项目提供了所需的最后的推动力。此前,《共同核心标准》保障了一致性,教学和教师教育的研究为课程设置奠定了基调,而学校经营者们既倾注了激情又为各种教学理念的落地提供了实践场所。现在,经济学家埃里克·哈努谢克和汤姆·凯恩更是确保了项目可以继续进行。如果教学是所有教育干预因素中最重要的一个,那么唯一符合逻辑的结论就是美国的教育从业者们应该建立一个具备一致性的"基础设施"(包含清晰的目标、精准的测评和训练有素的讲师)来教授教学。

汤姆·凯恩不认识德伯拉,也不了解戴维·柯恩的一致性理论,他只知道他的数据所反映的事实。因此,当他和道格拉斯·施泰格以及具备决策权的罗伯特·戈登联合撰写汉密尔顿项目报告时,他提出了不同的建议。

  在研究附加值评估得分时,凯恩和他的同事惊奇地发现,在影响力上,"教师特质"要高于"学校"这一核心变量。而在各变量对学生学业成败的预测力上,"教师特质"也要优于"班级人数"或"分配给每个学生的资金"这些因素。同时,现行的教学考核中的诸多用来招聘、解雇和奖励的指标给学生的学业表现所带来的影响力也比不上"教师特质"。

  譬如,一位教师是否有教师证,与学生在成就测试时的表现好坏几乎没有任何关联。[20]此外,虽然大部分学区会给高学历的老师涨工资,但教师的学历高低和学生的测试表现之间也没有相关性。

  为了找到与此相悖的事实,凯恩和他的同事进行了一项研究,他们戏谑地称之为"厨房水槽"测试——该测试对纽约市教师们的各种数据指标(从SAT考试成绩到"外向型"性格倾向)进行了逐一分析,但没发现什么有价值的例外情况。[21]

  马尔科姆·格拉德威尔在《纽约客》发表了他们的研究结果,他把这种困境称为"四分卫问题"。这就好比全美橄榄球联盟的选秀前测试(包括卧推、四十码冲刺等)成绩和一个四分卫在球场上的能力没有任何关系似的。如果教师不上课,我们就没有任何办法来预测其成败。

  橄榄球等行业处理该问题的方式是残酷且现实的——四分卫球员如果表现不力,教练就会将其替换并最终从队伍中除名。然而学校系统的做法却正好相反,把大量的资金花在了最不能预测教师成败的那些因素上。同样,学校系统也忽视了能精确地将教师进行评级的方法——几乎没有哪个州将附加值评估法用于教师的在职评估,尽管此法是经济学家发现的最能预测成败的方法。许多州甚至禁止进行和附加值评估相关的数据采集,以此来阻止学区对得分进行统计。而那些真正进行评估的学区采用的也不是附加值评估法——这也导致那些绩效差的教师无法被筛选出来。一个"新教师项目"研究团队对美国 12 个学区的 15 000 名教师进行调查后发现只有不到 1% 的老师被认定为不合格。[22]

在汉密尔顿项目的论文里,凯恩、施泰格和戈登得出了一个显而易见的结论,该论断与哈努谢克 30 年前的研究结果不谋而合:如果当前被用来雇佣、解聘和奖赏教师的诸多变量对于预测学生的成绩无用的话,那就该弃之不用。各学区不应为教师的招聘设立障碍,而应随意或随机地聘用教师,然后借助评估来把最好的老师分配给最有需要的学生,并淘汰那些最差的老师。这里提到的评估是要动真格的!例如,用附加值评估来决定一个老师的去留将能够在学业上给予学生实质性的促进。据凯恩、施泰格和戈登估计,在洛杉矶解聘那些得分位于倒数 25% 的教师,学生测试的分数将会提高 14 个百分点——这一提高相当于每个学生在其职业生涯中多赚 169 000 美元。[23](在 2013 年,拉吉·切迪、约翰·弗里德曼和约拿·罗考夫通过一组更加精确的数据得出了一个相似的结论。他们发现,如果用中等程度的教师替换那些排在后 20% 的教师,则每个班学生一生的收入大约会增加 250 000 美元。[24])任何一所学校在聘用教师后都应仔细考虑如何对教师进行分类——哪些老师继续留任,哪些给予奖赏,哪些应该解聘——这一举动可以激发巨大的改变。

格拉德威尔在《纽约客》的文章里针对这个结论做了些许夸张的建议,他写道:"教师招聘应该对任何有大学文凭的人开放——评判一个教师是否合格不是在上岗前,而应是在之后。"[25]

这个建议是很诱人的,尤其是它似乎解释了为什么日益壮大的教育创业运动会如此成功。道格·莱莫夫的特许学校之所以成功,其做法不就是像全美橄榄球联盟那样,淘汰那些不合格的,最后留下最好的吗?没有工会的束缚和对教师终身教职的保护,他们取得的成绩是和解雇拖后腿的教师息息相关的。

不过,经济学家眼中的这种简单的逻辑——试用多位教师,留下最好的,淘汰其他的——在德伯拉看来却是将教育引向了歧途。一个没准备好的四分卫贸然参加比赛,唯一的风险就是球队输掉一些比分。但是让一个没有任何教学经验的老师讲课,学生们就要受罪了。据凯恩、戈登和施泰格估计,让一位教学水平较差的老师任教一年,学生在学业上的排名要下降5%。[26] 切迪、弗里德曼和罗考夫对此做了进一步的研究,那些教学效果好的老师不仅会提高学生未来的收入水平,还会降低青少年未婚先孕的比例,并提高他们进入大学继续深造的概率。

格拉德威尔所总结的观点不仅无视了学生的需求,提出任何人都可以当老师,还公然蔑视了过去25年中的教学研究成果——这些成果已经证实了教学能力不是某些人与生俱来的神秘气质。就像那些最杰出的准数学家们不能自行重新创造微积分一样,即便最有才华的准教师也必须学习如何教学。要想保证新教师的教学质量,离不开针对关键教学技能进行严格且常规的训练。[27]

同时,德伯拉也发现经济学家们所抨击的大多数所谓的障碍(即教师资格证、执照和硕士学位)实际上并没有起到应有的筛选作用。基本上有大学文凭的都能够成为一名教师。2009年纽约的教师资格考试的通过率是92%[28],相较之下,美容师资格考试的通过率是59%[29]。

对于那些成功的特许学校而言,虽然没有劳动合同或学区统一指导原则来决定教师的聘任或解雇,但这并不意味着它们每年都动用特权开除了排名在末位25%的教师。正如赛内卡所发现的,教师绩效评估在特许学校当中只是复杂的"基础设施"车轮上的一根辐条罢了。"杰出学校特许联盟"(道格·莱莫夫曾在该校任职)、"知识就是力量"项目(德鲁·马丁和香农·格兰德在其所属的莱斯学院中任教)和"成就第一"(即赛内卡·罗森伯格研究"教育基础设施"建设的特许学校联盟)的确解雇了一些表现不佳的教师,但它们也在招聘、筛选、奖励措施、教材及测试资源建设以及教师专业发展上下了很大的功夫。"教育资源战略"团队对"成就第一"的一项研究发现:在其运营预算中,教师绩效评估占比不到1%,而教师进修则花费了大约10%。[30]

事实上,办学者们大声呼吁的不是更多的教师绩效评估,而是给予老师更多的指导。他们想让教学更加严谨。而当一些有前途的方法进入他们的视野时,他们就会立刻进行尝试。

特许学校的这种与时俱进、大胆尝试的作风在努力适应新的《共同核心标准》时得以彰显。乔·内古龙说:"谢天谢地!有人,不,是一群有心人做成了这件事。"[31]乔是一名中学数学老师,同时也是"知识就是力量"哈莱姆区因菲尼提分校的校长、创始人。作为教师,乔已是声名远播。"知识就是力量"纽瓦克分校的创始人和执行主席瑞安·希尔称乔是整个联盟中最好的数学教师之一。当莱斯学院的德鲁·马丁在招聘教师时,乔的学校是唯一能与之竞争的。但在"共同核心"的教学改革之前,乔的一线任教经历充满了挫败感。那时候学生靠的是题海战术和死记硬背,累得"眼珠子都要瞪出来了"。而在被问及做题技巧背后的原因时,学生根本答不上来。乔回忆道:"我回家后会自言自语'我在制造机器人',但我也不知道如果不这么做,又能做些什么?"

"共同核心"完全改变了乔·内古龙的教学方法。例如,以前他一直通过记忆法来讲授分数除法,即通过"保留、转换、颠倒"这个口诀来提醒学生保留第一个分数不变,把除法转换成乘法,然后将第二个分数颠倒过来。① （他还模仿 LMFAO② 的歌曲《我知道我性感》编了一首歌《我知道除法就这样做》。³²）现在，他研读了《共同核心标准》和其他教学资源（他尤其欣赏加州数学教育家玛瑞琳·伯恩斯的著作，那些书能帮助教师掌握 TKOT 风格的教学法）之后，创设了一些学习任务来帮助学生理解分数除法的真正含义。他想让他的学生理解分数作为数字的实际意义，还有它们在数轴上的位置。他不仅让学生写出等式，还让他们通过作图来对这些分数进行直观的展现。

虽然这些改变令人惊喜，但乔却工作得非常吃力。那一年，他把校长的职位让给了一位同事，以便重返全职教师的岗位。这个身份的转变本应给他更多的自由时间，但事实是他的工作强度并没有减弱，甚至还有所增强。他每天晚上都要熬到很晚，将教案推翻重做。他所需要的是引导、帮助，或是一个教练。

汉密尔顿项目报告关注到了像乔·内古龙一样高绩效（乔的附加值评估分数想必很高）的老师。根据该报告的逻辑，乔以及那些绩效超越同侪的教师将获得奖励但不会去接受进一步的培训。但在德伯拉看来，让乔这样的老师独自设计教学就好比让才华横溢的高中生乐师去谱写交响曲，然后让他们独立学习所有的曲目。如果她和弗朗西斯卡有权利作主的话，"共同核心"只能算是个开始。其作用在于提供资料来帮助老师们达到标准，并助推像乔那样的人才在专业度上上升到一个新的高度。如果汉密尔顿项目的观点受到广泛支持，那么"共同核

---

① 译注：这里讲的分数除法，举例而言，$\frac{1}{2} \div \frac{1}{6}$ 的算法分为三步，第一步保留 $\frac{1}{2}$ 不动，第二步把 ÷ 转换成 ×，第三步把 $\frac{1}{6}$ 颠倒过来成为 6。也就是说，把原先的算式 $\frac{1}{2} \div \frac{1}{6}$ 转变成了 $\frac{1}{2} \times 6$ 来算。

② 译注：LMFAO 是美国电子嘻哈双人组合。

心"将又是一个布置给教师的零敲碎打的政治任务,因为它不提供教师所迫切需要的指导——这将成为美国本来就缺乏一致性的教育系统中的又一个断层。

一天,德伯拉在安阿伯市的咖啡屋说:"(随着《共同核心标准》的普及,)我们本来有机会做出改变的,但如果每个人还是按自己的方式来教学,还是免谈吧。这和之前没什么两样。"

不管怎样,汉密尔顿项目报告得到了充分的认同。在2007年,比尔·盖茨阅读了该报告。几周之后,汤姆·凯恩和盖茨在曼哈顿对此进行了讨论。第二年,盖茨宣布他的慈善事业将有一个重大的转变。盖茨基金会不再将数亿美元投向小型高中,而是将其教育资源用于解决教师素养问题。盖茨曾在一个TED①演讲中说:"(基金会)之前的项目收效良好。但是我们越仔细观察,越意识到优秀的教师才是关键所在。"[33]

盖茨用哈努谢克附加值统计的数据描述了顶尖和最差的教师之间的差别。"如果全美仅聘用教学能力位于前25%的教师来教学,只需两年,美国和亚洲教育之间的差距将会消失。也只需四年,美国教育将领跑世界。"他总结道:"结论很简单,只需排名前25%的教师就万事俱备了。"[34]他的回答呼应了汉密尔顿项目的报告:使用在职评估的数据来保留优秀的老师(淘汰剩下的),把他们分配给最有需要的学生,并给他们加薪。

为了做到这一点,盖茨允诺投资4 500万美元,旨在帮助各学区设计更好的教师评估体系。他聘用凯恩领导此项目,将之命名为"有效教

---

① 译注:TED是一家美国的私有非营利机构,以汇聚社会各界思想领袖进行演讲而著称。

学评估"(Measures of Effective Teaching,简称 MET)。已有四个学区处于待命状态,随时准备将 MET 的结论付诸实施。

盖茨的首席教育顾问维姬·菲利浦斯曾做过校长和教师,她认为:在改善教学方面,盖茨的投资没有局限在教师评估上。一开始他就致力于提高教师绩效,他想帮助老师们变得更好。实际上基金会希望建立的本来就是"发展和评估体系"[35],只不过刚开展工作的那几年,评估工作最先显现成效,且获得了最多的关注。

后来出现了一股新的力量使美国朝着评估的方向进一步发展。这个动力来自时任美国总统的贝拉克·奥巴马,他雇用罗伯特·戈登(即凯恩与施泰格的论文合著者)领导"管理和预算办公室"。2009 年,奥巴马政府宣布其教育计划时,再一次应和了汉密尔顿项目报告。报告的第五项建议这样写道:

> 逐步将联邦拨款用于帮助那些将"学生的学业表现"与"个体教师绩效"相关联的州。

奥巴马政府将该拨款项目命名为"力争上游"(Race to the Top)。这项竞争性基金只授予那些愿意彻底改变其教师评估体系的州,具体改变包括筛选、提拔和奖励高绩效教师,同时解聘那些"不够格"的教师。[36]

"力争上游"作为一项教育法规,不只是推崇教师评估,还包括其他政策性建议,例如敦促各州给予教师"有效的支持"并提高当地教师培训水平。但是在这个总分为 500 分的竞争性评分系统里,占比最大的一个类别是"优秀的老师和领导"。而在这个分类里,目前权重最大(58%)的因素是"基于学业表现提高教师和校长的效能"[37],也就是要进行评估。一项特殊要求进一步促进了评估的执行,即取消那些不采用学生分数为教师评估标准的州的参与资格[38]——这一限制也导致多个州不得不修改其法律[39]。

随着"力争上游"项目的不断推进,各学区越来越把教师评估视为提升教师教学质量最重要的工具。截至2012年,在竞争中获胜并得到该项目拨款的12个州以及许多失败了的州都对其教师评估体系进行了彻底的改造,多个州还加大了评估的筹码,即给评分高的教师发福利、涨工资并授予终身教职,而评分差的教师则得不到终身教职或被解聘。[40]

至于这种更加严苛的教师评估到底能否带来教学质量的提升,取决于各个学区的期望值。汉密尔顿项目中的一个基本原理是:对教师队伍进行更好的筛选能提升学生的学业成绩。把最好的老师分给最有需要的学生,并淘汰最差的老师。这样做的话,凯恩、戈登和施泰格认为各学区将能合理配置师资力量以确保"站在教室前的正是学生们需要的那一位老师"[41]。在研究者对13个州的决策者们进行访谈后得知,一些教育领导者已经采用了此方法。他们通过解聘表现较差的老师来提高整个教师团队的素质。"我们正在讨论雇佣决策,"一个受访者告诉研究人员,"持续两年的低效教学意味着这个老师将不能续约。"[42]

然而,越来越多的教育领导者提出了另一个观点:评估不能作为筛选的工具,只能是诊断的工具。通过了解自己的表现,教师在第二年可以弄清楚应该怎样做来改善教学。另一个州的官员告诉研究员说:"此观点背后的目的是帮助那些真正努力想要变得更好的教师。"还有一位官员说:"我们希望评估要能给教师非常确切且可执行的反馈。"[43]换言之就是,教学评估带来反思,然后教学就会变得更好。就像比尔·盖茨所说的那样"简单"。

评估真的能帮助教师们变得更好吗？有一些证据可以支持这个观点。在辛辛那提市，一个教师评估项目在具体的教学方法（从课堂用语水平到提问质量等）上给予了老师们集中的反馈。针对该项目的研究发现，当教师接受了有针对性的评估后，他们的学生在接下来几年内学业表现得到了提升。44 但在很多州看来，评估主要分两步：第一步，评估者观察教师；第二步，教师得到一个分数。让教师们从这个评估体系中学一些零散的教学法就像让学生从 SAT 分数里弄懂三角函数一样，都是不可取的。

由帕姆·格罗斯曼领衔的另一个项目取得了显著的成效。该项目研究了将一个观察量表作为评估工具的可行性，并将其改编成了一个颇具实效的专业发展工具。这个观察量表的全称为"语言教学观察协议"（Protocol for Language Teaching Observations，简称 PLATO），该量表也是汤姆·凯恩和盖茨基金会 MET 项目的一部分。帕姆的这项研究将 3 000 名教师的 25 000 盘课堂录像带与量表中的量规①进行了对比，旨在明确是否有能够直接改善学生学业表现的教学实操手段。研究发现此种手段是存在的（PLATO 量表中的诸多因素也包含在内），这也证明了使用量规来进行教师评估的可行性。

和 MET 的操作形式一样，帕姆的专业发展项目采用了 PLATO 量表来给教师的授课质量打分。一开始，老师们在 PLATO 和 MET 评估中的得分也基本一致：满分为 4 分，教师的平均得分仅有区区 2 分；而在整个评估中，"策略指导"这一项的平均分只有 1.33 分。② 研究人员

---

① 译注："量规"的原文为 rubrics，意指量表内的具体描述。
② 这种差劲的得分与 MET 研究中发现的全国范围内的令人失望的教学质量是吻合的。接近三分之二的教师在 PLATO 的"智力挑战"和"课堂用语"这两项评估中不及格。同时，超过半数的课程因为没有做到"显性的学习策略指导和操练"和"示范"而被评为不合格。

进行访谈时发现只有一位老师能证明他确实理解了"策略指导"的含义；而在其余的 11 位未能理解的老师中，有一位老师谈到了"管理和自我引导"的策略，但该策略与学生学英语所需的技巧没有任何关系！[45] 但就在帕姆的项目结束时，事情有了转机，之前在辛辛那提市的研究就是个例子。

  参与上述研究的教师们和研究人员一样，都注意到了自己的教学方法和量表中的标准不一样的地方。罗琳·麦克劳德是旧金山联合学区一位有着 25 年教龄的六年级英语老师，她在接受了首次 PLATO 培训之后立即"在班里开展了与以往不同的活动"。她的教学经验丰富，一直为自己在学生面前所展现的魅力而感到自豪。在上"法老游戏"课时，她打扮成埃及的君主，当学生搭建的纸质金字塔不够牢固时，她会用富于戏剧性的动作来将其推倒——这堂课每一年都能充分调动学生的兴趣。而她的写作课甚至对英语是第二语言的学生也很有帮助，让他们能写出像样的议论文。但是 PLATO 带给了她新的思路，让她的教学能更进一步地帮助学生进步。

  譬如，借助 PLATO 的"策略指导"单元，罗琳将写作课中的"打草稿"和"修改文稿"环节分解成更细小的组成部分。以议论文写作为例，学生不仅要分辨出论据有哪些，还要学习如何收集这些论据（通过做标记进行突出强调并审慎地加以注解）并对其进行解读（通过描述其重要性而将其融入论点）。罗琳针对每一个写作策略都设计了具体的课程。通过示范如何分辨论据以及如何解读，罗琳帮助学生在写作（和思考）层面达到了一个新的高度。因此，当她布置题为"秦始皇是否是一个卓有成效的领导人"的作业时，学生并没有简单地声称因为秦始皇统一了货币所以他是出色的，而是作出了解读：秦始皇通过统一货币，助推了经济发展，从而改善了人民的生活。同时，PLATO 中的"课堂用语"单元帮助罗琳设计出了不同的讨论活动组织形式,进而辅助孩子们学习如何谈论观点。

PLATO 的教学理念使得罗琳最拿手的课程也变得更加有效。例如,在一个关于诗歌的单元中,罗琳会让学生听比利·乔尔的歌曲,学生一直很喜欢这个教学环节(她也想让孩子们爱上她喜欢的这些老歌)。但是,在罗琳将课程从听歌转向对歌词本身比喻手法的思考时,学生往往会反应不过来。她说:"他们没法理解,我必须一遍又一遍地解释,甚至解释之后,也只有几个孩子能明白。"

受 PLATO 培训的启发,罗琳重新设计了这一单元,加入了策略指导和讨论环节。播放歌曲时,学生不再是单纯地听歌,还须同时完成随堂讲义中的填空题。然后,当学生发现用来填空的词恰恰是本节课的学习重点时,罗琳将这节课转变成了发现比喻修辞的策略课,进而探讨怎样写比喻句。紧接着,学生要通过讨论来列举出四组不同的比喻修辞形式和与之相关联的情感与象征。在完成这一切之后,学生才开始仿照比利·乔尔的歌词来写诗。

在采用上述教学流程后,罗琳在她的教学生涯中头一回看到了班里所有的学生(不只是几个学生,而是所有的学生)所写的诗中都采用了比喻修辞手法。学生们写道:"焦虑的山脉/充满了恐惧……/神秘的沼泽/你最好改变方向";"像鸟儿张开双翅一样平展的高原/盲目的激情";"暮年好似摇摇欲坠的悬崖";"火山挥出愤怒的拳头"。罗琳知道从理论上讲所有的孩子都具有运用象征性文字进行表达的能力。但在 PLATO 培训之后,她才看到了证据。她说:"你不必有作诗的天赋。"只要教学得法,任何学生都能写出瑰丽的诗篇。[46]

罗琳不是唯一从 PLATO 中获益的老师。到 PLATO 培训第一学年的春季,参与这个项目的老师全都在描述他们课堂上发生的巨大变化。一位有多年教学经验的教师告诉帕姆和她的学生:"PLATO 培训教会了我如何进行教学。"研究者给老师们进行重新评分时,证实了他们的进步。在仅仅接受了三轮专业化培训后,参训教师的 PLATO 平均分提升显著。[47]

帕姆很快指出了 PLATO 在 MET 研究中的应用与在她们的教师专业发展培训项目中的应用之间的不同。二者有着相同的名称,对优秀英语教学基本理念的认识也保持一致,但仅此而已。

对于老师们来说,MET 研究中的 PLATO 是一种评价体系。这就意味着会有人走进课堂观课,或者教室里会被装上摄像机录上一两天,然后由某个素未谋面的人来分析课堂录像。授课教师要等看到评分之后才能了解到自身教学的缺陷在哪里。评分者在观课或观看课堂录像后提出的问题将有助于教师思考下次该怎样做能做得更好。但是,评分者能做的顶多也就是一系列的交谈而已。至少在盖茨的 MET 研究中,PLATO 的主要功能是鉴别(谁教得好,谁教得差),而不是提高教学效果。

而在帕姆的教师专业发展培训项目中,PLATO 是一种教学工具,是建立在对学习本身的研究之上的。像孩子们一样,成人也需要将新旧知识融会贯通的机会和资源,同时需要对自身的学习过程的掌控感。因此,PLATO 培训开始时并不会公布每一个老师的单独得分,而是分享他们的平均分。该分数按 PLATO 的十三项要素细分。在这之后,帕姆和她的研究生团队让参训老师们决定他们想提高十三个要素中的哪两个,罗琳的小组选择了"策略指导"和"课堂讨论"——这两项恰恰是他们小组得分最低的要素。

在接下来的工作坊中,帕姆和她的研究生团队开始分解这两个要素。要让老师们学会运用这两个要素，研究团队不得不补充一些 PLATO 量规里没有的材料。他们从要素的具体描述开始着手。例如，实现两大要素的重要方法"吸收新知"包含三个步骤：追问、重述、与讲话人的思想相关联。这三个步骤均需要各自进行定义。接下来，帕姆和她的团队为这些步骤搭配了实例，取材于已有的课程录像或是他们自创的例子。最后，他们研发出了帕姆所谓的"实操模拟"练习，以便给老师们一个练习的机会。根据教师起点的不同，帕姆给老师们分配了不同的任务。那些像罗琳一样经验丰富的老师被分到了与现实中的班级规模一样的小组中操练如何帮学生"吸收新知"。而经验缺乏的老师就在人数较少的小组内进行练习。

因此，当罗琳再进行"策略指导"或者和学生们一起"课堂讨论"时，除了一个评分和一些含糊的术语，她就有了更多的经验可以借鉴。她现在可以利用实际的案例（她尤其喜欢 PLATO 培训时用到的伊冯娜·迪万·哈钦森的那些录像，伊冯娜是帕姆早期的合作者，来自洛杉矶）和她与其他参训教师一起操练时的经验。罗琳甚至采用了帕姆和其团队设计的专用素材，例如帮助学生参与讨论的句型，以及引导学生在讨论前针对阅读材料进行思考的预测指导。事实上，罗琳根本没有意识到 PLATO 有任何鉴别评价作用。据她所知，这是一种专业发展——少有地能切实帮助她在教学上成长，而不是浪费她的时间。PLATO 这个职业发展工具不仅仅是一个评估体系，它还教会了教师如何去教学。

那么全美的评估体系有可能提供这样的学习体验吗？从早期的表现中还看不到什么希望。其中一个难题是，在学区层面上，大部分的评估工具是通用的，即该工具可以应用到任何学科，不分数学、英语、历史或科学。⁴⁸通用性的评估工具能节省经费,但是也就意味着它给出的反馈也将是笼统的。

虽然 MET 研究项目在课堂实践方面没有什么明确的发现,但它的确展示出教师最迫切需要提升的不是教学中的共性问题(譬如课堂管理方面的问题,让学生们保持注意力和参与度等),而是和学科教学息息相关的方面,譬如如何促进课堂讨论,精确地口述概念,以及就学生需要掌握的学习策略精心地进行示范。⁴⁹

对于评估者而言,发现每一个教师具体有上述哪些短板是有难度的,尤其考虑到大多数州指定的评估者并不是某一学科的专家,而是学校的校长。校长常常是有教学经验的,但是校长们也极少能在各年级、各学科都具有教学经验。

早期研究表明,校长们缺乏那种"学科教学知识"——譬如"数学教学知识"(MKT),或英语、历史和科学课的教学知识,而这些知识对于一个老师上分数除法课时举出一个更贴切的案例大有裨益。⁵⁰有两位研究员让 430 位校长评价一个课例——这也是校长们在学区中对教师实施评估时的常规工作。在这个课例中,教师让学生们讨论 5 是否能被 39 整除。在校长们的反馈中,几乎半数的校长没有提到数学学科,而另外四分之一提到数学的校长们只是蜻蜓点水罢了。⁵¹

在教师评级体系中占有主体地位的个人附加值得分也阻碍了评价体系对教学的促进。凯恩已经证明了教师个人因素要比全校性的因素稳定。且从长远来看,评估得分似乎能很好地预测教师的表现(当某教师第一年被附加值评估评为"高效"等级时,第二年很可能还会被评为"高效",第三年也如此)。⁵²但这并不意味着评分是最好的衡量手段。事实上,很多教师最终被误评了。附加值评估过程中的失误以及大样本统计的性质,决定了一些优秀的老师也会不可避免地被误评为中等甚至低等,即使被误评的比率相对较低。另外一些老师的得分则不稳定,第一年被定为"低等",而在第二年却被定为"高效",相反的情况也同样发生过。

使用附加值评估来研究教师的整体素质是一码事,而据此来对个体教师的职业发展做出规划则完全是另一码事了。在 2007 至 2008 学年,纽约市约有 12 000 名教师接受了附加值评估。经济学家肖恩·科克伦发现 2007 年得分处于垫底的 20% 的那些英语老师(即他们的教学效果低于 80% 的老师)当中有 31% 的人在 2008 年跃升到了前 40% 的行列(即教学效果要高于 60% 的老师)。换言之,假设接受评估的人中半数是英语老师,那么来自纽约的 1 200 名最差的老师中,有 372 名在仅仅一年后的评级中超出了平均水平。如果原先解聘了这一批老师,这个地区将可能失去将近 400 名注定变得优秀的教师。[53]

当然,没有人认为附加值评估可作为唯一的评价手段。即使最拥护此评测的人也建议它应该只占教师评级的一部分。但其所占的这部分比例(有时高达 50%)仍旧很有分量。

帕姆·格罗斯曼和希瑟·希尔在一篇论文中总结了将教学评估用作教学提升工具时所遇到的挑战,文中写道:"教师教学实践的改善是缓慢的、一步一个脚印的过程。"她们认为,如果决策者想帮助教师提高水平,他们必须"致力于制定要求高且支持力度也高的政策……从而帮助老师提高水平"。[54]

德伯拉·伯尔以一种她最熟悉的方式迎接她所谓的"评估海啸"带来的挑战:将其当作一个教学问题来对待。全美都已开始关注高质量教学的重要性,这从很大程度上要得益于汤姆·凯恩的附加值评估研究。但人们还不明白,什么是让老师的教学得以提升的最好的方式?

这正是德伯拉等人要教给他们的。

就像德伯拉在带学生时所做的那样,她的回答瞄准了对教师水平产生误解的根源:一种广为流传的观点认为教学能力是一种天赋,是一种要么会要么不会的才能。按照这种逻辑,通过对教师的"分拣"即可提高教学质量。如果一些教师真的就是为教书而生,而另一些注定不是这块料,那么合乎逻辑的做法就是把所有人都丢到课堂里,然后看其表现,剔除差的留下好的。但事实上,德伯拉给愿意认真听取她观点的人(包括州法律制定者、慈善家和国会议员)讲——教学绝非天赋。她曾在研究生院提出的数学问题就可以证明这一点,那些问题只有受过培训的老师才知道该如何解决。

德伯拉也可以用简单的逻辑来证实教学绝非天赋。她告诉人们,优秀的教师有时候要做与日常生活礼仪相悖的事情。当在日常生活中出现冲突时,礼貌的做法是打圆场,一笑而过或假装没注意到朋友犯的错误。而德伯拉和弗朗西斯卡·弗扎尼在一篇论文里写道:与此正相反,教师必须故意"挑起这种不平衡"。同样,在日常生活中提倡随时帮助有需要的人,但教师为了帮助学生真正学到东西,有时必须让他们先挣扎一番。此外,日常规范要求人们"看待他人观点以及与他人相处时要'求同'",但教师不能安逸地停留在对共同立场的设想上,他们必须要更进一步地去探究。[55]

上述有违常理的做法恰恰是教师这个职业的特性,再加上教学所要求的专业知识和技巧,意味着提高教师教学水平仅仅靠在未受过专门训练的教师中进行"分拣"的做法不但是无效的,更是不负责任的。德伯拉在 2012 年的一个演讲中说:"任何其他的行业都不会这样做……没有哪个行业招到人后,就希望他们能自然而然地把工作做好,然后丢下他们自己干活,自行解决所有的问题。护理工作不是这样的,医生做手术不是这样的,理发行业也不是这样做的。"她拿飞行员开了个玩笑:"我很高兴能说句实话,每次登上飞机,我都庆幸开飞机的人不是些业余爱好者……可是我们却把全身心奉献给孩子的老师们招过来,然后说,教学是个人的工作,好好干,有问题自己解决。"[56]

截至 2013 年,德伯拉认为她即使没有获得成功,她表达观点的能力也有了很大的提高。一些私人捐赠者和密歇根大学一同帮助德伯拉和弗朗西斯卡把"教师教育倡议"推广到全国各地,并形成一个新的组织,名为"有效教学"。密歇根大学教育学院的教员们吸纳了"高杠杆效应的教学技巧"并改造了教师教育项目。预备教师们现在有机会学到这些核心技巧并不断地进行模拟练习,且必须在通过一系列针对这些核心技巧的测试后才能毕业。

在"有效教学"项目中,德伯拉和弗朗西斯卡为教师教育设计了一个通识课程,包含教学范例("高杠杆效应的教学技巧"教师视频课例)和教学活动(例如,帮助准教师学习引导学生进行课堂讨论的最佳方法),还包括一些能用在学校、学区、州级水平的任何培训项目中的测评手段。"有效教学"项目新课表中还包括对"高杠杆效应的教学技巧"的修订,并增补了新的内容,涵盖了基础学段的所有教师(全学科)都应该掌握的教学主题(例如如何写论题陈述,而非更细分的非核心内容,比如诗歌里韵脚和格律的复杂用法)。

一些研究者仍旧对帮助教师学会教学的可能性存疑。他们指出大量的研究表明职业发展并没有带来积极的作用。埃里克·哈努谢克就认为改进教师教育的尝试是徒劳的。但其他人表示反对,其中就包括比尔·盖茨和汤姆·凯恩。除了评估,他们还强调反馈和教学辅导的作用。[57]在离开盖茨基金会后,凯恩回到哈佛从事一项新的研究:定向反馈对于教学质量的作用。相应地,盖茨基金会也大量拨款帮助"有效教学"项目拓展教育基础设施的建设。

虽然教育基础设施的观点在理论上通俗易懂,但是实施起来绝非易事。教育企业界已然逐步在建成具有美国特色的教育基础设施,应该可以将"有效教学"的教师教育课程直接植入其中。但是德伯拉和弗朗西斯卡想要影响更大范围的教师群体,所以她们必须和现有的、具备"不一致性"的师训体系打交道。

德伯拉也看到了日益凸显的对评估表示反对的迹象(当然反对方自身也有缺陷)。和特许学校的教育者玛格德琳·兰伯特、戴维·柯恩、帕姆·格罗斯曼、希瑟·希尔,还有日本的教师一样,德伯拉并不反对教师评估。她只是认为,仅仅依靠评估本身是不能提高教学水平的。但是当评估运动势头日渐强劲时,很多教师可想而知地将其在考核上受到的挫折归咎为该制度的不合理。他们认为提升教学的唯一手段就是让教师不受干涉。一位专栏作家说,要"解放"他们,"让他们做他们自己"。[58]不干涉教师正是美国学校多年来的做法,可是并没有取得多大成果。

对于建立师训"一致性"至关重要的《共同核心标准》也背负了同样的压力。在 2013 年 6 月,德伯拉沮丧地看到密歇根的立法者们投票反对为《共同核心标准》提供经费。[59]尽管后来立法者们又投票通过了这项投资,但到 2013 年末,他们仍在争论是否应拨款给与之相配套的新的教师评估系统。其他州也都通过不采用对应的评估系统来逃避该标准。批评家说《共同核心标准》是不受欢迎的联邦入侵,更有甚者说这在朝着法西斯主义行进。(一位批评家说:"如果这不是纳粹主义……我不知道它是什么。"[60])显然,大潮流是朝向教师自主权的。但是教师自主和不受支持的"教学效果考核制度"一样,都缺乏教育基础设施。

即使德伯拉和弗朗西斯卡能编写教师教育的课程,并得到广泛支持（她们也认为自己刚刚进展到这一步），这两位教育者仍然面临着大量战术问题。例如，她们应以多快的速度来扩展"有效教学"项目的课程，并应将其推荐给多少教师培训机构？她们又怎样能确保新的教师培训师能讲好该项目的课程？

越来越多的有过师训经验的教育学院教授和教育企业家们拥护帕姆·格罗斯曼称之为"基于实践的教师教育"运动。他们欣赏能激励学生真正去思考和学习的教学法，并朝着 TKOT 努力奋斗。他们自身就有这样的经验。但是，这个支持者的群体依然很小众。

虽然教育企业家的教育基础设施实践充满了不确定性，但是道格·莱莫夫已经制定出更加严格的"分类法2.0版"，而像莱斯学院那样的学校也可能会将其教学思路升华为教学规律。但是接下来的教改运动是否会向他们看齐还不确定。

卢梭·米泽在哈莱姆特许学校的经历提供了另一条途径，但该法不一定更好。许多特许学校在教师培训方面都保持着高标准，但是迫于快速复制扩张连锁学校的压力，他们做不到把这种学习文化推广到每一所新的加盟学校。一些学校成了肤浅的复制品，只实施一些教学技巧而没有理解为什么这样做是对的。更重要的是，当一些技巧不适用的时候，教师没能够调整和变通。扩张学校规模的诉求和维持教学质量的刚需之间存在着重大的分歧。

据德伯拉最乐观的估计，"有效教学"这个项目至少要花十年才能奏效。然而这个谨慎的预测并没有达到众人的预期，和她打交道的每一个人都更加着急。该项目所依靠的州和联邦教育官员以及全国范围内的慈善家们甚至希望学校明天就变得更好，而不是十年之后。德伯拉说："每个人都失去了耐心，如果我们可以用十年时间打造一套不同的体制，那将会是一场革命，而不是不温不火的改变。"问题在于，该项目所预期的改变能否在支持者们的兴趣转移之前予以落实。

德伯拉不是那种遇见困难裹足不前的人。在她的办公室里挂着刘易斯·卡罗尔写的《爱丽丝漫游奇境记》里的一段对话：

> 爱丽丝说："尝试是没用的。人们不会相信不可能的事情。"
>
> 皇后说："我敢说你实践得太少了。我像你这么大的时候，每天都练半个小时。因为有时候我在早饭前就对多达六件不可能的事儿信以为真。"

戴维·柯恩曾说过，教师是一个关于希望的职业。其最重要的必要条件就是要胸怀信念。要相信目前尚未达成的目标总有一天会成为现实。德伯拉是一个杰出的教师，不仅因为她花费了很长时间学习如何教学，还因为她知道该怎样怀抱希望。

无论是谁为德伯拉制作了《爱丽丝漫游奇境记》的海报，重点在最后一句话："有时候我在早饭前就对多达六件不可能的事儿信以为真。"德伯拉把它挂在门上，就像斯巴达村学校的学生将猜想写在黑板上一样。在她每一次离开办公室时，这句话都在提醒她永怀希望。

结　语

怎样做一名教师（二）

在 2013 年的一天，本书完成一半的时候，我在一次争论中被我的一位观察报道对象给打败了。

我是在任职的新闻机构"粉笔节拍"①（彼时叫"哥谭镇学校"）举办的一次活动上认识安迪·斯奈德的。之后，我们共同的朋友（也是位优秀的老师）告诉我说，安迪是他见过的最好的老师。那位朋友说学生们真的会把安迪课堂上的板书拍照上传到自己的脸书（Facebook）上，足见他们有多崇拜他。

我们那位共同的朋友是对的。安迪在纽约市的公立高中教社会研究，他是位技法娴熟的老师。在他的课上，我经常能够感受到一种兴奋，这种兴奋是在看玛格德琳·兰伯特和德伯拉·伯尔以前的上课录像、坐在玛丽埃尔·埃尔格罗和香农·格兰德的课堂上，抑或是在东京听课时才感受过的。虽然教学内容是为了年纪小我一半的学生准备的，但是我仍然能够感到我学到了东西。

我和安迪之间的争论是这样的：他认为我如果从来都没教过课，却试图写一本关于教学的书，那无异于是欺诈。真的想要加入对教学大发评论却从没自己尝试过的那些人的队伍吗？我的回答是：如果写什

---

① 译注：即 Chalkbeat，美国一家专注于教育的非营利新闻机构。

么就得亲自做什么的话,那为什么不建议政治记者自己担任了公职之后再来报道政府新闻呢?教学不应该因为很多人低估了它,认为它是个人的、凭天赋的工作,就可以免受外行人的调查。

  但我输掉了这场辩论。至少在我是否应该试着去教课这一点上输了。因此,在 2013 年 3 月一个灰蒙蒙的早上,我起了个大早,心怦怦直跳,从我位于布鲁克林的公寓坐地铁到了曼哈顿一所叫做未来学校的中学,这里便是我要给安迪代课的地方。

  两天前,在备课的时候,我感到了一种虚幻缥缈、难以捉摸的狂热。制定课程计划的那种激动和喜悦让我大吃一惊。我做得不亦乐乎。但是这昂扬的激情在我和安迪坐下来做最后准备时被彻底粉碎了。一位老师碰巧走进了我们会谈的房间,他和安迪谈到了他们教的第一堂课。安迪问那位老师哭没哭。安迪说他自己第一次的时候哭了,那位老师也是,还不止一次。然后安迪看着我说:"你也可能会哭哦。我只是想提醒你。"

  第二天晚上,也就是我要上课的前一夜,我做了个噩梦。梦的细节在我醒了之后都不记得了,但是大意却很清晰:那堂课完完全全、彻头彻尾地失败了。学生们早已经知道了我要教给他们的全部内容,所以当我把那些内容在课上呈现出来的时候,他们给了我冷漠的回应。那天夜里我在巨大的恐慌中惊醒之后,就翻来覆去地再也睡不着了。

  上课的时间过得很快。我只记得自己看了看时间来确认还有多久下课——就那样,授课结束了。安迪和我有一节课的时间用来回顾总结,然后就去给另一群学生上课了。他那天有好几节课,我只教了其中两节。

  安迪有一点看错我了,我并没有哭,虽然差一点我就要哭了。在两节课之间的休息时间,在所有的狂喜退去、困倦袭来之后,我感到一种精疲力尽的空虚感。但是安迪在另一个更重要的方面却是对的。尝试去教课让我看到了只观察和采访老师们绝不可能知道的东西,让我重新学习了德伯拉·伯尔、玛格德琳·兰伯特、帕姆·格罗斯曼和道格·莱莫夫教我的一切,而且理解得更深刻,记忆得更长久。

我第一次在德伯拉·伯尔那里做了一个数学教学知识测试之后,就知道教学是很难的脑力劳动。但是直到我和安迪共事之后,我才理解了有多难。为了备课("传记写作"那个单元的第一课),我花了数小时思考写传记意味着什么,难点在哪里,以及学生需要从哪里入手。我想知道重点是什么,是传记作者关于人物的主张以及如何得出该主张,还是这些主张是否公平。把那些问题分解开来,一次只解决一个真的可能吗?我翻阅了书籍和新闻资料去找那些讨论相关问题的文章段落,并考虑能用什么问题和文字材料能引起学生的思考。之后我花了数小时去摘录我们能够在一节60分钟的课上阅读并讨论的选段——其篇幅足够简短以便迅速理解,而对于解决我想让学生考虑的关键问题来说又足够复杂。

然而,就算做了这么多,在上课的当天安迪和我仍然在奋力解决如何清楚地表述"今日教学目标"。安迪常常把每一天的目标写在班里白板的同一个位置上。为了将整堂课提炼出一个一句话的目标来,我写了又擦,擦了又写。上课的时候,我的手掌上已全沾上了白板笔的墨痕。

我再次认识到李·舒尔曼关于学科教学知识的论述的正确性:只知道学科内容是绝对不够的。我还需要了解学生。在上课那周我早早地就开始备课了,并自豪地给安迪看了我选的一厚摞书,书上都夹着书签,标记了我认为上课可以用的段落。他快速地过了一遍,然后一个一个地否定了它们。其中有泰勒·布兰奇写的《马丁·路德·金时代的美国(1954—1963)》中介绍民权活动家贝亚德·鲁斯廷的精彩选段,安迪以为对于十一二年级的学生来说太"乏味无聊"了。我选的另一篇布兰奇介绍罗伊·威尔金斯的段落也一样。而由迈克尔·刘易斯写的《大空头》应该还可以——被描写的人物是对冲基金经理文森特·丹尼尔,他在纽约皇后区附近长大,书里有一些猛料,比如他父亲是被谋杀的,"尽管从来都没有人谈起这件事"——但是我必须得让这个选段再短点。而且安迪说这篇其实也挺无聊的。他给了我一摞学生们正在阅读的传记——我根本没有料到的一些书。"试试这些吧。"他建议说。

  安迪的评价令我目瞪口呆。我花了很多时间挑选这些文字材料,而且我觉得贝亚德·鲁斯廷那篇格外好。尽管我考虑过如何在课上和学生一起使用这些材料——我能问的问题,以及我们能一起思考的问题——材料本身"无聊"这个念头从未出现过。我之前花了很长时间采访帕姆·格罗斯曼,谈论英语教学以及挑选不仅权威还能让学生觉得有趣的文字材料的重要性,但是直到安迪给我描述了学生会对我选的哪怕是最棒的传记如何反应时,我才算真正明白了。如果学生不读的话,不论下发了什么材料都没意义。

  上课的时候,我还认识到做示范和帕姆·格罗斯曼说的一样重要。安迪和我计划在小组讨论之前花5分钟时间,坐在学生中间,和他们一起读其中的一篇文章,提问我们想让学生们学习去问的问题。"作者对他所写人物的看法是什么?""想象一下当作者决定写这个人物的那一刻,你认为他采取了哪些行动去了解传主?做了哪些思考?哪些决定?"我们用了安迪前一天推荐给我的文章中的一篇,节选自米奇·阿尔伯姆所著的《相约星期二》。在第一堂课结束后,安迪叫了一些学生来给我反馈。他们特别指出这部分是最有帮助的。一个叫马库斯的学生告诉我说他之前从来没有想过传记作者必须要了解他的写作对象，直到我们分析了阿尔伯姆可能是如何了解主角莫里的，他才意识到这个问题。作为一名记者，克服那样未知的挑战是我日常生活的一部分，但是高中生怎么可能知道呢？他们当然不知道了。因此，他们需要有人教。

我再一次地意识到希瑟·柯克帕特里克告诉我的"学术语篇"是非常精准的概念。课堂讨论在理论上是极好的，但在真实的课堂上实施却难于上青天。我试着把一堂课分成了三部分：先做示范；然后用一个不同的文本来练习回答问题（我冒险使用了迈克尔·刘易斯的那篇文章，没人打瞌睡）；最后，我希望他们通过小组讨论来探讨学到了什么内容，让具体的想法变得更抽象，从而让他们能从一位作者做了什么过渡到如果他们自己要写传记的话可以怎么做。

第一节课上，在我宣布讨论开始后不久，我就意识到这对我来说简直太难了。我本来试图在笔记本上记录下学生们说出的观点，结果只记下了一些胡言乱语，而且记笔记还打乱了我的短时记忆。我被我要做的所有的事搞得心烦意乱——我得让所有人保持注意力集中、计时、想着我接下来想让他们干什么、记住他们的名字、叫那些写下了有趣观点的学生，同时还不能忽视那些观点比较常规的学生。有学生说了什么，但我没听清，我就茫然地点了点头，然后叫别的学生了。

第二节课，安迪和我决定要完全放弃讨论部分。不去尝试是最好的。不出意料，课进行得顺利多了，我也没那么崩溃了。可能这堂课根本就不需要讨论；也可能像很多老师一样，我选择了感觉最好的那条路：授课难度低了。但这未必是更好的解决方案。

我也再一次感受到了早期研究在探究最佳教师性格时发现的东西。个性特征和教师技能是两码事。它们相互作用，但是性格并不会导致技能，反之亦然。在一些方面，我很有天赋。在我们回顾总结的时候，安迪指出，我一走进教室，学生们就立刻把我当作老师了。完全没有任何疑问，甚至都不用我做什么，就算还没有赢得他们的尊重，至少他们的注意力就已经集中到我这儿了。安迪说，很多老师都没那么幸运，他们的步态或是身姿上的某种东西就让他们很难吸引学生的注意力。

但是，虽然我有一些天赋，用莱莫夫的分类法用语来说叫"强而有力的声音"，但我的性格却出卖了我。我的朋友和同事们都知道我习惯于不经思考脱口而出那些听起来很无礼或是"令人尴尬"（就像我中学时期的朋友们不断告诉我的那样）的话。作为一个成年人，我努力克服自己口无遮拦的毛病，至少是在面对刚刚认识的人时。但是在课堂上，我老毛病又犯了。当一个梳着马尾辫的女生说了些我没听懂的东西之后，我没有礼貌地让她解释清楚，而是说了"你怎么能那样想？"之类的话，就好像她有那么奇怪的想法一定是个白痴一样。我的话深深地伤害了她。一说完那些话，我这么多年想要克服这个毛病的努力全都化为泡影。突然间，全班二十几名学生齐刷刷地看向我，大笑起来。最糟糕的是，我得罪了一个最不该得罪的学生。梳马尾辫的那个女生是班上最目中无人、最不买账的一个。我的存在就是对她的一种冒犯，但现在她不知所措了。

我重新学习了之前在玛格德琳·兰伯特的书里学到的东西。在一个单元中一节课显得微不足道。我一开始对成功的衡量标准是"他们学到什么了吗？"，但是随着时间一周周过去，我从安迪处得知，他的教学进度还停留在传记那个单元，那时我才意识到我一开始认为的衡量标准有多傻。学校的学习是以几周和几个月为周期的，而不是几节60分钟的课。在安迪和学生们完成了那个关于传记的单元的时候，他们有了进步，但随后就进入了死胡同，只得重新开始，再次回到了我上课那天讲的内容。当安迪终于让学生们写出他们都很期待的传记的时候，世界上没有任何一种评价方式能够将我那一节课的效能识别出来。

我在授课过程中首先也是最后重新认识到的（也是困扰我最久的）是一个字——爱。很多次，道格·莱莫夫认真地给我解释教学中爱的重要性。他告诉我，好的纪律要求老师用爱和学生相处。当道格跟我说这些的时候，我总是点点头。但是直到我给安迪代课之后，我才理解了道格的意思。

就在马上要上课之前，安迪和我站在学校地下室里的复印室，疯狂地复印着我要带到课上的阅读材料和文章结构图表。安迪耐心地回答了我无穷无尽的问题，他也给出了自己的建议，但是我却完全记不起他说了什么。可能是关于怎么操作那台复印机什么的，或者是上下课的具体时间，还有我走进教室之后该说点什么。然后他转过身，衣冠不整，可能是因为差点睡过头，眼睛也红红的。

"还有一件事，"他说，"这可能是最重要的一点。你得发自内心地爱他们。一旦他们知道你关心他们，他们就能放松很多。"当我对那个梳马尾辫的女生说了那样口无遮拦的话并且引起全班反感的时候，这是我唯一能够记起的东西。我盯着那个刚刚得罪过的、在不经意间让我权威扫地的女孩（权威真的是我唯一拥有的东西），我强迫自己照着安迪教的去做。那个女生看起来想要把我扔出窗外的样子，但当我回望着她的时候，我想着她是一个人，一个我关爱的人。我决定要用爱回应她。

我设法继续完成剩下的课。下课的时候，我在她出门时拉住了她，私下里告诉她刚才让她那么难堪我有多抱歉。她给了我最珍贵的礼物：她扯了扯嘴角，像是笑了。最后，她看着我的眼睛，耸了耸肩。她的表情好像在说，她无所谓。但那是事后她第一次跟我交流。我本可以拥抱她一下的。

那堂课还让我重新认识到：人绝对可以学会教书。和安迪共事，我的表现不好不坏。不过我十分确定，如果我在写这本书之前就尝试去做同样的事情，我会做得极糟糕。

当和其他朋友谈及我在做的事的时候，我可以分辨出我和之前有多么不同。"你要教什么？"他们问我。这是个屡次都让我吃惊的问题。这个问题言外之意就是："你要教他们做什么？"在他们的问题里我仿佛看到了2009年的自己，当时我也认为教课应该是专业水平的展示。我头脑中闪过一串可能的回答：我要教他们做三明治、写标题、跳舞、写博客、杂耍……教他们做任何他们之前没接触过的东西。"演讲的主题是什么？"另一个朋友问。他把上课和讲座搞混了，讲座确实是一种教学形式，但仅仅是其中的一种而已。

现在我自己的疑问并不是我要教什么，而是我如何教。我思考的不仅仅是主题，还有课堂活动和想法。我能帮助学生学会什么，以及如何才能帮助他们学会。

每当想象如果这个课放在三年前，我该如何备课时，我就会吓得发抖——我会不会像很多老师一样，走进教室却完全不知道教学是怎么回事。很可能我会像之前去安迪班上代课的那个电影制作人一样。因为对自己要教的课特别纠结，包括教学目标、内容以及顺序，所以我迫使安迪不断地跟我邮件往来，又见面谈了两个多小时，一步步地过了一遍我要做的。而那个电影制作人，安迪说，他拒绝一起备课，最后彻底失败，完全没有让学生参与课堂，更别提跟他们一起做任何有趣的事情了。

  我仍旧需要很多帮助，而且不管读多少书、听多少课、采访多少老师，都不能替代真正去和学生打交道。但至少我对于什么能让教学成功有了更多的理解，这能让我走得更远，远远超出安迪和我的想象。

后　记

良师是如何教学的

完成《做更好的教师》的写作之后，我的角色发生了大逆转。作为一名记者，我是经常问问题的那个，但是现在，我变成了要回答问题的人。尽管被问的问题各式各样，但问得最多的，便是最简单有力的：现在该怎么办？

老师、家长、校董事会成员、慈善家以及与学校没有直接关联的众多民众都想知道为了让优秀的教学蓬勃发展，他们能做点什么。

这个问题还包含了更深层次的驱动力。人们不仅仅想知道他们可以贡献点什么，还需要有人帮他们描绘一下变革后的教育会是什么样的。换句话说，他们需要的不仅仅是一个指南，还是一张来自更美好的未来的明信片。本着这一精神，我给出了下列五个辨别良师的要点。

1. 对于错误答案和正确答案一样好奇，并且鼓励学生犯错

从 1975 年踏入教室开始，职业生涯中令德伯拉·伯尔印象最为深刻的是 1999 年她和同事们一起做的一个简单的数学测试——接受测试的不是学生，而是老师。该测试不只是问老师们那些数学题的答案是什么，还让他们分析答错的学生错在哪儿了。

比如说，为什么一个三年级的学生会认为 307 减去 168 等于 261，而不是等于正确答案 139？为了纠正这个普遍的错误，老师们需要知道

学生经常减掉错误的数字,总是从较大的数字里减去较小的,而不管这些数字处在什么位置。例如,在这个例子中,用 8 减 7,而不是 7 减 8;6 减 0,而不是 0 减 6。老师们还需要知道这个错误反映了学生没学会什么知识点(在这个案例中,学生们没有掌握数字位值的概念),以及老师们能做些什么以帮助学生正确理解数学知识。

换句话说,优秀的教学不仅仅是要求老师很好地掌握一门学科知识那么简单。为了帮助学生们学会,老师还必须会反推学生的错误,搞清楚他们可能的思维方式和出错的地方,然后弄明白如何解决它们。同样重要的是,他们必须创设一个允许犯错的环境。否则他们就不可能窥探到学生的内心,也不可能知道学生还有什么不会的。

当德伯拉和她的团队给小学数学老师做那个测试的时候,他们发现得分最高的恰恰是能帮助学生学会最多数学知识的老师。最好的老师甚至比专业的数学家得分还高。

2. 推翻陈规

在道格·莱莫夫众多让我惊叹的时刻中,最早的一个和"嘘!"有关,它平常到我从来都没想过要质疑。

面对一群吵吵闹闹、开小差的孩子们(或者是成年人)时,能怎么办呢?"嘘"绝对是能控制场面的选择。但是这个命令却被道格说成"根本就是模棱两可"。他说:"你是让孩子们别再说话了,还是让他们小点声说?"

道格给我的解释是,良师既不依赖直觉,也拒绝墨守成规。他们不会客气地给模棱两可、含糊不清留下空间,而是会彻底地清除它。他们还不遗余力地描绘出他们想要看到的正确行为,而不是更容易吸引注意力的错误行为。"我们正在讲书上的内容哦。"老师可能会这样对走神的学生讲,温和地提醒他们回到学习的内容上去。

如在第九章中所指出的,我认为道格的思想有其局限性。他的思想在《像冠军一样教学》中有所概括,第一版里面关于学生犯错的看法有自相矛盾的地方(第二版出版于 2014 年 12 月,做了一些重要的修订,尤其是对犯错这个主题)。然而,道格对于"嘘"的分析中反映出来的深刻见解却是持久的:伟大的教学需要有推翻社会礼仪和规范的勇气,而这些礼仪和规范是大部分成年人穷其一生去掌握的。

"嘘"才仅仅是开始。老师还需要把注意力集中到学生们没太掌握的事实上,而不是客气地装作他们已经很接近正确答案了。他们要鼓励学生不仅可以在学业上出错,在人生中也可以,将注意力引到那些我们不愿谈及的问题上,以便学生们学会适应。他们必须先问个问题,然后才点名让某个学生回答,以便让尽可能多的学生都去思考。

凭这些做法不会赢得一场礼仪比赛,但那并不重要。对良师而言,重要的当然是确保所有的学生都掌握了学习所需的技能。

3. 通过提问鼓励学生推理论证,而非重复旧识

拿美国与那些在学生学业上优于我们的国家相比,最大的一个不同便是老师让学生们做什么。

詹姆斯·斯蒂格勒在 20 世纪 90 年代研究日本和美国的数学课时,通过仔细观看两国的课堂录像,发现两者最大的区别在于老师的提问。在日本,最常见的是斯蒂格勒称之为"解释'如何'或'为何'"的问题:你是如何算出这个三角形的面积的?为何这个面积是 17?相反,在美国,最常见的问题是斯蒂格勒称之为"命名/确认"的问题:我们学过了哪些类型的三角形?这个形状的周长是多少?

问不同类别的问题会改变学生对课堂的感觉。在美国,仅有 9% 的

课堂是学生主动解出问题答案的;而在日本,该比例达到了40%。通过问问题促使学生独立思考,日本教师教会学生的更多。

4. 让想法可视化

良师可能需要是一个善解人意的观察者,但是孩子们不需要这样。为了帮助学生学会完成那些需要很多细致思考的任务(例如理解一部复杂的小说,或者构建一个论证),最高效的老师用的方法即帕姆·格罗斯曼所谓的"示范"。

想要示范那些复杂的写作任务背后的思路,老师们都是从分析训练有素的读者或作家是怎么做的入手。只告诉一个没读懂课文的学生去"再读一遍",或是让一个作文写得差的学生去"写好点",终究是不够的。老师的指导需要更明确具体,通过阐明这样的想法是如何一步步产生的,为学生展示出它的样子。帕姆将其称作"让你的想法可视化"。

通过带领学生了解每一个思维步骤,老师能帮他们搞清楚如何才能读得明白而有见解、写得生动形象、论述得有说服力。

5. 有强大的教育基础设施做后盾

我希望这本书能突出的一个最重要的结论就是教师不可能靠一己之力培养出更优秀的学生。美国教育巨大的悲哀是一个多世纪以来,我们都让教师自己去处理繁复的工作,而没有提供任何有意义的支持。然后,在他们好不容易用整个教育生涯来发现解决教学难题的新方法之后,我们又让这些方法随着他们一起退休了——约翰·杜威一个世纪前就写道,这是一笔巨大的浪费。

解决之道就是用戴维·柯恩所说的"教育基础设施"来为教师们提供支持。什么是基础设施?在交通上,基础设施是指所有那些帮助跨越空间和时间运送人和物的东西。桥梁、限速、联邦航空局管制、天气预报和飞行员培训项目,它们共同保证了安全通行,而不需要每个人自己操心这些细节。完全可以依靠基础设施来保障整个系统更加有效,也更加稳定可靠地运行。

在世界上最好的学校系统中,教育基础设施也是基于同样的原理:一系列看不见的力量确保没有一位老师需要独自发明方法去解决错综复杂且不断发展的难题以帮助学生学习。戴维·科恩之前指导过的一名研究生赛内卡·罗森伯格在她关于"成就第一"特许学校联盟的毕业论文中将"基础设施"的概念分解成了具体的部分。这些是其中一些最重要的因素:

◆ 入职培训、教师教育和职业发展

教师必须学习如何教学,而这是需要正式培训的。在教师进入这个行业之前、关键的第一年入职培训期,以及他之后的职业发展过程中,培训都同等重要。美国在这类培训上花掉了数十亿美元,却收效甚微。一个坚实的基础设施不会丢弃这些,而是会改进它,将一些通用的理论和零散的概念的传授替换成集中的课堂教学培训。我是在和圣弗朗西斯科公立学校的老师罗琳·麦克劳德(就是我在第十章"怀抱希望的职业"中写的那位)的谈话中了解了集中的教学培训项目能产生多么巨大的影响。她带着怀疑的态度参加了帕姆·格罗斯曼名为PLATO的职业发展培训。在她20多年的教学生涯中,她从没参加过一个有用的职业培训。她没有任何理由相信这次能有什么不同。但是PLATO却和真实的教学实践连接起来,这些实践真的能帮到她的学生,而PLATO也彻底改变了她的教学。

◆ 资料和技术支持

除了培训外,教师们还需要资料,保证他们的教学是以同事们已取得的进展为基础,作出进一步改良的。例如,一些表现突出的学校系统会给老师们提供标明注释的教案,都是其他人已经成功使用过的;还会提供高效课堂的实况录像;此外还有其他教育工作者设计的测验,帮助他们诊断出学生哪里学会了,哪里还没学会。还有两个关键因素加强了这些资源的效用:第一,关于学生需要学什么,有一个共同(且与时俱进)的想法;第二,关于老师需要做什么来帮助学生学习,也有一个共识。

◆ 工作安排

如果老师们根本没有时间利用那些资料资源,那么它们也就不会起到什么作用。这看起来貌似显而易见,但是在美国,老师们经常没有什么时间去研究自己的工作。在大部分教育发达的国家,老师们每学年教学的时间平均为 600 小时或以下。剩下的时间都用来研究课程大纲、听同事的课,以及参与扩充国家资源库以帮助其他老师。但在美国,老师们平均每年有 1 100 小时都在面对学生。因此,可能用来自我学习和备课的时间都在工作时间之外。

◆ 环境

2014 年春,在我完成本书的初稿之后不久,我参加了芬兰前教育部长帕思·萨尔伯格的一个讲座。萨尔伯格被认为是带领芬兰扭转了本国教育状况的人,他指出了很多促成该变化发生的因素,但其中一个重要的催化剂就是:芬兰女性政治家的选举。他认为这个新政开创了更为先进的社会政策,由此产生了更强大的社会安全网,为教师能力提供了支持。在美国,那些能从优质教学中获益最多的学生也正是学校需要花费最多时间来培养的人。其负面结果就是那些在最偏远的学校工作的老师面临着一个"苏菲的抉择":他们要么多花数小时为学生的生活需求提供支持,要么把那些时间用来自我学习,这样第二天上课时他们的学生就能从中获益。教育是在社会政治环境中运作的，因此环境也是基础设施的重要一环。

最后，和努力实现教育基础设施中每一个要素同等重要的是确保所有的要素能协调配合。教师培训的目标如果和教学大纲不同的话，那么肯定收效甚微。同样，就算是精心设计的学生测试，如果老师没有足够的时间去研究那些测试揭示出来的关于学生学习的数据，那么测试结果也会被错误解读。争取更好的基础设施，也要求努力实现协同合作。

在描绘教育更美好的未来的过程中，我想要强调我不担心的是什么。我不担心构成基础设施的要素遥不可及，我甚至不担心只有一部分老师能在教学上超越自我。我认为对于现在需要什么我们已经知道很多了，而且我也认为我们有足够的证据证明良师可以被大规模培训。下一个要解决的问题就是如何才能到达理想的彼岸。其实达成这个目标所需的和每天激励老师们前行的东西是一样的：相信我们能进步的希望和每天醒来再去尝试的勇气。

伊丽莎白·格林

2015 年 3 月

致　谢

　　玛格德琳·兰伯特在其著作《带着问题教学以及教学的问题》(*Teaching Problems and the Problems of Teaching*)一书的开篇词中声明:"本书中所写的教学并非专属于我个人。"我也最后一次窃取她的智慧——本书也并非专属于我个人。

　　感谢那些对我敞开心扉和教室大门,并成为我的导师和本书信息来源的人们。这份名单包括但绝不限于德伯拉·伯尔、戴维·柯恩、帕姆·格罗斯曼、玛格德琳·兰伯特、道格·莱莫夫、德鲁·马丁、卢梭·米泽以及高桥昭彦。你们给了我最珍贵的馈赠,我也尽我所能地将其回馈给本书的读者。

　　感谢亚伦·帕拉斯引见德伯拉·伯尔。感谢诺曼·阿特金斯和戴维·列文引见道格·莱莫夫。

　　感谢所有为本项目提供时间、空间和资源的人们。保罗·图赫将一个为杂志撰文的任务委派给了我,继而成就了本书。保罗还将他标志性的坚韧不拔用于敦促我坚持到底,尽管很多时候放弃要容易得多。保罗还将我介绍给了一位了不起的编辑,维拉·提图尼克,这本书的出版也有她的功劳。我的超一流的经纪人,阿丽亚·汉娜·哈比卜,以及戴维·麦考密克,帮我开拓了视野,将一篇杂志里的故事转变成了一本书,并继而将我引见给了最合适的人。那个人就是汤姆·迈尔,他在无数次的编辑过程中倾注了他的专业知识和技巧。我将在我们合作的下一本书《好编辑是如何炼成的》中对他的专业能力进行研究。同样感谢露易丝·布罗克特、伊琳·洛维特、瑞恩·哈林顿、丝黛芬妮·哈林顿以及诺顿出版社的其他杰出团队成员。

感谢林奈尔·汉考克、尼古拉斯·勒芒和其他斯宾塞助学金(即哥伦比亚大学新闻系研究生院为传播教育新闻而设立的奖学金)背后的精英们。感谢迈克·麦克弗森和斯宾塞基金会为本项目提供不止一次,而是两次的资助,更不必说其提供的大量科研论文让本书成为可能。社会科学资源委员会的安倍新闻工作者助学金为我提供了非常宝贵的赴日本的机会并保障了我在日本的生活。我尤其感谢妮可·瑞思区克、费尔南多·罗贾斯和田尾崎拓哉。高桥昭彦和藤井裕久慷慨地引领我在东京进行了多次大开眼界的课堂观察。同样在东京,伊冯娜·常提供了笔译、口译、导游和陪伴。

感谢"粉笔节拍"团队,尤其是费丽莎·克雷默、艾伦·戈特利布、苏·莱曼和吉迪恩·斯坦让我没有后顾之忧。我还要感谢吉尔·巴尔金、达瑞尔·伯内特二世、杰夫·德克尔、斯考特·埃利奥特、托德·恩达尔、安娜·菲利普斯、莫拉·沃尔兹以及不断壮大的团队,在我缺席时守住了局面。你们教给了我很多,且每一天都给予我激励。

感谢在最终出版前审读书稿并不吝提出建议的朋友和同事们,是你们让本书变得更好——他们是德鲁·贝利、杰西卡·坎贝尔、戴维·柯恩、费丽莎·克雷默、瑞秋·德尔莱、尼克·埃尔曼、阿丽亚·汉娜·哈比卜、瑞安·希尔、蒂莫西·皮特曼、安迪·斯奈德、艾玛·索科洛夫鲁宾、艾拉·斯托尔、保罗·图赫和莫拉·沃尔兹。我还要感谢艾拉娜·艾森-马科维茨、尼特赞·佩尔曼和戴尔·鲁萨考夫在交谈中给我的启发。

感谢杰西卡·坎贝尔。你在研究上的协助以及对事实的审核使得全书的质量得以提升。

感谢我的老师们,尤其是(按时间先后)莱斯利·瓦格纳、拉尔夫·伯昂代、纳内特·戴亚斯、约翰·马思维恩和达拉·马尔德瑞,你们创造的价值无可估量。

感谢我的朋友们,在我每次无法离开公寓时都能予以理解和支持。

感谢爱泼斯坦一家提供的坚定的支持和安静的写作环境。

感谢我的祖父母——包括三位第一代大学毕业生,其中一位师范学校校友、一位非营利媒体创业者以及一位前数学教师。

感谢安德里亚·维斯、约翰·格林、丹尼尔·格林和本杰明·格林,你们是我的启蒙者,也是最棒的老师、读者、信息核实者和朋友。

最后,感谢戴维·爱泼斯坦的言传身教,以及发自内心的对我的关爱。

注　释

本书中报道的内容囊括了我与教师、管理者、政策分析人士和研究者的面谈,时间跨度长达五年有余。此外,我还借鉴了大量的研究论文、专著和教学实录。这些实录包括我亲自去观摩的课程和通过录像带、音频转写、教案册等渠道收集到的课例。

限于篇幅,我并未将全部的面谈、文本和课例都罗列出来。下面这些注释列举了本书直接援引的文献资源,间接资源未纳入其中。

除非另行说明,本书中涉及的儿童名均为作者杜撰的化名。

前言

1. 此处学生的名字均为 Magdalene Lampert 杜撰的化名。
2. 这个课堂场景出自 Magdalene Lampert 的书 *Teaching Problems and the Problems of Teaching* (New Haven, CT: Yale University Press, 2001);同样的场景在作者与 Lampert 2010 年和 2013 年的面谈以及 Lampert 提供的课例录像中多次被提及。
3. 出自 James Hilton, *Goodbye Mr. Chips*, Project Gutenberg Australia, http://gutenberg.net.au/ebooks05/0500111h.html, accessed September 2013。
4. 成千上万绝非夸大其词。即便在 1929 年,研究者 Seneca Rosenberg 就报道研究教学的学者们有着"体量庞大的信息……穷尽一生也不能消化";截至 1974 年,另两位研究者估计有超过一万例"教师效能研究"得以发表。引自 Rosenberg, "Organizing for Quality in Education: Individualistic and Systemic Approaches to Teacher Quality" (PhD dissertation, University of Michigan, 2012)。

5. 例如，A. S. Barr et al., "Wisconsin Studies of the Measurement and Prediction of Teacher Effectiveness: A Summary of Investigations," *Journal of Experimental Education* 30, no. 1 (September 1961); Jonah E. Rockoff et al., *Can You Recognize an Effective Teacher When You Recruit One?* NBER Working Paper, no. 14485 (Cambridge, MA: National Bureau of Economic Research, 2008), http://www.nber.org/papers/w14485。
6. 基于作者和 Jane Hannaway 的面谈(2010年1月13日)。
7. 源自 George Bernard Shaw, *Maxims for Revolutionists*, Project Gutenberg, Kindle edition, http://www.gutenberg.org/ebooks/26107, accessed October 2013。
8. 源自 Barack Obama, "Our Kids, Our Future" (speech, Manchester, NH, November 20, 2007), American Presidency Project, http://www.presidency.ucsb.edu/ws/?pid=77022。
9. 源自 Barack Obama, "Remarks by the President on Education" (speech, US Department of Education, Washington, DC, July 24, 2009), White House, http://www.whitehouse.gov/the_press_office/Remarks-by-the-President-at-the-Department-of-Education。
10. 源自 Chicago Teachers Union, *The Schools Chicago's Students Deserve: Researched-Based Proposals to Strengthen Elementary and Secondary Education in the Chicago Public Schools* (Chicago: CTU, 2012), http://www.ctunet.com/blog/text/SCSD_Report-02-16-2012-1.pdf。
11. 源自"U.S. Jobs Supported by Apple," Apple.com, http://www.apple.com/about/job-creation, accessed July 27, 2013。
12. 这是在2008年做的报告。最新的人口普查数据显示教师人数仍旧高居全美各职业榜首。参考 Richard Ingersoll and Lisa Merrill, *Seven Trends: The Transformation of the Teaching Force*, CPRE Working Paper, no. #WP-01 (Philadelphia: Consortium for Policy Research in Education, 2012)。
13. 源自 Deborah Loewenberg Ball, "The Work of Teaching and the Challenge for Teacher Education" (lecture, Vanderbilt University, September 11, 2008)。数据来源于 Francesca Forzani 对美国劳工统计局家庭数据年平均值的分析。
14. 源自 William J. Husser and Tabitha M. Bailey, *Projections of Education Statistics to 2020*, 39th ed. (Washington, DC: National Center for Education Statistics, 2011), http://nces.ed.gov/pubs2011/2011026.pdf。见 Table 16, p. 53。
15. 基于作者和 Nancy Slavin(时任芝加哥公立学校招聘主任)的面谈(2009年12月1日、2009年12月18日)。
16. 源自 Husser and Bailey, *Projections*, Table 16, p. 53。
17. 基于作者和 Steven Farr 的面谈(2010年1月18日)。

18. 源自 Susanna Loeb, Linda Darling-Hammond, and John Luczak,"How Teaching Conditions Predict Teacher Turnover in California Schools," *Peabody Journal of Education* 80, no. 3(2005): 47。

19. 源自"2011 American Community Survey," US Census Bureau, http://www.census.gov/acs, accessed November 2011。

20. 源自 Francis W. Parker, *Notes of Talks on Teaching*, reported by Lelia E. Patridge (New York: E. L. Kellogg, 1891), 21, http://books.google.com/books?id=9aLsAAAAMAAJ&printsec=frontcover&source=gbs_ge_summary_r&cad=0％2522％20％255Cl♯v=onepage&q&f=false, accessed December 29, 2013。

21. 同上, xii。

22. 源自 William Milford Giffin, *School Days in the Fifties: A True Story with Some Untrue Names of Persons and Places* (Chicago: A. Flanagan, 1906), 125, http://books.google.com/books?id=P449AAAAIAAJ&pg=PA63&dq=school+days+in+the+fifties+fra ncis+parker&hl=en&sa=X&ei=z-HAUvikIdWvsQTK6ICYDg&ved=0CC0Q6AEwAA♯v=onepage&q&f=false, accessed December 29, 2013。

23. 源自 Orville T. Bright, Homer Bevans, and John Lancaster Spalding, "Addresses Delivered at the Memorial Exercises Given by the Public-School Teachers of Chicago and Cook County, Auditorium, April 19, 1902," *Elementary School Teacher and Course of Study* 2, no. 10 (June 1902): 728。

24. 源自 William R. Harperetal et al., "In Memoriam. Colonel Francis Wayland Parker, Late Director of the School of Education, University of Chicago," *Elementary School Teacher and Course of Study* 2, no. 10 (June 1902): 715。

25. 源自 John Dewey, *The Sources of a Science of Education* (New York: Horace Liveright, 1929), Kindle edition, http://www.archive.org/stream/sourcesofascienc009452mbp♯page/n13/mode/2up, p. 10。

26. 同上, 11。

27. 源自 Harper et al., "In Memoriam," 715。

第一章

1. 源自 David Berliner, "Toiling in Pasteur's Quadrant: The Contributions of N. L. Gage to Educational Psychology," *Teaching and Teacher Education* 20, no. 4 (May 2004): 329–40。

2. 后续关于纳特·盖奇作为一名教师和学者的介绍是基于 David Berliner, "Toiling in Pasteur's Quadrant",以及作者与下列人员的面谈——David Berliner(2012年2月7日)、Barak Rosenshine(2012年2月19日)、Frank Sobol

(2012年2月27日)、Lovely Billups(2012年2月4日)和Garry McDaniels (2012年2月17日)。

3. 源自与Berliner的面谈。
4. 本段所引用的研究源自Tomas L. Good, Bruce J. Biddle, and Jere E. Brophy, *Teachers Make a Difference* (New York: Holt, Rinehart, and Winston, 1975),14; A. S. Barr et al., "Wisconsin Studies of the Measurement and Prediction of Teacher Effectiveness: A Summary of Investigations," *Journal of Experimental Education* 30, no. 1 (September 1961),103。
5. 引自Egon G. Guba, "Review of *Handbook of Research on Teaching*, by N. L. Gage," *Theory into Practice* 2, no. 2 (April 1963): 114。
6. 引自Donald M. Medley, "Early History of Research on Teacher Behavior," *International Review of Education* 18, no. 4(1972): 431。
7. 引自Good, Biddle, and Brophy, *Teachers Make a Difference*, 13。
8. 引自Geraldine Joncich, *The Sane Positivist: A Biography of Edward L. Thorndike* (Middletown, CT: Wesleyan University Press, 1968),156。
9. 源自David Berliner, "The 100-Year Journey of Educational Psychology," in *Exploring Applied Psychology: Origins and Critical Analyses*, eds. Thomas K. Fagan and Gary R. VandenBos (Washington, DC: American Psychological Association, 1993),193。
10. 引自Joncich, *Sane Positivist*, 163,230。
11. 同上,217。
12. 引自Edward Lee Torndike, *Animal Intelligence* (New York: Macmillan, 1911),54。
13. 引自Ellen Condliffe Lagemann, *An Elusive Science: The Troubling History of Education Research* (Chicago: University of Chicago Press, 2000),56—66。
14. 同上,55—56。
15. 本段中关于纳特·盖奇的描写是基于作者与David Berliner的面谈(2012年2月7日),以及David C. Berliner, "Toiling in Pasteur's Quadrant: The Contributions of N. L. Gage to Educational Psychology," *Teaching and Teacher Education* 20(2004): 329-40。
16. 基于作者与Barak Rosenshine的面谈(2012年2月19日)。
17. 引自Arthur G. Powell, *The Uncertain Profession: Harvard and the Search for Educational Authority* (Cambridge, MA: Harvard University Press, 1980),48。
18. 引自Willis Rudy, "Josiah Royce and the Art of Teaching," *Educational Theory* 2, no. 3 (July 1952): 158-69。
19. 本段中提及的招聘人数和教职工人数源自Thomas D. Snyder, ed., 120 *Years*

of American Education: A Statistical Portrait (Washington, DC: National Center for Education Statistics, 1993), 34。

20. 引自 A. S. Barretal et al., "Report of the Committee on the Criteria of Teacher Effectiveness," *Review of Educational Research* 22, no. 3 (June 1952): 261。

21. 例如 John Dewey, *The Sources of a Science of Education* (New York: Horace Liveright, 1929), Kindle edition; Lagemann, *Elusive Science*, 48–51。

22. 本段话是基于 N. L. Gage et al., *Explorations of the Teacher's Effectiveness in Explaining*, Technical Report, no. 4 (Stanford, CA: Stanford Center for Research and Development in Teaching, 1968)。

23. 关于 Barak Rosenshine 所做研究的描述是基于 Gage et al., "Explorations," 48。

24. 源自 Gage et al., "Explorations," 39–40。

25. 源自 Berliner, "Toiling in Pasteur's Quadrant," 339。

26. 同上, 334。

27. 源自 Nancy J. Hultquist, "A Brief History of AERA's Publishing," *Educational Researcher* 5, no. 11 (December 1976): 12。

28. 基于作者和 Lovely Billups 的面谈(2012 年 2 月 4 日)。

29. 源自 Richard Nixon, "Special Message to the Congress on Education Reform" (speech, Washington, DC, March 3, 1970), American Presidency Project, http://www.presidency.ucsb.edu/ws/?pid=2895#ixzz1njSzPyoX。

30. 基于和 Garry McDaniels 的面谈(2012 年 2 月 17 日)。

31. 美国国家教育研究所对教学研究的支持见于作者和 Garry McDaniels 的面谈(2012 年 2 月 17 日)。

32. 基于作者和 Lee Shulman 的面谈(2010 年 11 月)。

33. 若想了解更多的关于认知科学起源的背景知识,可参考 Howard Gardner, *The Mind's New Science: A History of the Cognitive Revolution* (New York: Basic Books, 1985)。

34. 本章中关于 Lee Shulman 的描写是基于作者的访谈(2010 年 11 月、2011 年 1 月、2012 年 2 月),以及亚利桑那州立大学 Inside the Academy 项目的相关记载,参见 http://insidetheacademy.asu.edu/photo-gallery-lee-shulman and http://insidetheacademy.asu.edu/lee-shulman。

35. 引自 John Dewey, *How We Think* (Boston: Heath, 1910), Kindle edition。

36. 引自 John Dewey, *Logic: The Theory of Inquiry* (Henry Holt, 1938), Kindle edition。

37. Lee Shulman 研究了医生是如何解决医疗问题的,相关描写是基于 Arthur S. Elstein, Lee S. Shulman, and Sarah A. Sprafka, *Medical Problem Solving: An Analysis of Clinical Reasoning* (Cambridge, MA: Harvard University Press, 1978), Lee S. Shulman and Arthur S. Elstein, "Studies of Problem

Solving, Judgment, and Decision Making," *Review of Research in Education* 3 (1975)：3-42,以及作者与下列人员的面谈——Shulman(2010年11月、2011年1月、2012年2月)、Elstein(2012年2月6日)。

38. Lee Shulman 关于医生是如何解决医疗问题的研究最终促成了对教师思维的研究(即将在本章内谈及)。此外,Shulman 还和 Arthur Elstein 一同撰文,更直接地剖析了其早期在斯坦福大学所做的那一年研究工作对教育研究的启示,参见 Lee S. Shulman and Arthur S. Elstein, "Studies of Problem Solving, Judgment, and Decision Making：Implications for Educational Research," *Review of Research in Education* 3(1975)：3-42。

39. 引自 Lee S. Shulman et al., "Teaching as Clinical Information Processing," ed. N. L. Gage, Panel 6 Report (Washington, DC：National Conference on Studies in Teaching, 1975)。

40. 基于作者与 Gary Sykes 的面谈(2012年2月20日)。

41. 参见 Mary Budd Rowe, "Wait Time：Slowing Down May Be a Way of Speeding Up!" *Journal of Teacher Education* 37, no. 1(1986)：43-50, http://jte.sagepub.com/content/37/1/43.abstract。

42. 引自 Lee S. Shulman, *The Wisdom of Practice：Essays on Teaching, Learning, and Learning to Teach*, ed. Suzanne M. Wilson (San Francisco：Jossey-Bass, 2004),263。

43. 同上,258。

44. 源自 Jerome Bruner, *Actual Minds, Possible Words* (Cambridge, MA：Harvard University Press, 1986),17。

45. 引自 Shulman, *Wisdom of Practice*, 197。

46. 引自 Shulman et al., "Teaching as Clinical," 19。

47. 源自 United Press International (UPI), "Was School Racial Report Buried?" August 18,1966。该报告的各个版本被多家报纸刊载,包括《波士顿环球报》。

48. 源自 James S. Coleman et al., *Equality of Educational Opportunity* (Washington, DC：U. S. Department of Health, Education and Welfare, 1966)。

49. 基于作者与 Eric Hanushek 的面谈(2009年3月31日)。

50. 源自 Richard John Murnane, "The Impact of School Resources on the Learning of Inner-City Children" (PhD dissertation, Yale University, 1974),22-23。

51. 源自 A. Hanushek, *Education and Race* (Lexington, MA：Heath, 1972),36。

52. 源自 Richard John Murnane, "Impact of School Resources," 26。此文解释了 Coleman 报告中数据的局限性。

53. 对该结果的明确总结可参见 Eric A. Hanushek, "Throwing Money at Schools," *Journal of Policy Analysis and Management* 1, no. 1(1981)：29。

54. 关于"Teacher Accountability"的介绍可参见 Hanushek, *Education and*

Race,115。

55. 据我所知,"附加值"这个术语首次出现在下面这篇文章的脚注中——Eric A. Hanushek,"Education Policy Research—An Industry Perspective," *Economics of Education Review* 1,no. 2(1981):8。

56. 源自 Hanushek, *Education and Race*,15。

第二章

1. 后续的记述是基于作者和 Mindy Emerson 的面谈(2012 年 3 月 30 日、2012 年 7 月 17 日)。

2. 本章中关于 Deborah Loewenberg Ball 教学生涯的描写是基于作者与 Ball 的多次面谈(从 2009 年 4 月至 2013 年 11 月),以及那段时间内从 Ball 和 Jessie Fry(现名 Jessie Storey-Fry)那里获取的一些资料,包括照片、课程素材和教案册。

3. Deborah 曾参与 Science Curriculum Improvement Study 研发的一个实验性科学课程,该项目从 20 世纪 60 年代开始得到了 National Science Foundation 的资助。

4. 源自 Magdalene Lampert and Deborah Loewenberg Ball, *Teaching, Multimedia, and Mathematics: Investigations of Real Practice* (New York: Teachers College Press,1998),14。

5. 同上。

6. Ball 在密歇根州立大学咨询的教授是 Perry Lanier。该教授介绍给 Ball 的课程是 Comprehensive School Mathematics Program,简称 CSMP。CSMP 的设计深受 Georges Papy 和 Frédérique Papy-Lenge 这两位比利时数学家的影响。

7. 源自 *CSMP Mathematics for the First Grade: Teacher's Guide* (Aurora, CO: McREL Institute, 1992), http://ceure.buffalostate.edu/~csmp/CSMPProgram/Primary%20Disk/FGRADE/TOTAL.PDF, pp. 4–473。

8. Ball 详述其怎样通过一个关于电梯的问题来教负数,参见 Deborah Loewenberg Ball, "With an Eye on the Mathematical Horizon: Dilemmas of Teaching Elementary School Mathematics," *Elementary School Journal* 93, no. 4 (1993),378–81。

9. 引自 Deborah Loewenberg Ball, "Knowledge and Reasoning in Mathematical Pedagogy: Examining What Prospective Teachers Bring to Teacher Education" (PhD dissertation, Michigan State University, 1988), 1, http://www-personal.umich.edu/~dball/books/DBall_dissertation.pdf。

10. 关于 Ball 在 Joseph Adney 班上的体验描写是基于作者与 Ball 的面谈(2010 年 9 月),以及 Ball 的相关论述,参见 Lampert and Ball, *Teaching, Multimedia, and Mathematics*,16。

11. 关于 Ball 在暑期学校的描写是基于作者和 Ball 的面谈(2010 年 9 月和 2012 年

5 月 26 日），以及 Lampert and Ball，*Teaching，Multimedia，and Mathematics*，16 - 18。

12. 源自 Lampert and Ball，*Teaching，Multimedia，and Mathematics*，17。
13. 关于 Elementary Math Lab 的日常描写是基于作者本人的观察（2012 年 7 月 23 日）。
14. 该场景中的人物化名由 Elementary Math Lab 提供。
15. 作者在 Elementary Math Lab 的课堂观察得到了很多参与者的支持。此处的描述是基于 Hyman Bass，Catherine Ditto 和 Brian Cohen 的见解。
16. 该场景中的人物化名由 Deborah Ball 提供。
17. 引自 Deborah Loewenberg Ball，"Halves, Pieces, and Twoths: Constructing and Using Representational Contexts in Teaching Fractions," in *Rational Numbers: An Integration of Research*，eds. T. P. Carpenter et al.（Hillsdale, NJ: Erlbaum, 1993），192。
18. 后续描写是基于 Ball，"Knowledge and Reasoning"。
19. 源自 Ball，"Knowledge and Reasoning," 52。
20. 源自 Lee S. Shulman，*The Wisdom of Practice: Essays on Teaching, Learning, and Learning to Teach*，ed. Suzanne M. Wilson（San Francisco: Jossey-Bass, 2004），203。
21. 源自 Ball，"Knowledge and Reasoning," 65。
22. 我是从 Sharon Feiman-Nemser 那里初次听说"This Kind of Teaching"及其简称 TKOT 的，她现任布兰迪斯大学的 Mandel Professor of Jewish Education。据 Feiman-Nemser 所述，该术语是由她和当时在密歇根州立大学国家教师教育研究中心的同事们提出的。当时他们做的是大学的项目，名为 Teacher Education and Learning to Teach project。"This Kind of Teaching"也出现在 Lampert and Ball，*Teaching，Multimedia，and Mathematics*，31 - 35 中。虽然 Magdalene Lampert 和 Deborah Ball 现在都不再使用 TKOT 这个术语了，但为了描述清晰性起见，我在本书中都沿用了该术语。若想了解密歇根州立大学的教育者们关于"Teaching for Understanding"的研究，可参见 David K. Cohen, Milbrey W. McLaughlin, and Joan E. Talbert, eds., *Teaching for Understanding: Challenges for Policy and Practice*（San Francisco: Jossey-Bass, 1992）。
23. 引自 Magdalene Lampert，"When the Problem Is Not the Question and the Solution Is Not the Answer: Mathematical Knowing and Teaching," *American Educational Research Journal* 27, no. 1（Spring 1990），36。
24. 因其独一无二的多样化追求而被 Magdalene Lampert 视作楷模的同事是 Marvin Hoffman。他是一位有着多年教龄的教师、教师教育者，现任芝加哥大学 Urban Teacher Education Program 的副主任，以及 UChicago Charter School

North Kenwood/Oakland Charter Campus 的创始人。
25. 源自 Magdalene Lampert, *Teaching Problems and the Problems of Teaching* (New Haven, CT: Yale University Press, 2001), 39。
26. 关于该项目方法论的介绍可参见 Lampert and Ball, *Teaching, Multimedia, and Mathematics*, 38–60。
27. 基于作者与 Kara Suzuka 的面谈(2012 年 7 月)。
28. 引自 Eric Hanushek, "Throwing Money at Schools," *Journal of Policy Analysis and Management* 1, no. 1(1981): 19。
29. 后续的关于 Deborah Ball 课堂场景的描述以及 Hyman Bass 对其的观察是基于作者和两位的面谈——Bass(2012 年 7 月)、Ball(2012 年 7 月),以及从密歇根大学 Mathematics Teaching and Learning to Teach Project 中获取的录像带和转写文本。
30. 该场景中的人物化名由 Deborah Ball 提供。
31. 引自 Hyman Bass, "Mathematics, Mathematicians, and Mathematics Education," *Bulletin of the American Mathematical Society* 42, no. 4(2005): 429。
32. 源自 Deborah Loewenberg Ball, Heather C. Hill, and Hyman Bass, "Knowing Mathematics for Teaching," *American Educator*, Fall 2005, 14。
33. 关于 Square One TV 的档案记录文件可参见 http://www.squareonetv.org, accessed October 27, 2013。

第三章

1. 关于师范院校的发展史,可参见此文中的精彩描述——Francesca M. Forzani, "The Work of Reform in Teacher Education"(PhD dissertation, University of Michigan, 2011), 16–71。
2. 引自 Judith Taack Lanier et al., Tomorrow's Schools of Education: A Report of the Holmes Group (East Lansing, MI: Holmes Group, 1995), 17。
3. 引自 Harry Judge, American Graduate Schools of Education: A View from Abroad: A Report to the Ford Foundation (New York: Ford Foundation, 1982), 42。
4. 同上, 10。
5. 同上, 31。
6. 同上, 21。
7. 源自 Forzani, "Work of Reform," 191。
8. 同上, 179。
9. 引自 Judge, *American Graduate Schools*, 21。
10. 引自 Forzani, "Work of Reform," 198。
11. 此处的比率是基于作者和 Lee Shulman 的面谈(2010 年 11 月)。在另一个面谈中(2013年9月),Judy Lanier(现更名为 Judith Gallagher)不确定这些数字是否准确,但她承认了短期内缩减开销是为了将来能为她的愿景赢得更多的预算。

12. 源自 David Carroll et al., eds., *Transforming Teacher Education: Reflections from the Field* (Cambridge, MA: Harvard Education Press, 2007),12。
13. 引自 Suzanne M. Wilson, *California Dreaming: Reforming Mathematics Education* (New Haven, CT: Yale University Press, 2003),9。
14. 引自 Alfred North Whitehead, *An Introduction to Mathematics* (New York: Holt, 1911),7-8。
15. 引自 Wilson, California Dreaming, 13。
16. 引自 Larry Cuban, *How Teachers Taught: Constancy and Change in American Classrooms, 1880-1990*, 2nd ed. (New York: Teachers College Press, 1993),28-29。
17. 引自 Charles Silberman, *Crisis in the Classroom: The Remaking of American Education* (New York: Random House, 1970),10-11。
18. 源自 Terezinha Nunes Carraher, David William Carraher, and Analucia Dias Schliemann, "Mathematics in the Streets and in the Schools," *British Journal of Developmental Psychology* 3(1985): 6。
19. 源自 Linda Darling-Hammond, *The Flat World and Education: How America's Commitment to Equity Will Determine Our Future* (New York: Teachers College Press, 2010),4。
20. 源自 A. Alfred Taubman, *Threshold Resistance: The Extraordinary Career of a Luxury Retailing Pioneer* (New York: HarperBusiness, 2007)。
21. 同上。
22. 引自 David K. Cohen and Heather C. Hill, *Learning Policy: When State Education Reform Works* (New Haven, CT: Yale University Press, 2001),14。
23. 这是 Magdalene 对 Ruth Heaton 的描写,源自 Ruth M. Heaton and Magdalene Lampert, "Learning to Hear Voices: Inventing a New Pedagogy of Teacher Education," in *Teaching for Understanding: Challenges for Policy and Practice*, eds. David K. Cohen, Milbrey W. McLaughlin, and Joan E. Talbert (San Francisco: Jossey-Bass, 1992),53。
24. 源自 Ruth Mary Heaton, "Creating and Studying a Practice of Teaching Elementary Mathematics for Understanding" (PhD dissertation, Michigan State University, 1994),130。也可参见 Ruth M. Heaton, *Teaching Mathematics to the New Standards: Relearning the Dance* (New York: Teachers College Press, 2000)。
25. 学生的化名均由 Ruth 杜撰并发表在"Creating and Studying a Practice of

Teaching Elementary Mathematics for Understanding"上。
26. 引自 Heaton,"Creating and Studying," 131–34。
27. 同上,136。
28. 源自 Heaton and Lampert,"Learning to Hear Voices," 55–58。
29. 这段课例描述是基于作者与 Ruth Heaton 的面谈(2012 年 8 月),以及 Heaton and Lampert,"Learning to Hear Voices," 62–70。
30. Ruth 采用一种名为"小型电脑"的计数工具来帮助学生学习心算。该工具是由硬纸壳制成的表格,画上多种颜色,可供学生在上面放置棋子。在不同颜色的方格上放置棋子可以表示不同的数值。例如,在某张表格的紫色方格中放一个棋子表示 4,而在红色方格中放棋子则表示 2——二者相加为 6。在另一张表格上,每个方格表示其内数值的 10 倍。所以紫色方格里放一个棋子就变成了 40,而红色方格内的数值则变成了 20——二者相加为 60。在有经验的教师的指导下,低龄学生很快学会了使用"小型电脑"来进行加、减、乘法,收效显著。该工具和教学法由比利时数学家、教育家 Georges Papy 发明。他和他的夫人 Frédérique Papy-Lenger 对 Ruth、Deborah 和 Magdalene 在斯巴达村学校期间使用的实验性课程有着重大影响。
31. 该课例的描述是基于作者与 Ruth Heaton 的面谈(2012 年 8 月),并参考 Heaton,"Creating and Studying," 173–224。
32. 此前对于 Sylvia Rundquist 的教学描述是基于 Deborah L. Ball and Sylvia S. Rundquist,"Collaboration as a Context for Joining Teacher Learning with Learning about Teaching," in Cohen et al., *Teaching for Understanding*, 13–37。
33. 引自 Magdalene Lampert and Deborah Loewenberg Ball, *Teaching, Multimedia, and Mathematics: Investigations of Real Practice* (New York: Teachers College Press, 1998),35–155。
34. 引自 Judith Lanier, *Tomorrow's Teachers: A Report of the Holmes Group* (East Lansing, MI: Holmes Group, 1986)。
35. 基于作者与 Frank Murray 的面谈(2010 年 2 月 18 日)。
36. 引自 David K. Cohen and Deborah Loewenberg Ball,"Relations between Policy and Practice: A Commentary," *Educational Evaluation and Policy Analysis* 12, no. 3 (Autumn 1990): 333。
37. 关于 Oublier 老师教学的描述是基于 David K. Cohen,"A Revolution in One Classroom: The Case of Mrs. Oublier," *Educational Evaluation and Policy Analysis* 12, no. 3 (Autumn 1990): 311–29。
38. 引自 Wilson, *California Dreaming*, 207。
39. 源自 Deborah Loewenberg Ball,"Reflections and Deflections of Policy: The Case of Carol Turner," *Educational Evaluation and Policy Analysis* 12, no. 3

(Autumn 1990): 250-51。

40. 源自 Wilson，*California Dreaming*，207。
41. 引自 Cohen and Ball，"Relations between Policy and Practice，" 331。
42. 引自 Wilson，*California Dreaming*，55。
43. 同上，85—93。
44. 源自 Cohen，"Revolution in One Classroom"。
45. 引自 Forzani，"Work of Reform，" 246。
46. 同上，253。
47. 基于 Jessica Campbell（作者的事实调查员）与 Judith Gallagher 的面谈（2013 年 11 月）。
48. 同上，257。
49. 后续的关于斯巴达村学校艰难维护改革的描述是基于作者与 Jessie Storey-Fry 的多次面谈（2012 年 4 月和 8 月之间）、Storey-Fry 对那段时间记录的回顾，以及作者与斯巴达村学校多位教师的面谈。
50. Jessie Storey-Fry 提供的照片记录有教职员工写给她的信笺，内容为："我们很高兴你能带领我们走过艰难岁月。我们为能在一个没有错误的环境中工作而快乐。"

第四章

1. 本章的内容是基于作者两次赴日本东京的经历（2011 年 11 月至 12 月、2012 年 4 月）。其间，面谈和观摩的译者均为 Yvonne Chang。
2. 源自 Richard Lynn，"Mathematics Teaching in Japan，" in *New Directions in Mathematics Education*，ed. Brian Greer and Gerry Mulhern（London：Routledge，1989）。
3. 关于国际数学成就的相关研究，可参见 Ina V. S. Mullis and Michael O. Martin，"TIMSS in Perspective：Lessons Learned from IEA's Four Decades of International Mathematics Assessments，" in *Lessons Learned：What International Assessments Tell Us about Math Achievement*，ed. Tom Loveless（Washington, DC：Brookings Institution Press，2007）。
4. 源自 T. Husen，*International Study of Achievement in Mathematics：A Comparison of Twelve Countries*（New York：Wiley，1967）。
5. 源自 The Illinois-Japan Study of Mathematics，reported in Richard Lynn，"Mathematics Teaching in Japan，" in *New Directions in Mathematics Education*，ed. Brian Greer and Gerry Mulhern（London：Routledge，1989）。
6. 源自 Associated Press，"Test Results 'Embarrass' U. S.，" December 12，1983。
7. 引自 Edward B. Fiske，"Japan's Schools：Intent about the Basics，" *New York Times*，July 10，1983。
8. 源自 Harold W. Stevenson，Shin-ying Lee，and James W. Stigler，"Mathema-

tics Achievement of Chinese, Japanese, and American Children," *Science* 231, no. 4739 (February 14, 1986): 695, 696。

9. 基于作者和 James Stigler 的面谈(2012 年 8 月 30 日)。
10. 源自 James W. Stigler and James Hiebert, *The Teaching Gap: Best Ideas from the World's Teachers for Improving Education in the Classroom* (New York: Free Press, 1999), Kindle edition。
11. 同上, Kindle locations 720 – 30。
12. 同上, Kindle locations 814 – 17。
13. 关于授课的描述是基于 2012 年 4 月 17 日,作者在 Koganei Elementary School 观摩的一堂四年级课程。
14. 关于四堂课的小型研究源自 James W. Stigler, Clea Fernandez, and Makoto Yoshida, "Traditions of School Mathematics in Japanese and American Elementary Classrooms," in *Theories of Mathematical Learning*, ed. Leslie P. Steffe and Pearla Nesher (Mahwah, NJ: Erlbaum, 1996), 149 – 75。
15. 源自 Stigler and Hiebert, *Teaching Gap*, Kindle locations 901 – 3。
16. 同上, Kindle locations 1183。
17. 同上, Kindle locations 957 – 73。
18. 同上, Kindle locations 1377 – 79。
19. 源自 John Holusha, "W. Edwards Deming, Expert on Business Management, Dies at 93," *New York Times*, December 21, 1993。
20. 源自作者与 Akihiko Takahashi 的面谈(2011 年 12 月 21 日)。
21. 源自作者与 Toshiya Chichibu 的面谈(2011 年 11 月 27 日)。
22. 源自作者与 Akihiko Takahashi 的面谈(2011 年 11 月 29 日)。
23. 源自 Harold Stevenson et al., *The Educational System in Japan: Case Study Findings* (Washington, DC: National Institute on Student Achievement, Curriculum, and Assessment, 1998), 201。该报告中的一位受访校长也引用了"nimotsu"一词,意为"包袱"。
24. 关于课后讨论的典型描述包括从下文中摘录的段落——Clea Fernandez and Makoto Yoshida, *Lesson Study: A Japanese Approach to Improving Mathematics Teaching and Learning* (Mahwah, NJ: Erlbaum, 2004), 110 – 12。
25. 基于作者在东京 Wakabayashi Elementary School 的研讨课观摩记录(2011 年 12 月 7 日)。
26. 基于作者在东京 Hashido Elementary School 的观摩记录(2012 年 4 月 25 日)。
27. 同上。
28. 作者于 2012 年 4 月 18 日在 Takehaya Elementary School 观摩了 Hirayama 老师的授课,该校是东京学艺大学的四所附属学校之一。
29. 源自作者与 Toshiakira Fujii 的面谈(2012 年 4 月 25 日)。

30. 源自 Heidi Knipprath, "What PISA Tells Us about the Quality and Inequality of Japanese Education in Mathematics and Science," *International Journal of Science and Mathematics* 8, no. 3 (June 2010): 389–408。
31. 新加坡借鉴日本的课例研究的佐证来源于作者与新加坡教育部官员的多次面谈（2012 年 4 月），以及 2011 年国际课例研究协会研讨会上的报告。中国版的课例研究可参见 Liping Ma, "Profound Understanding of Fundamental Mathematics: When And How Is It Attained," chap. 6 in *Knowing and Teaching Elementary Mathematics: Teachers' Understanding of Fundamental Mathematics in China and the United States* (Mahwah, NJ: Erlbaum, 1999)。芬兰的"实践学校"及其在该国近期的教育改革中扮演的角色可参见 Pasi Sahlberg, *Finnish Lessons: What Can the World Learn from Educational Change in Finland?* (New York: Teachers College Press, 2011), 17。
32. 参见 *Jiro Dreams of Sushi*, directed by David Gelb (2012)。
33. 源自 Tokunaga Kyoko, "The Kabuki Actor Training Center," *Nipponia* no. 22 (September 15, 2002), http://web-japan.org/nipponia/nipponia22/en/feature/feature02.html。
34. 基于作者与 James Stigler 的面谈（2012 年 8 月 30 日）。
35. 此处关于标准的例子取自 New York State's English Language Arts and Mathematics standards, published in May and March 2005。见 http://www.p12.nysed.gov/ciai/mst/math/standards。
36. 源自 Margaret A. Jorgensen and Jenny Hoffmann, *History of the No Child Left Behind Act of 2001*, Pearson Education, August 2003（revision 1, December 2003), http://images.pearsonassessments.com/images/tmrs/tmrs_rg/HistoryofNCLB.pdf?WT.mc_id=TMRS_History_of_the_No_Child_Left_Behind, p. 5。
37. 基于作者与 James Stigler 的面谈（2011 年 9 月 29 日）。
38. 此处的术语源自作者与东京的老师们以及与 Fernandez 和 Yoshida 关于课例研究的面谈。
39. 基于作者与 Deborah Ball 的面谈（2012 年 5 月 16 日）。

第五章

1. 本段中 Doug Lemov 的引言均基于作者与他的面谈（2009 年 11 月 10 日）。
2. 源自 Jane O. Reilly, "The Housewife's Moment of Truth," *New York Magazine*, December 20, 1971。
3. 源自 Wendy Kopp, *One Day, All Children…: The Unlikely Triumph of Teach For America and What I Learned along the Way* (New York: PublicAffairs, 2003), Kindle edition, locations 114–15。

4. 引自 Irving Kristol，"The Best of Intentions, the Worst of Results," *Atlantic Monthly*，August 1971。
5. 源自 Jason DeParle，"President Would Not Limit Welfare Plan's Public Jobs," New York Times，June 13，1994。
6. 引自 David K. Cohen and Susan L. Moffitt, *The Ordeal of Equality: Did Federal Regulation Fix the Schools?* (Cambridge, MA: Harvard University Press, 2009), 45。
7. 源自 National Center for Education Statistics, *Digest of Education Statistics*, Table 191 ("Total and Current Expenditures per Pupil in Public Elementary and Secondary Schools: Selected Years, 1919–20 through 2008–09"), http://nces.ed.gov/programs/digest/d11/tables/dt11_191.asp。
8. 源自 Charles A. Radin, "Charter School Offers a Guarantee: If Student Fails, Parents Get Tuition Free," *Boston Globe*, April 7, 1998。
9. 此处关于 Academy of the Pacific Rim 的描述是基于作者和该校六位在职教职员工以及与一些前学生的面谈。
10. 引自 George L. Kelling and James Q. Wilson, "Broken Windows: The Police and Neighborhood Safety," *Atlantic Monthly*, March 1, 1982。
11. 引自 Dan C. Lortie, *Schoolteacher: A Sociological Study* (Chicago: University of Chicago Press, 1975), 15。
12. 引自 Doug Lemov, *Teach Like a Champion: 49 Techniques That Put Students on the Path to College* (San Francisco: Jossey-Bass, 2010), 3。
13. 基于作者与 Jay Altman 的面谈（2011 年 10 月 1 日）。
14. 基于作者与 Linda Brown 的面谈（2012 年 9 月 13 日）。
15. 源自 The Massachusetts Charter School Initiative (Malden, MA: Massachusetts Department of Education, 2001), http://web.archive.org/web/20061019161538/http://www.doe.mass.edu/charter/reports/2001/01init_rpt.pdf, p. 62。
16. 源自 Po Bronson, *What Should I Do with My Life?: The True Story of People Who Answered the Ultimate Question* (New York: Random House, 2002), 338–39。
17. 源自 Katherine Boo, "The Factory," *New Yorker*, October 18, 2004。
18. 源自 Sam Allis, "Closing the Gap," *Boston Globe*, June 27, 2004。
19. 源自 Maria Newman, "Newark School Shows Off Educational Approach," *New York Times*, March 30, 2000。
20. 此处的学生名均系化名，源自 Doug Lemov 关于如何利用诊断性测试数据的讲座。该讲座中虚构了一个二年级女生班的案例。
21. 该报告的幻灯片文件可从以下链接中获取：http://www2.ed.gov/admins/tchrqual/learn/nclbsummit/lemov/edlite-slide002.html。

第六章

1. 本章是基于作者在 2009 年到 2013 年间与 Doug Lemov 本人以及他以往和现在的学生及同事的访谈。
2. 关于从锡拉丘兹驾车至奥尔巴尼的描述是基于作者与 Doug Lemov(2009 年 12 月 16 日)和 Karen Cichon(2010 年 1 月 27 日)的面谈,以及 Karen Cichon 提供的笔记。
3. 源自 Doug Lemov, *Teach Like a Champion*:*49 Techniques That Put Students on the Path to College* (San Francisco:Jossey-Bass, 2010),140。
4. 同上,213。
5. 同上,177。
6. 同上,194。
7. 基于作者与 Linda Brown 的面谈(2012 年 9 月 13 日)。

第七章

1. 本段内容基于作者与 Rousseau Mieze 于 2013 年 8 月至 12 月之间的深度访谈。
2. 本章内容基于作者与几十位"没有任何借口"特许学校教师和校领导的面谈,以及作者的多次校区实地考察和个人观察。
3. 源自 Doug Lemov, *Teach Like a Champion*:*49 Techniques That Put Students on the Path to College* (San Francisco:Jossey-Bass, 2010),175–76。
4. 源自 Fresno Unified School District, Chartering Authority, "Notice to Cure and Correct," sent to Nolan Highbaugh, General Counsel, KIPP California, December 11,2008。
5. 这些评论见于一篇关于太平洋特许公立学校 2002—2003 学年的私人研究报告中,本文作者获取了这篇报告。
6. 基于作者与 Millisent Fury Hopkins 的面谈(2013 年 9 月)。
7. 源自 Academy of the Pacific Rim Charter School, "Annual Report 2002–03,"2。
8. 源自 Rebecca Gordon, Libero Della Piana, and Terry Keleher, *Facing the Consequences:An Examination of Racial Discrimination in U. S. Public Schools* (Oakland, CA:Applied Research Center, 2000), http://www.arhsparentcenter.org/files/Racial-Discrimination-in-US-Public-Schools.pdf, p. 29。
9. 基于作者与 Chimel Idiokitas 的面谈(2013 年 9 月 20 日)。
10. 基于作者与 Kevin Thai 的面谈(2013 年 9 月)。
11. 这些评论见于一篇关于太平洋特许公立学校 2002—2003 学年的私人研究报告中,本文作者获取了这篇报告。
12. 同上。

13. 引自 Jere Brophy and Mary McCaslin, "Teachers' Reports of How They Perceive and Cope with Problem Students," *Elementary School Journal* 93, no. 1 (September 1992): 14。
14. 基于作者与 Kevin Thai 的面谈(2013 年 9 月)。
15. 引自 George G. Bear, "School Discipline in the United States: Prevention, Correction, and Long-Term Social Development," *School Psychology Review* 27, no. 1(1998): 14–33。
16. 此处的数据是基于 APR 首届毕业班的学生 Millisent Fury Hopkins 和 Kevin Thai 的回忆。
17. 基于作者与 Rousseau Mieze 的面谈(2012 年 9 月 23 日)。
18. 源自"Boston Public Schools 2007–2008: Student Dropout," Office of Research, Assessment, and Evaluation, February 2009, http://www.bostonpublicschools.org/files/Dropout%20Rate%202007-08.pdf。
19. 基于作者与 Chimel Idiokitas 的面谈(2013 年 9 月)。
20. 关于特许学校学生流失的实证研究结果并不一致。一个德克萨斯州的研究表明,不同种族和家庭收入组别的学生在特许学校的辍学率要远高于非特许学校(该研究并未指明原因)。参见 Eric Hanushek et al., "Charter School Quality and Parental Decision Making with School Choice," *Journal of Public Economics* 91(2007): 823–48。然而,其他的研究并未发现两类学校在辍学率上的差异。参见 Scott A. Imberman, "Achievement and Behavior in Charter Schools: Drawing a More Complete Picture," *Review of Economics and Statistics* 93, no. 2 (May 2011): 416–35; Ira Nichols-Barrer et al., *Student Selection, Attrition, and Replacement in KIPP Middle Schools*, Mathematica Policy Research Working Paper, September 2012。
21. 以下关于 Rise Academy 的描写是基于作者多次到该校的实地访问,以及作者于 2010 年 12 月至 2013 年 2 月期间与 Drew Martin、Shannon Grande、Ranjana Reddy 及其他十多位教师和学生的面谈。
22. 引自 Ronald Wright, *A Short History of Progress* (New York: Carroll & Graff, 2004),5。
23. 源自 American Psychological Association Zero Tolerance Task Force, "Are Zero Tolerance Policies Effective in Schools? An Evidentiary Review and Recommendations," *American Psychologist* 63, no. 9 (December 2008): 852–62。
24. 引自 Jay Mathews, *Work Hard. Be Nice.: How Two Inspired Teachers Created the Most Promising Schools in America* (Chapel Hill, NC: Algonquin, 2009), Kindle edition, location 2745。
25. 基于作者与该教师的面谈。
26. 基于作者与 Ranjana Reddy 的面谈(2012 年 11 月 10 日)。

27. 关于 Shannon Grande 教学的描述是基于作者多次现场观课(2011 年 6 月、2012 年 9 月、2013 年 2 月)以及与 Shannon 的面谈(2011 年 10 月)。
28. 源自 Paul Tough, *How Children Succeed: Grit, Curiosity, and the Hidden Power of Character* (Boston: Houghton Mifflin Harcourt, 2012)。
29. 基于作者与 Mariel Elguero 的面谈(2013 年 2 月)。
30. 基于作者与 Kevin Thai 的面谈(2013 年 9 月)。
31. KIPP 关于性格的课程及其研究基础在 Paul Tough 所著的 *How Children Succeed* 一书中有描述。
32. 基于作者与 Chi Tschang 的面谈(2012 年 9 月 28 日)。
33. 基于作者与 David Levin 的面谈(2013 年 12 月 18 日)。
34. 基于作者与 Mariel Elguero 的面谈(2012 年 4 月)。
35. 源自 Bear, "School Discipline"。
36. 引自 Carol D. Lee, *Culture, Literacy, and Learning: Taking Bloom in the Midst of the Whirlwind* (New York: Teachers College Press, 2007), 28。
37. Taquisha 是 Carol Lee 杜撰的化名。
38. 接下来的描述是基于 Lee, *Culture, Literacy, and Learning*, 132-41。
39. 同上,118—23。
40. 同上,128。
41. 引自 Margaret Beale Spencer et al., "Vulnerability to Violence: A Contextually-Sensitive, Development Perspective on African American Adolescents," *Journal of Social Issues* 59, no. 1(2003): 33-49。
42. 引自 Magdalene Lampert, *Teaching Problems and the Problems of Teaching* (New Haven, CT: Yale University Press, 2001), 265-72。
43. 同上,278。
44. 同上,279。
45. 源自 Lemov, *Teach Like a Champion*, 144-49。

第八章

1. 关于 Seneca Rosenberg 的教学及科研工作的描述是基于作者于 2013 年 1 月、2 月和 3 月与她的面谈,以及两人于 2013 年 7 月 1 日的电子邮件交流。
2. 源自 Brian A. Jacob and Lars Lefgren, *What Do Parents Value in Education: An Empirical Investigation of Parents' Revealed Preferences for Teachers*, NBER Working Paper, no. 11494 (Cambridge, MA: National Bureau of Economic Research, 2005), http://www.nber.org/papers/w11494.pdf?new_window=1。
3. 源自 Jason A. Grissom and Michelle Reininger, "Who Comes Back? A Longitudinal Analysis of the Reentry Behavior of Exiting Teachers," *Education*

Finance Policy 7, no. 4 (Fall 2012): 446。

4. 源自 D. K. Cohen and J. Spillane, "Policy and Practice: The Relations between Governance and Instruction," *Review of Research in Education* 18, no. 1 (January 1992): 17。

5. 源自 David K. Cohen, "Standards-Based School Reform: Policy, Practice, and Performance," in *Holding Schools Accountable: Performance-Based Reform in Education*, ed. Helen F. Ladd (Washington DC: Brookings Institution, 1996), 108-9。

6. 引自 Lee S. Shulman, *The Wisdom of Practice: Essays on Teaching, Learning, and Learning to Teach*, ed. Suzanne M. Wilson (San Francisco: Jossey-Bass, 2004), 102。

7. 源自 "School Districts," U. S. Census Bureau, http://www.census.gov/did/www/schooldistricts, accessed November 2013。

8. 源自 "Educational Institutions," National Center for Education Statistics Fast Facts, http://nces.ed.gov/fastfacts/display.asp?id=84, accessed November 2013。

9. 基于作者与 Lovely Billups 的面谈(2012年2月4日)。

10. 源自 *The American Heritage Dictionary of the English Language*, 5th ed. (Boston: Houghton Mifflin Harcourt, 2011-13)。

11. 源自 David K. Cohen and Susan L. Moffitt, *The Ordeal of Equality: Did Federal Regulation Fix the Schools?* (Cambridge, MA: Harvard University Press, 2009), 3-4。

12. 同上, 4。

13. 源自 David K. Cohen, *Teaching and Its Predicaments* (Cambridge, MA: Harvard University Press, 2011), 56-57。

14. 引自 Peter Meyer, "The Common Core Conflation Syndrome: Standards & Curriculum," CUNY Institute for Education Policy at Roosevelt House, June 12, 2013, http://roosevelthouse.hunter.cuny.edu/ciep/the-conflation-continues-or-bring-on-the-comfederal-stational-curstandalums。

15. 引自 Cohen and Moffitt, *Ordeal of Equality*, 10。

16. 源自 Greg Toppo, "Teach For America Turns 15," *USA Today*, October 6, 2005。

17. 源自 Paul T. Decker, Daniel P. Mayer, and Steven Glazerman, "The Effects of Teach For America on Students: Findings from a National Evaluation," *Mathematica Policy Research*, June 9, 2004, 31。

18. 源自 Melissa A. Clark et al., *The Effectiveness of Secondary Math Teachers from Teach For America and the Teaching Fellows Programs* (Washington, DC: Institute for Educational Studies, National Center for Education Evaluat-

ion and Regional Assistance，2013）。
19. 源自 Steven Glazerman, Daniel Mayer, and Paul Decker, "Alternative Routes to Teaching: The Impacts of Teach For America on Student Achievement and Other Outcomes," *Journal of Policy Analysis and Management* 25, no. 1 (Winter 2006): 75–96。
20. 引自 Cohen and Spillane, "Policy and Practice," 24。
21. 源自 Cohen and Moffitt, *Ordeal of Equality*, 172。
22. 源自 Toppo, "Teach For America Turns 15"。
23. 源自 National Center for Education Statistics, *Digest of Education Statistics*, Table 69 ("Public and Private Elementary and Secondary Teachers, Enrollment, and Pupil/Teacher Ratios: Selected Years, Fall 1955 through Fall 2020"), http://nces.ed.gov/programs/digest/d11/tables/dt11_069.asp。
24. 同上，Table 108。
25. 源自 Seneca Rosenberg, "Organizing for Quality in Education: Individualistic and Systemic Approaches to Teacher Quality" (PhD dissertation, University of Michigan, 2012), viii。
26. Steven Farr, *Teaching as Leadership: The Highly Effective Teacher's Guide to Closing the Achievement Gap* (San Francisco: Jossey-Bass, 2010)。
27. 同上，136—41。
28. 同上，148。
29. 同上，246—47。
30. 基于作者与 David Cohen 的面谈（2013 年 2 月 26 日）。
31. 引自 Rosenberg, "Organizing for Quality in Education," 183。
32. 同上，170。
33. 同上。
34. 此处的描写是基于 Magdalene Lampert 于 2012 年 4 月、7 月及 2013 年 2 月、4 月和 8 月与作者分享的回忆，以及从下列网址中获取的视频片段 "Standards for National Testing and Exams," C-SPAN Video Library, July 19, 1991, http://www.c-spanvideo.org/program/Exams。
35. 引自 Magdalene Lampert, *Teaching Problems and the Problems of Teaching* (New Haven, CT: Yale University Press, 2001), 121。
36. 源自 NewSchools Venture Fund, "2012 Annual Report," http://issuu.com/nsvf/docs/2012annualreport?e=7139272/2303874, accessed February 2013。
37. 源自 "Venture Snapshot: Achievement First," NewSchools Venture Fund, http://www.newschools.org/venture/af, accessed February 2013。
38. 源自 "Venture Snapshot: Uncommon Schools" NewSchools Venture Fund, http://www.newschools.org/venture/uncommon-schools; "Venture Snapshot:

Roxbury Preparatory Charter School" NewSchools Venture Fund, http://www. newschools. org/venture/north-star; and "Venture Snapshot: North Star Academy Charter School of Newark," NewSchools Venture Fund, http://www. newschools. org/venture/roxbury-preparatory-charter-school, both accessed February 2013。

39. 源自"Venture Snapshot: KIPP Foundation," NewSchools Venture Fund, http://www. newschools. org/venture/kipp-foundation; "Venture Snapshot: KIPP D. C. ," NewSchools Venture Fund, http://www. newschools. org/venture/kipp-dc; "Venture Snapshot: KIPP MA," NewSchools Venture Fund, http://www. newschools. org/venture/kipp-ma; and "Venture Snapshot: TEAM Charter Schools," NewSchools Venture Fund, http://www. newsch-ools. org/venture/team-charter-schools, all accessed February 2013。
40. 基于 Magdalene Lampert 于 2013 年 2 月发给作者的电子邮件。
41. 基于 Jesse Solomon 于 2011 年 12 月 14 日写给 Boston Teacher Residency 的朋友们的信。该研究由 Boston Teacher Residency 发起，由 Harvard University's Center for Education Policy Research 实施。

第九章

1. 源自 Magdalene Lampert and Filippo Graziani, "Instructional Activities as a Tool for Teachers' and Teacher Educators' Learning," Elementary School Journal 109, no. 5(2009): 497。
2. 同上,499—500。
3. 同上。
4. 源自 Magdalene Lampert et al. , "Using Designed Instructional Activities to Enable Novices to Manage Ambitious Mathematics Teaching," in Instructional Explanations in the Disciplines, eds. M. K. Stein and L. Kucan (New York: Springer, 2010),136。
5. 源自 Michele McNeil, "Tight Leash Likely on Turnaround Aid," Education Week, September 2,2009。
6. 基于作者与 Ilene Carver 的面谈(2013 年 4 月 23 日)。
7. 关于这堂课的描写是基于 Magdalene Lampert 提供的录像，以及作者与下列人员的面谈：Magdalene Lampert(2013 年 4 月)、Ilene Carver(2013 年 4 月)和 Sabine Ferdinand(2013 年 4 月 23 日)。
8. 引自作者与 Heather Kirkpatrick 的面谈(2013 年 1 月 23 日)。
9. 此处基于作者于 2013 年 3 月 14 日在圣弗朗西斯科观摩的一个由 Pam Grossman、Michael Metz 等主持的 PLATO 教师工作坊。
10. 源自 Yvonne Divans Hutchinson, "About My School and My Classroom,"

Inside Teaching, a project of the Center to Support Excellence in Teaching at Stanford, http://insideteaching.org/quest/collections/sites/divanshutchinson_yvonne/teachingcontext.html, accessed November 2013。

11. 引自 Yvonne Divans Hutchinson, "Promoting Literate Discourse in the Classroom," Inside Teaching, http://insideteaching.org/quest/collections/sites/divans-hutchinson_yvonne/promlitdis.html, accessed November 2013。

12. 引自 Yvonne Divans Hutchinson, videotaped interview, http://insideteaching.org/quest/collections/sites/divanshutchinson_yvonne/cleanwlfc.mov, accessed November 2013。

13. 源自 Lisa Marie Barker, "Under Discussion: Improvisational Theatre as a Tool for Improving Classroom Discourse" (PhD dissertation, Stanford University, 2012), 16。

14. 源自 Doug Lemov, *Teach Like a Champion: 49 Techniques That Put Students on the Path to College* (San Francisco: Jossey-Bass, 2010), 267。

15. 源自 K. Anders Ericsson, William G. Chase, and Steve Faloon, "Acquisition of a Memory Skill," *Science* 208, no. 4448 (June 1980): 1181–82。

16. 源自 Thomas P. Carpenter et al., *Children's Mathematics: Cognitively Guided Instruction* (Portsmouth, NH: Heinemann, 1999)。

17. 源自 Renee Baillargeon, "Physical Reasoning in Infancy," in *The Cognitive Neurosciences*, ed. M. S. Gazzaniga (Cambridge, MA: MIT Press, 1995), 190。

18. 引自 Lemov, *Teach Like a Champion*, 222。

19. 源自 National Center for Education Statistics, Digest of Education Statistics, Table 108 ("Number and Enrollment of Public Elementary and Secondary Schools, by School Level, Type, and Charter and Magnet Status: Selected Years, 1990–91 through 2010–11"), http://nces.ed.gov/programs/digest/d12/tables/dt12_108.asp。

第十章

1. 基于作者与 Deborah Ball 的面谈（2013 年 6 月）。

2. 源自 David K. Cohen and Susan L. Moffitt, *The Ordeal of Equality: Did Federal Regulation Fix the Schools?* (Cambridge, MA: Harvard University Press, 2009), 3–4。

3. 源自 Richard Ingersoll and Lisa Merrill, *Seven Trends: The Transformation of the Teaching Force*, CPRE Report, no. RR-79 (Philadelphia: Consortium for Policy Research in Education, University of Pennsylvania, 2012), http://www.cpre.org/sites/default/files/workingpapers/1506_seventrendsupdatedoctober2013.pdf, 9。

4. 源自 Thomas G. Carroll and Elizabeth Foster, *Who Will Teach? Experience Matters* (Washington, DC: National Commission on Teaching and America's Future, 2010), http://nctaf.org/wp-content/uploads/2012/01/NCTAF-Who-Will-Teach-Experience-Matters-2010-Report.pdf, p.10。

5. 源自 Lynne Cheney, "The End of History," *Wall Street Journal*, October 20, 1994。

6. 源自 Phyllis Schlafly, "School-to-Work and Goals 2000," *Phyllis Schlafly Report* 30, no.9 (April 1997), http://www.eagleforum.org/psr/1997/apr97/psrapr97.html。

7. 源自 National Reading Panel, *Teaching Children to Read: An Evidence-Based Assessment of the Scientific Research Literature on Reading and Its Implications for Reading Instruction* (Washington, DC: National Reading Panel, 2000), https://www.nichd.nih.gov/publications/pubs/nrp/Documents/report.pdf。

8. 若想了解早期对 Common Core 的抵触情况，可参见 Stephanie Banchero, "School-Standards Pushback," *Wall Street Journal*, May 8, 2012。

9. 源自 Tamar Lewin, "Many States Adopt National Standards for Their Schools," *New York Times*, July 21, 2010。

10. 引自 Francesca Forzani, "The Work of Reform in Teacher Education" (PhD dissertation, University of Michigan, 2011), 206–22。

11. 源自作者于 2008 年 6 月与 Venecia Mumford 面谈时，Venecia 播放的于 2007 年录制的 Charles Sposato 的电话留言录音。

12. 基于作者与 Eric Hanushek 的面谈(2012 年 10 月 25 日)。

13. 源自 Eric A. Hanushek, "Teacher Deselection," in *Creating a New Teaching Profession*, eds. Dan Goldhaber and Jane Hannaway (Washington, DC: Urban Institute Press, 2009)。

14. 完整的讨论报告见 Thomas J. Kane, "Improving Educational Quality: How Best to Evaluate Our Schools?" in *Education in the 21st Century: Meeting the Challenges of a Changing World: Conference Proceedings*, Conference Series (Federal Reserve Bank of Boston), no.47 (Boston: Federal Reserve Bank of Boston, 2002)。也见 http://www.bostonfed.org/economic/conf/conf47/conf47p.pdf, accessed November 2013。

15. 引自 Thomas J. Kane and Douglas O. Staiger, "Rigid Rules Will Damage Schools," *New York Times*, August 13, 2001。

16. 引自 Robert Gordon, Thomas J. Kane, and Douglas O. Staiger, "Identifying Effective Teachers Using Performance on the Job," Hamilton Project Discussion Paper 2006–01 (Washington, DC: Brookings Institution, 2006),

http://www.brookings.edu/views/papers/200604hamilton_1.pdf, p. 8。
17. 基于作者与 Tom Kane 的面谈(2013 年 4 月 17 日)。
18. 引自 Barack Obama, "Our Kids, Our Future" (speech, Manchester, NH, November 20, 2007), American Presidency Project, http://www.presidency.ucsb.edu/ws/? pid = 77022。
19. 引自 Nicholas D. Kristof, "Our Greatest National Shame," *New York Times*, February 14, 2009。
20. 源自 Robert Gordon, Thomas J. Kane, and Douglas O. Staiger, "Identifying Effective Teachers Using Performance on the Job," Hamilton Project Discussion Paper 2006 – 01 (Washington, DC: Brookings Institution, 2006), http://www.brookings.edu/views/papers/200604hamilton_1.pdf, p. 7。
21. 源自 Jonah E. Rockoff et al., *Can You Recognize an Effective Teacher When You Recruit One?*, NBER Working Paper, no. 14485 (Cambridge, MA: National Bureau of Economic Research, 2008), http://www.nber.org/papers/w14485。
22. 源自 Daniel Weisberg et al., *The Widget Effect: Our National Failure to Acknowledge and Act on Differences in Teacher Effectiveness*, 2nd ed. (Brooklyn, NY: The New Teacher Project, 2009), http://widgeteffect.org/downloads/TheWidgetEffect.pdf。
23. 源自 Gordon, Kane, and Staiger, "Identifying Effective Teachers," 14 – 15。
24. 源自 Raj Chetty, John N. Friedman, and Jonah E. Rockoff, "Measuring the Impacts of Teachers II: Teacher Value-Added and Student Outcomes in Adulthood," NBER Working Paper, no. 19424 (Cambridge, MA: National Bureau of Economic Research, 2013), http://www.nber.org/papers/w19424。
25. 源自 Malcolm Gladwell, "Most Likely to Succeed," *New Yorker*, December 15, 2008。
26. 源自 Gordon, Kane, and Staiger, "Identifying Effective Teachers," 8。
27. 源自 Donald J. Boyd et al., "Teacher Preparation and Student Achievement," *Educational Evaluation and Policy Analysis* 31, no. 4 (December 2009): 416 – 40。
28. 源自 John Hildebrand, "New Schools Chief Calls for Tougher Teacher Standards," *Newsday*, July 27, 2009。
29. 基于作者于 2009 年与纽约州州务厅认证服务部的一位员工的面谈。
30. 源自 *A New Vision for Teacher Professional Growth & Support: Six Steps to a More Powerful School System Strategy* (Watertown, MA: Education Resource Strategies, 2013), http://www.erstrategies.org/cms/files/1800-gates-pgs-white-paper.pdf, p. 33。
31. 基于作者与 Joe Negron 的面谈(2013 年 4 月)。

32. 对该歌曲的演绎可参见 Fractions and We Know Them，YouTube，http://www.youtube.com/watch?v=lUygYN6tgyI，accessed October 2013。
33. 源自 Bill Gates，"Mosquitos，Malaria and Education"（TED Talk），TED 2009，February 2009，http://www.ted.com/talks/bill_gates_unplugged.html。
34. 同上。
35. 基于作者与 Vicki Phillips 的面谈（2013年10月14日）。
36. 引自 Barack Obama，"Remarks by the President on Education"（speech，US Department of Education，Washington，DC，July 24，2009），White House，http://www.whitehouse.gov/the_press_office/Remarks-by-the-President-at-the-Department-of-Education。
37. 参见 New York State's Race to the Top，Panel Review by Applicant for New York，Phase 1，http://www2.ed.gov/programs/racetothetop/phase1-applications/score-sheets/new-york.pdf，accessed September 2013。
38. 源自 US Department of Education，"Final Priorities，Requirements，Definitions，and Selection Criteria，" *Federal Register* 74，no. 221（November 2009）：59692。
39. 源自 Associated Press，"States Change Laws in Hopes of Race to Top Edge，" January 20，2010。
40. 源自 Corinne Herlihy et al.，"State and Local Efforts to Investigate the Validity and Reliability of Scores from Teacher Evaluation Systems，" *Teachers College Record*（forthcoming）。
41. 引自 Gordon，Kane，and Staiger，"Identifying Effective Teachers，" 5。
42. 引自 Herlihy et al.，"State and Local Efforts，" 17。
43. 同上。
44. 源自 Eric S. Taylor and John H. Tyler，"Can Teacher Evaluation Improve Teaching?" *Education Next*，Fall 2012。
45. PLATO 项目研究成果见于 Pam Grossman et al.，"From Measurement to Improvement：Leveraging an Observation Protocol for Instructional Improvement"（该论文宣读于 American Educational Research Association 年会，2013年4月20日）。
46. 此前的顺序是基于作者于2013年3月与 Lorraine McCleod 的面谈，以及对其课堂的观摩。
47. 源自 Grossman et al.，"From Measurement to Improvement，" 12–17。
48. 源自 Heather C. Hill and Pam Grossman，"Learning from Teacher Observations：Challenges and Opportunities Posed by New Teacher Evaluation Systems，" *Harvard Educational Review* 83，no. 2（Summer 2013）：379。

49. 源自 Elizabeth Green, "Gates Foundation Study Paints Bleak Picture of Teaching Quality," Gotham-Schools, January 6, 2012, http://gothamschools.org/2012/01/06/gates-foundation-study-paints-bleak-picture-of-teaching-quality。

50. 源自 Barbara Scott Nelson, Virginia C. Stimpson, and Will J. Jordan, "Leadership Content Knowledge for Mathematics of Staff Engaged in Key School Leadership Functions" (paper presented at the University Council of Education Administration annual meeting, November 2007)。

51. 源自 Lynn T. Goldsmith and Kristen E. Reed, "Final Report: Thinking about Mathematics Instruction," NSF grant EHR 0335384 (in preparation), cited in Hill and Grossman, "Learning from Teacher Observations"。

52. 源自 Jonah Rockoff et al., "Information and Employee Evaluation: Evidence from a Randomized Intervention in Public Schools," American Economic Review (forthcoming)。

53. 此前的计算是基于 Sean P. Corcoran, *Can Teachers Be Evaluated by Their Students' Test Scores? Should They Be? The Use of Value-Added Measures of Teacher Effectiveness in Policy and Practice*, Education Policy Action Series (Providence, RI: Annenberg Institute for School Reform at Brown University, 2010)。

54. 源自 Hill and Grossman, "Learning from Teacher Observations," 382。

55. 源自 Deborah Loewenberg Ball and Francesca Forzani, "The Work of Teaching and the Challenge for Teacher Education," *Journal of Teacher Education* 60: 497–511。

56. 源自 Deborah Loewenberg Ball 在 Sposato Graduate School of Education 成立时的讲话, 2012 年 9 月 21 日。

57. 源自 Bill Gates, "Teachers Need Real Feedback" (speech, TED Talks Education, May 2013), TED, http://www.ted.com/talks/bill_gates_teachers_need_real_feedback.html; Colleen Walsh, "Changing How Teachers Improve: Emphasis on Bettering Performance Rather Than Simply Rating Success," *Harvard Gazette*, February 3, 2011, http://news.harvard.edu/gazette/story/2011/02/changing-how-teachers-improve。

58. 引自 Philip K. Howard, "Free the Teachers," *New York Daily News*, November 28, 2010。

59. 源自 Brian Smith, "Common Core Standards Funding Officially Blocked in New Michigan Budget after Senate Vote," *MLive.com*, June 4, 2013。

60. 引自 Sher Zieve, "Common Core Forcing Marxism/Nazism on America's Children," *Canada Free Press*, May 9, 2013。